Raymond Hickey

Datenbankverwaltung auf dem PC

**Aus dem Bereich
Informatik**

Rechneraufbau am konkreten Beispiel
von Thomas Knieriemen

Aufbau und Arbeitsweise von Rechenanlagen
von Wolfgang Coy

Parallelität und Transputer
von Volker Penner

SQL-Datenbanken
von Alfred Moos und Gerhard Daues

Datenstrukturen und Datenbanken
von Georg Schäfer

Datenbankverwaltung auf dem PC
Eine praxisorientierte Einführung für jeden Anwender
von Raymond Hickey

Computersicherheit
von Rolf Oppliger

Algorithmen und Berechenbarkeit
von Manfred Bretz

Berechenbarkeit, Komplexität, Logik
von Egon Börger

Formalisieren und Beweisen
von Dirk Siefkes

Sicherheit in netzgestützten Informationssystemen
hrsg. von Heiko Lippold und Paul Schmitz

Software Engineering für Praktiker
von Heinz Knoth

Vieweg

Raymond Hickey

Datenbankverwaltung auf dem PC

Eine praxisorientierte Einführung für jeden Anwender

Das in diesem Buch enthaltene Programm-Material ist mit keiner Verpflichtung oder Garantie irgendeiner Art verbunden. Der Autor und der Verlag übernehmen infolgedessen keine Verantwortung und werden keine daraus folgende oder sonstige Haftung übernehmen, die auf irgendeine Art aus der Benutzung dieses Programm-Materials oder Teilen davon entsteht.

Alle Rechte vorbehalten
© Friedr. Vieweg & Sohn Verlagsgesellschaft mbH, Braunschweig/Wiesbaden, 1993

Der Verlag Vieweg ist ein Unternehmen der Verlagsgruppe Bertelsmann International.

Das Werk einschließlich aller seiner Teile ist urheberrechtlich geschützt. Jede Verwertung außerhalb der engen Grenzen des Urheberrechtsgesetzes ist ohne Zustimmung des Verlags unzulässig und strafbar. Das gilt insbesondere für Vervielfältigungen, Übersetzungen, Mikroverfilmungen und die Einspeicherung und Verarbeitung in elektronischen Systemen.

Gedruckt auf säurefreiem Papier

ISBN-13: 978-3-528-05282-9   e-ISBN-13: 978-3-322-83942-8
DOI: 10.1007/ 978-3-322-83942-8

Vorwort

Ziel dieses Buches ist es, die Datenbankverwaltung einem weiten Anwenderkreis zugänglich zu machen. Es richtet sich daher auch an technisch unerfahrene Leser. Diese sollen mit einem Gebiet der Datenverarbeitung vertraut gemacht werden, das mit Sicherheit im beruflichen als auch im privaten Bereich Anwendung findet.

Um die große Streuungsbreite der Datenbankverwendung zu unterstreichen, werden in diesem Buch unterschiedliche Aspekte vorgestellt und besprochen. Auf diese Weise soll versucht werden, Anwendungen aus unterschiedlichen Lebensbereichen zu veranschaulichen, die künftigen Benutzern von Datenbanken hoffentlich eine Hilfe sein werden.

Das Buch ist in zwei Teile gegliedert. Im ersten Teil wird die Anwendung von Datenbankprogrammen erläutert. Das Ziel hierbei ist es, dem Leser zu vermitteln, wie die Handhabe von Datenbanken aussieht und welche Termini in diesem Bereich geläufig sind. Für Veranschaulichungszwecke wird der Datenbankmanager des Autors, der *Vieweg DatenbankManager* herangezogen und besprochen. Er ist keineswegs Voraussetzung für das Verstehen des vorliegenden Buches. Man könnte aber den *Vieweg DatenbankManager* als eine spätere, eher praktische Stufe auffassen, zu der man nach diesem Buch übergehen könnte.

Im zweiten Teil wird die Entwicklung eigener Programme behandelt, wobei die Datenbanksprache *dBASE* als Ausgangspunkt für die Besprechung von Programmiertechniken dient. Mit der Wahl einer relativ zugänglichen Programmiersprache wird die Entwicklung von Programmen für den eigenen Bedarf hoffentlich als eine Aufgabe dargestellt, die auch für den Nicht-Informatiker ohne weiteres realisierbar ist.

Raymond Hickey   München
                                                                       Mai 1993

Inhaltsverzeichnis

3 Befehle der dBASE-Programmiersprache 74

I Anwendung

1 Grundsätzliches zu Datenbanken

1.1 Präambel: Softwareklassifizierung

Software, die für Computer zur Verfügung steht, kann nach Programmtypen kategorisiert werden. Diese lassen sich in einige Hauptgruppen unterteilen, die den größten Teil aller Programme abdecken, mit denen der PC-Anwender in Berührung kommen wird. Die Unterteilung der Programme richtet sich nach dem Ziel, das der Anwender mit solcher Software verfolgt; daraus leitet sich die Art ab, in der die dort bearbeiteten Daten verwaltet werden. Im folgenden sehen Sie eine grobe Einteilung der gängigsten Programmtypen:

1)	Textverarbeitungssysteme
2)	Datenbankverwaltungssysteme
3)	Tabellenkalkulation
4)	Telekommunikations- und Netzwerk-Software
5)	Graphik-Programme
6)	System-Hilfsprogramme
7)	Programmiersprachen

1) *Textverarbeitungssysteme.* Diese umfassen sowohl einfache Texteditoren (engl. *text editors*), die für die Erfassung von kleinen Texten gedacht sind, als auch größere Systeme, die in der Lage sind, druckreife Vorlagen anzufertigen. Solche Programme heißen Textverarbeitungssysteme (engl. *word processors*). Der Computerbenutzer sollte erkennen, daß Texteditoren nicht einfach abgespeckte Textverarbeitungsprogramme sind. Da sie keine Formatierung mit ihren Texten

abspeichern, haben sie einen entscheidenden Vorteil gegenüber den Textverarbeitungsprogrammen, wenn es darum geht, daß sie vom Betriebssystem oder einer Programmiersprache verarbeitet werden.

Sie haben in der Tatsache, daß sie keine Formatierung mit ihren Texten abspeichern, einen ganz entscheidenden Vorteil gegenüber den Textverarbeitungsprogrammen, wenn es darum geht, daß sie vom Betriebssystem oder einer Programmiersprache verarbeitet werden. Mit Formatierung sind Informationen gemeint, die sich auf verschiedene Zeichensätze oder ein bestimmtes Seitenlayout beziehen. Diese werden zusätzlich zum reinen Text abgespeichert. Bei der Verarbeitung einer Textdatei durch ein weiteres Programm stören die Informationen, die für die Steuerung des Druckers vorgesehen sind.

2) *Datenbankverwaltungssysteme.* Hier handelt es sich um Programme, die Dateien erzeugen. Diese Dateien enthalten ihrerseits Daten, die eine typische, immer wiederkehrende Struktur aufweisen (s. weitere Bemerkungen unten).

3) *Tabellenkalkulation.* Tabellenkalkulationsprogramme, die im Englischen den bildlichen Namen *spreadsheets* (zu deutsch 'ausgebreitete Blätter') tragen, gehören von ihrer Dateistruktur her und den daraus abgeleiteten Manipulationsmöglichkeiten eigentlich in den Bereich der Datenbankverwaltung. Sie werden aber als eigenständiger Programmtyp betrachtet, da sie ausschließlich der Verarbeitung numerischer Daten dienen.

4) *Telekommunikations- und Netzwerk-Software.* Die meisten Personal Computer werden von einem Benutzer für seine eigenen Zwecke betrieben. Solche Systeme heißen *stand-alones* oder *islands*, d.h. Einzelplatzsysteme, die nicht in Verbindung mit anderen stehen.

Um mit anderen Computern zu kommunizieren, gibt es den vorliegenden Programmtyp. Er kann in zwei Bereiche unterteilt werden. Der erste, die Telekommunkation, beschäftigt sich mit der Datenfernübertragung. Damit ist lediglich gemeint, daß Daten von einem Rechner zu einem anderen übertragen werden. Wie weit die beiden Rechner räumlich von einander entfernt sind, spielt dabei keine Rolle. Sie können nebeneinander stehen bzw. sich in verschiedenen Ländern befinden. Telekommunikationssoftware benötigt eine Hardwarebasis, um funktionieren zu können. Dies ist in der Regel mit der seriellen bzw. parallelen Schnittstelle des Computers gegeben.

Netzwerksoftware ist für die Arbeit im Verbund vorgesehen. Mehrere Rechner werden aneinander angeschlossen. Bei einer solchen Konfiguration ist in der Regel ein Rechner ein sogenannter Server, d.h. von ihm aus werden die einzelnen Rechner im Verbund mit Programmen versorgt. Die Rechner sind normalerweise in einem Gebäude untergebracht, und der Verbund bildet einen sogenannten *local area network.* Die Hardwarebasis für ein Netzwerk liefert spezielle Schnittstellenkarten, über die die Daten vom Server geholt und an die einzelnen Rechner verteilt werden.

5) *Graphik-Programme.* Am einfachsten ausgedrückt, sind Graphikprogramme Programme, mit denen man Bilder am Computer erstellen kann. Sie erlauben es dem Anwender, graphisch zu arbeiten, Symbole und Zeichnungen zu erstellen und diese miteinander zu vermischen. Die so entstandenen Graphiken können in andere Programme, vor allem in Textverarbeitungsprogramme, integriert werden. Vielfach werden Programme angeboten, in denen Text und Graphik schon bei der Erstellung kombiniert sind. Der Bereich, der solche Programme einsetzt, heißt *desktop publishing.* Der Terminus legt nahe, daß man eine Ausgabe, die mit gedrucktem Material vergleichbar ist, realisieren kann.

6) *System-Hilfsprogramme.* Das Betriebssystem stellt ein Grundgerüst an Funktionen zur Verfügung, die man für die tägliche Arbeit am Rechner braucht. In der Benutzerschnittstelle ist es aber besonders knapp und karg. Um dieser Situation abzuhelfen, gibt es eine Reihe von Programmen, die dem Betriebssystem zusätzliche Unterstützung bieten. Sie sind in ihrer Oberfläche benutzerfreundlich und in ihren Möglichkeiten flexibler. In der Regel werden keine Daten mit Systemhilfsprogrammen verarbeitet.

7) *Programmiersprachen.* Diese Gruppe umfaßt ein weites Spektrum. Alle Programme haben jedoch die Eigenschaft, daß sie zur Generierung anderer Programme bestimmt sind. Programmiersprachen unterscheiden sich wesentlich in ihrer Zielsetzung. So gibt es welche, bei denen der Ausgang der erzeugten Programme schon festgelegt ist (sogenannte *prozedurale* Sprachen), und es gibt

welche, bei denen ein Programm zur Lösung eines Problems eingesetzt wird (sogenannte *deklarative* Sprachen). Allerdings, welcher Weg in der Tat von einem Programm eingeschlagen wird, steht nicht von vornherein fest.

Zusammenfassend kann man also festhalten, daß für den Neuanwender im wesentlichen Textverarbeitungssysteme von Datenbankverwaltungsprogrammen zu trennen sind. Intern betrachtet unterscheiden sich diese prinzipiell in folgenden Gesichtspunkten: Daten sind entweder als Zeilen variierender Länge (bei Textverarbeitungssystemen) oder nach zwei Strukturgesichtspunkten geordnet, jene, die Felder enthält, in die Daten eingegeben werden, und eine andere, die Datensätze enthält, die ihrerseits eine Gruppe von Feldern darstellen (bei Datenbankverwaltungsprogrammen). Die Unterschiedlichkeit der Benutzeroberfläche gestaltet sich dann derart, daß für Datenbanken zunächst die Struktur angelegt werden muß, in der die Daten gesammelt und bearbeitet werden können, bevor mit deren Eingabe überhaupt begonnen werden kann, während im Textverarbeitungssystem unverzüglich mit der Dateneingabe begonnen werden kann. Dieser Unterschied stellt für so manchen Benutzer eine Hemmschwelle für die Arbeit mit Datenbankverwaltungsprogrammen dar. Aus diesem Zustand leitet sich die Motivation für die Entwicklung von Programmen, auch des *Vieweg DatenbankManagers*, mit einheitlicher und leicht zu bedienender Oberfläche ab, die die Schaffung eines so einfach wie möglich gehaltenen Datenbankverwaltungsprogramms zum Ziel hat, um dem normalen PC-Benutzer den Umgang mit diesem Programmtyp zu erleichtern.

1.2   Einführende Bemerkungen zur Datenbankverwaltung

Manche Laien bringen Datenbanken oft ein gewisses Mißtrauen entgegen. Sie sehen in ihnen Instrumente, die Unbefugten (natürlich auf lediglich einen Tastendruck!) Informationen zur Verfügung stellen, die eigentlich privater Natur sind. In diesem Licht erscheint der Computer als Teil einer Vision einer schwer durchschaubaren Technik, die Datenbanken als Instrument der Kontrolle und Überwachung bereitstellt. Diese negative Einstellung verrät aber die Erkenntnis der Mächtigkeit von Datenbanksystemen. Dieses Potential kann der normale Computerbenutzer für seine eigenen Zwecke verwenden, wenn er die Bereitschaft mitbringt, sich mit den technischen Einzelheiten von Datenbanken auseinandersetzen. Natürlich wird man sich derer nicht gleich von Anfang an bedienen können, da sie in der Handhabung etwas komplizierter sind als Textverarbeitungsprogramme. Nichtsdestoweniger wird auch ein typischer Neuanwender des Computers seine Aufmerksamkeit bei der Bearbeitung von Daten vermutlich bald auf Datenbankverwaltungsprogramme richten, ohne diese zwingendermaßen sofort einzusetzen.

Da die Mehrzahl der Computerbenutzer Informationen zumindest teilweise in Karteikästen oder Ablagesystemen aufbewahrt, bietet es sich geradezu an, diese einmal durch die (zunächst probeweise) Verwendung von Computerprogrammen zu ersetzen. Wieder werden hierbei Datenbanken typischerweise Möglichkeiten schnellen Suchens und Neuanordnens der elektronischen Karteikästen und Ablagesystemen zugesprochen, doch stellen diese nur einen geringen Anteil der tatsächlich verfügbaren Bearbeitungsmöglichkeiten dar. Der zunächst relativ bescheiden anmutende Wunsch nach Wechseln des Mediums wird sich schnell zu einer Entdeckung nicht geahnter Möglichkeiten in der Datenbankverwaltung entwickeln.

Dabei ist es nur zu menschlich, dem Weg des geringsten Widerstands zu folgen. Für die Anfangsphase des Arbeitens mit Computern bedeutet dies, sich zunächst auf Textverarbeitungsprogramme zu beschränken und einen weiten Bogen um die - viel zu kompliziert erscheinenden - Datenbankverwaltung zu machen, selbst wenn diese die an sich komfortablere Form der Datenbankverwaltung ermöglichen. Obwohl dies den zunächst schwierigeren Weg darstellen mag, sollte man dennoch zuerst überlegen, in welcher Form die zu bearbeitenden Daten angelegt werden sollen. Bibliographien sind hierfür ein typisches Beispiel. Es erscheint ausnahmslos einfacher, eine Bibliographie unter Verwendung eines Textverarbeitungsprogramms einzugeben, um sie danach mit dem gleichen Programm weiterzubearbeiten. Somit stehen aber die dort enthaltenen Daten nicht in besonders flexibler Form zur Verfügung. Aufgrunddessen lohnt es sich sehr wohl, den zunächst größeren Arbeitsaufwand der Erstellung einer Datenbank auf sich zu nehmen, damit die Daten, die man zu irgendeinem Zeitpunkt in sein System eingegeben hat, zugänglich bleiben.

1.2.1 Ein nicht-elektronischer Vergleich

Um die Struktur einer Datenbank zu begreifen, erscheint es sinnvoll, einen nicht-elektronischen Vergleich heranzuziehen. Als Beispiel hierfür kann eine Bibliographie dienen. Es ist vielfach üblich, bibliographische Angaben in einem Karteikasten aufzubewahren. Dieser Kasten wird eine Anzahl von Karten enthalten. Die meisten von diesen werden schon mit Informationen beschriftet sein, aber es können sich auch durchaus leere Karten im Kasten befinden.

Überträgt man diese Situation in den Bereich der Datenbankverwaltung, so erkennt man, daß der Karteikasten der *Datenbank* entspricht. Diese Datenbank ist gleichzeitig eine Datei, die für das Betriebssystem existiert. Sie befindet sich in einem bestimmten Verzeichnis und kann kopiert, verschoben, gelöscht werden, usw. Die einzelnen Karten des Kastens entsprechen der strukturellen Einheit der Datenbank, d.h. dem *Datensatz*. In einer Datenbank hat jeder Datensatz eine interne *Struktur*. Diese ist für jeden Datensatz absolut identisch. Nur der *Inhalt* eines Datensatzes kann variieren. Auch kann ein Datensatz aus nur einer Struktur bestehen, d.h. er kann leer, inhaltlos sein.

Bibliographische Angabe (vereinfacht) als Datensatz

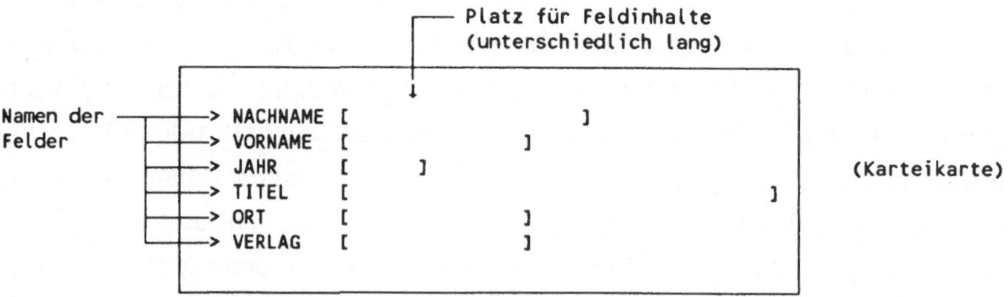

Bei dem Vergleich einer Karteikarte mit einem Datenbankdatensatz muß einiges beachtet werden. Zum ersten ist wichtig, daß der Datensatz aus einer Anzahl von *Feldern* besteht. Felder kommen mehr in einer intuitiven Form auf Karteikarten vor. So ist es üblich, den Nachnamen und Vornamen des jeweiligen Autors oben links auf der Karte zu schreiben, den Titel zentriert in der Mitte, usw. Beim Datensatz sind die Steckplätze für diese und ähnliche Informationen fest vorgegeben. Sie sind auch immer auf dem Layout des Datensatzes ausgewiesen. Zum Beispiel sind auf der Editierebene des *Vieweg DatenbankManagers* die Feldnamen in einer Spalte auf der linken Seite des Bildschirms zu erkennen. Hinter jedem Namen ist ein Streifen, in dem der Inhalt des jeweiligen Felds steht.

Bibliographie als Datenbank mit Datensätzen (vereinfacht)

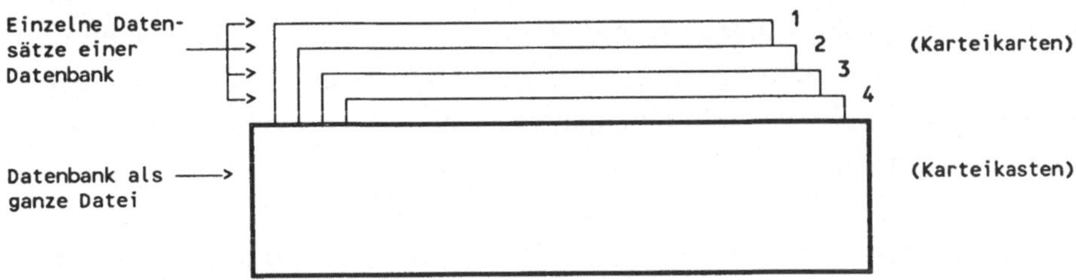

Man darf hier wiederholen: Beim Datensatz gehört zu jedem Feld (i) der Name und (ii) der Inhalt. Karteikarten werden vergleichsweise relativ salopp gehandhabt. In der Regel werden gleichgeartete Informationen auf jeder Karte eingetragen. Besteht jedoch der Bedarf nach einem anderen Eintrag auf einer Karte, so wird dies informell realisiert, indem man Platz auf der Karte (oder auf der Rückseite) schafft. Dies ist bei dem Datensatz einer Datenbank völlig ausgeschlossen. Ist ein bestimmtes Feld nicht im Datensatz vorhanden, so können entsprechende Informationen nicht eingegeben werden. Die Situation ist keineswegs so unflexibel, wie es sich vielleicht zunächst anhört. So kann man zu jeder Zeit die Anzahl der Felder erhöhen und die Daten der bereits eingegebenen Datensätze ohne weiteres übertragen. Es gilt lediglich, daß während der Bearbeitung einer Datenbank die Felderanzahl nicht veränderbar ist.

Die informelle Natur der Dateneingabe bei Karteikarten kann in einer weiteren Hinsicht bei der Datenbankverarbeitung zu einem Mißverständnis führen: die Menge der Informationen, die man in ein Feld eingeben kann, ist von Anfang an begrenzt, d.h. ein Feld in einem Datensatz hat eine fest vorgegebene Länge, die bei der Erstellung der Datenbankstruktur festgelegt wird. Die Länge muß nicht in jedem Fall ausgefüllt sein, sie kann jedoch nicht überschritten werden.

Stellt man nachträglich fest, daß ein Feld zu kurz ist, so muß man die Struktur der Datenbank editieren (meistens auf einer anderen Ebene des Datenbankverwaltungsprogramms) und anschließend die bereits eingegebenen Daten in die veränderte Struktur übertragen.

Da die Länge eines Feldes vorgegeben ist, besteht bei Anfängern in der Datenbankverwaltung oft die Versuchung, alle Felder maximal lang zu bestimmen, um nicht in die Verlegenheit zu kommen, zu wenig Platz für eine Angabe zu haben. Es ist aber Disziplin in der Erstellung von Datenbanken gefragt. Sehr große Datensätze mit langen Feldern führen (i) zu einer Verlangsamung der Verarbeitung der gesamten Datenbank und (ii) zu einer unnötigen Belegung von sehr viel Plattenkapazität, weil die Datenbankdateigröße überdimensioniert ist.

Zu den Feldern eines Datensatzes gehört eine weitere Information, die in der Karteikarte keine Entsprechung aufweist, d.h. der *Typ* des Feldes. Es gibt mehrere Feldtypen, die weiter unten besprochen werden. Einer davon, der *character*-Typ, ist derjenige, der am ehesten für die Informationen, die auf Karteikarten eingegeben werden, angebracht ist. An dieser Stelle soll auf die Tatsache verwiesen werden, daß die Flexibilität in der Manipulation von Datenbanken zu einem großen Teil von den unterschiedlichen Feldtypen herrührt. Daher ist es für den Neuling in der Datenbankverwaltung sinnvoll, sich relativ früh mit diesen Typen und deren Einsatz auseinanderzusetzen.

1.3   Datenbankstruktur

Will man eine Datenbank anlegen, so muß man zunächst eine Struktur entwerfen, es sei denn, daß man eine vorhandene Datenbank für die eigenen Zwecke übernimmt. Die Eingabe von Daten in eine Datenbank setzt immer voraus, daß eine Struktur da ist, in die die Daten des Benutzers eingereiht werden. Auch wenn das Entwerfen einer Datenbankstruktur dem Benutzer lästig erscheint, gibt es keine Möglichkeit, diesen Schritt zu umgehen. Im Gegensatz zum Text weist jede Datenbank eine interne Struktur auf, die in den meisten Fällen von Datenbank zu Datenbank unterschiedlich sein wird.

Die Erstellung einer Datenbankstruktur bedeutet konkret das Festlegen der Datensatzform. Bedenken Sie (wie oben erwähnt), daß für jedes Feld eines Datensatzes Informationen über Name, Typ und Länge notwendig sind. Hinzu kommt eine eventuelle Angabe zur Dezimalstelle, falls es sich um ein numerisches Feld handelt. Es ist dem Benutzer freigestellt, die Anzahl der Felder zu bestimmen. In der Regel wird es jedoch eine obere Grenze geben (beim *Vieweg DatenbankManager* liegt dieses Limit bei 80 Feldern). Der Feldtyp kann nur einen von fünf möglichen Werten aufweisen, es handelt sich um ein Feld mit dem Typ (i) *character*, (ii) *numeric*, (iii) *date*, (iv) *logical* oder (v) *memo*. Die Länge des Feldes kann vom Benutzer frei bestimmt werden. Allerdings ist auch hier eine obere Grenze bei einem Datenbankverwaltungssystem zu erwarten. So erlaubt der *Vieweg DatenbankManager* (*character*) Felder bis zu einer maximalen Länge von 256 Zeichen. Felder numerischen Typs sind in der Regel viel kleiner, so daß eine obere Grenze von 16 Stellen durchaus normal ist. Die verbleibenden Feldtypen haben eine fest vorgegebene Länge, nämlich 8 für Datumsfelder, 1 für logische Felder und 10 für Memo-Felder.

Beispiel eines Strukturentwurfes für eine Datenbank

```
     Pfeil mit ↑,↓,◄,► bewegen; ↵ drücken, um Box zu editieren
 ──────────────────────────── NEU.DBF ────────────────────────────
          Feldname           Typ         Länge        Dezimal        ↑
  =► 1    [NACHNAME   ]      [ C ]       [ 30   ]     [ 0     ]
     2    [VORNAME    ]      [ C ]       [ 20   ]     [ 0     ]
     3    [STRASSE    ]      [ C ]       [ 30   ]     [ 0     ]
     4    [STADT      ]      [ C ]       [ 20   ]     [ 0     ]
     5    [LAND       ]      [ C ]       [ 30   ]     [ 0     ]
     6    [VORWAHL    ]      [ C ]       [ 8    ]     [ 0     ]
     7    [TEL_NR     ]      [ C ]       [ 12   ]     [ 0     ]
     8    [BEKANNT    ]      [ D ]       [ 8    ]     [ 0     ]
     9    [FREUND     ]      [ L ]       [ 1    ]     [ 0     ]
    10    [SCHUH      ]      [ N ]       [ 2    ]     [ 0     ]
    11    [KATEGORIE  ]      [ C ]       [ 20   ]     [ 0     ]
    12    [           ]      [   ]       [      ]     [       ]
    13    [           ]      [   ]       [      ]     [       ]
    14    [           ]      [   ]       [      ]     [       ]
    15    [     .     ]      [   ]       [      ]     [       ]
    16    [           ]      [   ]       [      ]     [       ]
    17    [           ]      [   ]       [      ]     [       ]
    18    [           ]      [   ]       [      ]     [       ]
    19    [           ]      [   ]       [      ]     [       ]  ↓
 ──────── <F1> Hilfe; <F5> Struktur-DB.; <F10> Sichern; <Esc> Storno ────────
```

Bei jedem Datenbankverwaltungssystem wird es eine Ebene des Programms geben, die der Erstellung neuer Datenbankenstrukturen gewidmet ist. Beim

Vieweg DatenbankManager kann man mit der zweiten Option des Hauptmenüs auf dem Desktop die Schritte initialisieren, die für die Erstellung einer neuen Datenbank notwendig sind. Nachdem man einen Namen für die neue Datenbank eingegeben hat und eventuell eine vorhandene Datenbank als *Modell* für diese ausgewählt hat, erhält man einen Bildschirm, der wie der auf der vorangehenden Seite aussieht.

1) Eine neu erstellte Datenbank ist immer leer, d.h. sie enthält keine Datensätze. Diese müssen bei Bedarf an die Datenbank angefügt werden. In der *dBASE*-Befehlssprache gibt es den Befehl *append* (beim *Vieweg Datenbank-Manager* kann man über < Alt-A > auf der Datenbankeditierebene eine Anzahl leerer Datensätze vom System anfordern).

2) Es gibt mehrere Möglichkeiten, vorhandene Daten in eine neue (leere) Datenbank zu übertragen. Prinzipiell kann als Quelle für solche Daten entweder eine andere Datenbank dienen oder eine Textdatei, die in einem von zwei möglichen Formaten (s. entsprechenden Abschnitt) vorliegt.

3) Die Erstellung einer Datenbank hat mit der Verarbeitung nichts zu tun. Es ist auch nicht möglich, während der Erstellung Daten in die Datenbank einzugeben bzw. Datensätze anzufügen.

1.3.1 Dateivorspann (Header)

Wenn eine Datenbank angelegt wird, schreibt das Datenbankverwaltungsprogramm eine bestimmte Struktur auf Platte, mit deren Hilfe später Datensätze an die Datenbank angefügt werden können. Diese Struktur nennt sich *header*, zu deutsch Dateivorspann. Sie enthält die Informationen, die mit der Datensatzstruktur zusammenhängen. Ferner enthält sie Angaben über die Anzahl der Datensätze und das Datum der letzten Bearbeitung der Datenbank. Weist eine Datenbank keine Datensätze auf, so besteht sie zumindest aus einem *header*. Dieser reicht, um alle weiteren Operationen mit der Datenbank zu realisieren.

1.3.2 Die Behandlung von Feldtypen

Da ein Datenbankverwaltungsprogramm (über den Datenbankdateivorspann) Zugriff auf Informationen zum Typ jedes Feldes einer Datenbank hat, kann es diese Typen korrekt behandeln. Tabellarisch aufgelistet sehen die möglichen Typen wie folgt aus:

Feldtyp	*Möglicher Feldinhalt*
C (= *character*)	alphanumerische Daten (keine Einschränkungen)
N (= *numeric*)	numerische Daten, Leerzeichen, Punkt (= Dezimalpunkt), Strich (= Vorzeichen) oder Komma (= Tausendertrennung)
D (= *date*)	numerische Daten, die ein gültiges Datum darstellen
L (= *logical*)	Die Buchstaben T,F,Y,N
M (= *memo*)	eine Zahl als Offset für eine mit der Datenbank assoziierte Textdatei

Der erste Feldtyp kann beliebige Daten enthalten. Jedes Zeichen des (erweiterten) ASCII-Zeichensatzes kann in ein *character*-Feld eingegeben werden. Beim numerischen Typ ist man auf Zahlen, Vorzeichen und Indikatoren von Dezimalstellen beschränkt.

Ein Datumsfeld kann solche Zeichen aufnehmen, die für die Darstellung eines Datums notwendig sind. Wie das Datum eines solchen Felds auf der Editierebene in der Tat aussieht, hängt maßgeblich von der Einstellung des nationalen Datumsformats ab. Beim *Vieweg DatenbankManager* kann man vom Desktop aus das Format auswählen, das zur Sprache paßt, in der Sie die Datenbanken verarbeiten. In der *dBASE*-Umgebung hat man den Befehl SET DATE, der es einem erlaubt, das betreffende Datumsformat zu spezifizieren. Bei der Verarbeitung bieten viele Datenbankprogramme die Möglichkeit, das aktuelle Systemdatum des Computers in ein Datumsfeld einzusetzen. Auf diese Weise kann man ein solches Feld mit dem aktuellen Datum ausfüllen.

Logische Felder können nur ein Zeichen aufnehmen, das darauf hinweist, ob das Feld als logisch WAHR oder FALSCH angesehen werden soll. Die Buchstaben T oder Y bedeuten WAHR, während F oder N FALSCH bedeuten. Die einzige Manipulation, die man mit solchen Feldern ausführen kann, betrifft die Überprüfung, ob das Feld den Wert WAHR aufweist. Diese Möglichkeit wird dann eingesetzt, wenn das Programm entscheiden soll, welche von zwei Richtungen einzuschlagen ist. Eine Richtung wird dann gelten, wenn das betreffende Feld WAHR und eine andere, wenn das betreffende Feld den Wert FALSCH aufweist.

Ein Memo-Feld ist an und für sich nur ein Platzhalter. In diesem Feld ist ein numerischer Wert enthalten, den das Programm dann liest, wenn der Benutzer den dazugehörigen Textabschnitt einsehen oder editieren möchte, der zum aktuellen Datensatz gehört. Die Textblöcke werden in einer Datei bereitgehalten, die die Extension .dbt aufweist. Die Zahl im Memo-Feld des Datensatzes ist ein Verweis auf die Stelle in der Textdatei, an der der Textabschnitt anfängt, der zum aktuellen Datensatz gehört. Bei *dBASE*-Applikationen ist häufig eine Möglichkeit gegeben, den Textabschnitt, der zu einem Memo-Feld gehört, zu bearbeiten.

1.3.2.1 Vorgabewerte

Die verschiedenen Feldtypen einer (leeren) Datenbank erhalten bestimmte Vorgabewerte, wenn sie nicht bereits mit Informationen aus einer Datendatei gefüllt sind. Dies ist erforderlich, damit das jeweilige Datenbankprogramm den Feldabschnitt jeder Textzeile korrekt ausfüllt, wenn die Datei auf Festplatte geschrieben wird. Ein Zeichenfeld wird mit so vielen Leerzeichen ($32) gefüllt, wie seine Länge beträgt; das Gleiche gilt für ein numerisches Feld; ein Datumsfeld wird mit einem Anfangsdatum, z.B. 01.01.1990 (im ANSI-Format: 19800101), gefüllt, während ein logisches Feld ein F für FALSCH enthält. Weist ein numerisches Feld eine Dezimalstelle (eine aus dem Datenbankdateivorspann beim Laden einer Datenbank gewonnene Information) auf, wird diese an der richtigen Stelle in der Reihe von Leerzeichen in einem leeren numerischen Feld plaziert. Dieser Dezimalpunkt kann nicht durch eine Zahl ersetzt werden, wenn

Sie die Inhalte dieses Feldes editieren, da dieses einer Abänderung der Struktur der Datenbank gleichkäme, was bei der Editierung nicht zulässig ist.

1.3.2.2 Memo-Felder

Bei einer neuen Datenbank wird das Memo-Feld keinen Inhalt aufweisen. Legt man einen Textabschnitt zu einem Datensatz an, so erhält das Memo-Feld zu diesem Datensatz eine Zahl. Wenn diese Zahl mit 512 multipliziert wird, gibt sie die Stelle an, an der der Block in der Textdatei anfängt.

Im Laufe der Verarbeitung von Memo-Dateien neigen diese wegen der Speicherungstechnik für Daten in solchen Dateien dazu, an Umfang zuzunehmen. Um diese Dateien zu komprimieren und so Plattenplatz zu sparen, hat man die Möglichkeit, mit einem Programm der *Vieweg DatenbankManager*-Gruppe (*Vieweg Pack*) diese Textdatei an Größe zu reduzieren. Abhängig davon, wie oft Sie den Inhalt einer Memo-Textdatei bearbeitet haben, kann die Komprimierung zu einer Reduktion auf bis zu einem Viertel der ursprünglichen Dateigröße führen.

1.4   Datenbanken in Textform

Beim Übertragen der Daten einer Datenbank in eine Textdatei gibt es zwei grundlegende Möglichkeiten: (i) jedes Feld wird von einem benutzerspezifizierten Zeichen begrenzt (z.B. irgendein Zeichen, das in keinem Feld benutzt wird), so daß ein Datenbankmanager beim erneuten Lesen einer Datei weiß, wo er mit dem Lesen von Informationen für ein bestimmtes Feld anfangen und aufhören soll; (ii) jedes Feld nimmt die Anzahl von Zeichen in einer Zeile ein, die der Länge des Feldes in der Datenbank entspricht. Wenn ein Feld in der abgebenden Datenbank nicht voll ist, dann wird die Zeile bis zur folgenden Feldgrenze in der Textdatei mit Leerzeichen aufgefüllt. Beim erneuten Lesen einer solchen Datei benutzt ein Datenbankmanager die Struktur der aufnehmenden Datenbank, um zu bestimmen, wieviel einer Zeile in jedes Feld eines Datensatzes gelesen werden soll.

In beiden Dateitypen nimmt ein einzelner Datensatz eine Zeile ein, die durch ein Wagenrücklauf/Zeilenvorschub-Zeichenpaar beendet wird. Die Datei endet mit ASCII $26 (Steuerung-Z, die Standardmarkierung in DOS für das *end-of-file*). Wenn Datenbanken eine Menge ungenutzten Platzes enthalten, führt der *delimited*-Dateityp zu einer signifikanten Größenverringerung, da freier Platz nicht in die entstehende Datei aufgenommen wird.

Sowohl eine *SDF*-Datei als auch eine *delimited*-Datei kann in ein anderes Datenbanksystem eingelesen werden, da die beiden Textdateitypen die zwei am weitesten verbreiteten Formate für die Übertragung von Datenbankinformationen zwischen Computersystemen darstellen.

1.4.1   'Delimited'-Textdateien

In der Regel wird der Benutzer die Konvertierung von Datenbankinhalten in *delimited*-Textdateien vorziehen, da diese den eben erwähnten Vorteil des geringeren Platzbedarfs gegenüber einer *SDF*-Textdatei aufweisen. Das Zeichen, das man für die Abgrenzung der einzelnen Felder einsetzt, kann vom Benutzer frei bestimmt werden. Achten Sie aber darauf, daß Sie kein Zeichen wählen, das auch als Teil eines Feldinhaltes vorkommt. Ist dies der Fall, wird das Datenbankverwaltungssystem das Textzeichen als Ende des jeweiligen Feldes betrachten, und die Übertragung des aktuellen Datensatzes in eine Textzeile wird fehlerhaft sein. Im *Vieweg DatenbankManager* wird der vertikale Strich | (ASCII $124) als Vorgabe für den Feldbegrenzer vorgeschlagen, da er unwahrscheinlich als Teil einer Feldangabe vorkommen dürfte.

Anmerkung. Die beiden Textdateitypen sind nicht für die Bearbeitung in einem Textverarbeitungssystem, sondern für die Übertragung von Daten von einem Datenbankverwaltungssystem in ein anderes gedacht. Will man Daten in eine Textumgebung übertragen, so sollte man dies mittels einer *report form* realisieren. Ein solches Ausgabeformular kann bspw. mit Hilfe des Programms *Vieweg Report* ohne größere Schwierigkeit generiert werden. Damit kann man nicht nur Inhalte von Feldern nach eigenen Angaben übertragen lassen, sondern auch zusätzlichen Text in eine *report form* einfügen.

Darstellung einer Datenbank in 'delimited'-Textform (Auszug)

```
Balkhausen|,|Thomas|,|Zedernweg 15|,|Bremen|,|Deutschland|,|0234|,|988723|,1980
Battaglia|,|Mark|,|34 Lincoln Road|,|Pittsburg|,|United States|,|0456|,|234582|
Beauvais|,|Lucienne|,|11 Rue de France|,|Lyons|,|France|,|0922|,|947265|,198309
Bertini|,|Laura|,|55 Via Garabaldi|,|Venice|,|Italy|,|0499|,|299572|,19810902,F
Bradley|,|Mary|,|11 O'Connell Street|,|Dublin|,|Ireland|,|0623|,|591866|,197602
Castalini|,|Giulio|,|34 Via Dolorosa|,|Turin|,|Italy|,|0592|,|672978|,19830316,
Fitzgerald|,|Joan|,|94 Connemara Drive|,|Galway|,|Ireland|,|0568|,|928543|,1977
Fitzpatrick|,|Maura|,|27 Clontarf Road|,|New Dublin|,|United States|,|0385|,|29
Gambetta|,|Andrea|,|72 Piazza di Spagna|,|Naples|,|Italy|,|0622|,|958252|,19820
Grindel|,|Lieschen|,|Tirolgasse 33|,|Innsbruck|,|Austria|,|0582|,|693511|,19851
Hanley|,|Mark|,|16 Scouse Way|,|Liverpool|,|England|,|0588|,|689255|,19691101,F
Hayden|,|Linda|,|52 St.John's Hill|,|Limerick|,|Ireland|,|0937|,|119473|,197810
Karlsson|,|Mike|,|93 New Mexico Road|,|Santa Barbara|,|United States|,|0834|,|4
Keller|,|Manfred|,|Goethe Straße 10|,|Frankfurt|,|Deutschland|,|069|,|567123|,1
Kindermann|,|Heike|,|Adenauer Allee 12|,|Bonn|,|Deutschland|,|0228|,|341974|,19
Kreuzberg|,|Liliane|,|Kaiserstraße 17|,|Detmold|,|Deutschland|,|0567|,|236791|,
Kuhn|,|Andrea|,|Wittelsbacher Ring 44|,|Mainz|,|Deutschland|,|0694|,|234578|,19
Manzarotti|,|Giacomo|,|29 Piazza di Dante|,|Bologna|,|Italy|,|0632|,|132438|,19
Marchand|,|Guy|,|64 Rue de Vin|,|Bordeaux|,|France|,|0488|,|754392|,19840411,F,
McCann|,|Joseph|,|32 Patrick's Drive|,|Dublin|,|Ireland|,|0273|,|918572|,197806
McCarthy|,|Peter|,|29 Clare Street|,|Galway|,|Ireland|,|0495|,|782652|,19730408
Meyer|,|Hans|,|Brahms Allee 45|,|Hamburg|,|Deutschland|,|0688|,|361684|,1984072
```

1.4.2 'SDF'-Textdateien

Die Bezeichnung 'SDF' steht für *system data format* und bezeichnet die zweite Art der Textdatei, die von *dBASE*-kompatiblen Programmen erzeugt werden kann. Bei diesem Typ wird der Inhalt eines jeden Feldes in Text umgewandelt und es werden so viele Leerzeichen danach angefügt, wie nötig sind, um die Länge des Feldes in der Datenbank zu erreichen. Nehmen Sie als Beispiel an, Sie haben das Wort "London" in einem Feld namens STADT, und letzteres ist in der Datenbank 16 Zeichen lang, dann würde das Wort "London" in den Text eingesetzt werden und 10 Leerzeichen daran angefügt werden. Daher weiß ein Datenbankverwaltungssystem beim Einlesen einer SDF-Datei in eine Datenbank immer, wo der Inhalt eines bestimmten Feldes beginnt, da die (End-)Spaltennummer eines Feldes in der Textzeile der Länge des Feldes in der Datenbank entspricht.

Darstellung einer Datenbank in 'SDF'-Textform (Auszug)

```
Balkhausen        Thomas        Zedernweg 15
Battaglia         Mark          34 Lincoln Road
Beauvais          Lucienne      11 Rue de France
Bertini           Laura         55 Via Garabaldi
Bradley           Mary          11 O'Connell Street
Castalini         Giulio        34 Via Dolorosa
Fitzgerald        Joan          94 Connemara Drive
Fitzpatrick       Maura         27 Clontarf Road
Gambetta          Andrea        72 Piazza di Spagna
Grindel           Lieschen      Tirolgasse 33
Hanley            Mark          16 Scouse Way
Hayden            Linda         52 St.John's Hill
Karlsson          Mike          93 New Mexico Road
Keller            Manfred       Goethe Straße 10
Kindermann        Heike         Adenauer Allee 12
Kreuzberg         Liliane       Kaiserstraße 17
Kuhn              Andrea        Wittelsbacher Ring 44
Manzarotti        Giacomo       29 Piazza di Dante
Marchand          Guy           64 Rue de Vin
McCann            Joseph        32 Patrick's Drive
McCarthy          Peter         29 Clare Street
Meyer             Hans          Brahms Allee 45
```

1.4.3   Seitenorientierte Textdateien

Es sind weitere Textdateitypen denkbar, die nicht von der *dBASE*-Umgebung
her unterstützt werden. Besonders sinnvoll ist die seitenorientierte Textdatei.
Dieser Typus speichert jedes Feld einer Datenbank auf einer separaten Zeile
ab und schließt die Übertragung eines Datensatzes mit einem Seitenvorschub
ab. Mit dem Programm *Vieweg DbPage* ist die Möglichkeit gegeben, eine solche
Datei zu erzeugen. Man kann auch hierbei die Namen der einzelnen Felder in
Kommata vor dem jeweiligen Inhalt schreiben lassen. Auch eine Anzahl leerer
'Seiten' kann generiert werden. Damit erhält man die Möglichkeit, eine
Textdatei zu bekommen, in die man Inhalte eingeben kann, die dann mit dem
gleichen Programm in eine Datenbank eingelesen werden können. Somit kann
man Information für eine Datenbank schon während der Textverarbeitung
sammeln und diese dann mit dem mitgelieferten Programm in die korrekte
Datenbankform übertragen lassen.

Darstellung einer Datenbank in seitenorientierter Textform (Auszug)

```
«NACHNAME     C  30   »Balkhausen
«VORNAME      C  20   »Thomas
«STRASSE      C  30   »Zedernweg 15
«STADT        C  20   »Bremen
«LAND         C  30   »Deutschland
«VORWAHL      C   8   »0234
«TEL_NR       C  12   »988723
«BEKANNT      D   8   »19800101
«FREUND       L   1   »F
«SCHUH        N   2   »#44
«KATEGORIE    C  20   »mittelmäßig
=======================================================================
«NACHNAME     C  30   »Battaglia
«VORNAME      C  20   »Mark
«STRASSE      C  30   »34 Lincoln Road
«STADT        C  20   »Pittsburg
«LAND         C  30   »United States
«VORWAHL      C   8   »0456
«TEL_NR       C  12   »234582
«BEKANNT      D   8   »19920916
«FREUND       L   1   »T
«SCHUH        N   2   »#43
«KATEGORIE    C  20   »helle
```

1.5   Was ist ein Index?

Jede Datenbank kann eine mit ihr assoziierte Zusatzdatei, genannt Index, besitzen. Der Zweck eines Indexes ist es, schnellen Zugriff auf Datensätze der Datenbank zu ermöglichen. Ein Index ist eine Textdatei und funktioniert wie folgt: Aus einem bestimmten festgelegten Feld (oder Feldern) einer Datenbank wird (werden) der Eintrag (die Einträge) in regelmäßigen Abständen herausgezogen und in eine Datei aufgenommen. Diese Datei enthält dann die Information dieses Feldes (dieser Felder) von jedem Datensatz der Datenbank. Die Datei wird nach einer bestimmten Reihenfolge sortiert, normalerweise in aufsteigender alphabetischer Reihenfolge (es könnte auch in umgekehrter Reihenfolge sein, mit oder ohne Beachtung des Unterschieds zwischen Groß- und Kleinschreibung).

1.5.1   Der Zweck einer Indexdatei

Eine mit einer Datenbank eröffnete Indexdatei erfüllt zwei wesentliche Funktionen.

(i) *Ein Index bestimmt die Reihenfolge der Datensatzanzeige.* Wenn man z.B. von einem (offenen) Index zum Feld AUTOR in einer Bibliographiedatenbank ausgeht, werden die Datensätze in einer alphabetischen Reihenfolge angezeigt, die von dem Namen im Feld AUTOR bestimmt wird, ungeachtet dessen, ob sich die Datensätze physikalisch diesem Feld zufolge in alphabetischer Reihenfolge befinden oder nicht. Dies hat einen gewissen Nebeneffekt. Es muß während der Navigation mit einer offenen Indexdatei wiederholt auf die Festplatte zugegriffen werden (es sei denn, die Reihenfolge der Indexdatei ist zufällig dieselbe wie die physikalische Reihenfolge der Datensätze innerhalb der Datei). Dies ist offensichtlich: wenn Sie in dem oben genannten Beispiel dem AUTOR-Feld zufolge beim Buchstaben "F" sind und zum folgenden Datensatz gehen, der dem Index zufolge einen mit "G" beginnenden Namen enthalten sollte, dann muß der Index den Datensatz laden, der dieser Anforderung entspricht. Nehmen wir einmal an, daß der letzte Datensatz mit einem Autor, dessen Name mit "F" beginnt, physikalisch Nummer 6, ist und der folgende Datensatz, der mit "G" beginnt, physikalisch Nummer 211, so muß die Indexdatei von 6 nach 211 springen, wenn Sie den Befehl "gehe zum folgenden Datensatz" eingeben und die Anzeige von diesem Index verwaltet wird. Dies bedeutet normalerweise einen Zugriff auf die Festplatte. Die Suche innerhalb einer Datenbank kann auf diese Weise ein relativ langsamer Vorgang sein, da die Neupositionierung des Schreib-/Lesekopfes in einer ungünstigen Situation für nahezu jeden Datensatz erforderlich sein kann.

(ii) *Ein Index ermöglicht schnelle Feldinhaltssuche.* Wenn Sie in einem Feld, das als Schlüsselfeld eines Indexes fungiert, nach einer Zeichenkette suchen, so durchsucht das System die Indexdatei (im Speicher), um zu sehen, ob es diese Zeichenkette gibt. Wenn es sie findet, springt es geradewegs zu dem entsprechenden Datensatz in der Datenbank und zeigt ihn an. Eine Alternative hierzu bildet die Prozedur 'lokalisieren', die die eigentliche Datenbank (auf Diskette)

Datensatz für Datensatz durchsucht. Dies ist verständlicherweise eine langsamere Methode, Zeichenketten zu finden. Bei einfachen Suchvorgängen ist es ratsam, aus Gründen der Geschwindigkeit eine geöffnete Indexdatei zu benutzen. Verwenden Sie für Suchvorgänge außerhalb des Schlüsselfeldes eines Indexes den Befehl *locate*; für komplexe Suchvorgänge (mit Bedingungen, die sich auf mehr als ein Feld beziehen), sollten Sie einen Filter setzen (über die Tastenkombination <Alt-F3>).

1.5.2   Wie liegt eine Indexdatei vor?

Eine Indexdatei ist eine Textdatei, die separat von der Datenbank, mit der sie in Verbindung steht, auf der Betriebssystemebene vorliegt. Allerdings wird eine Indexdatei in der Regel im gleichen Verzeichnis sein wie die Datenbank. Ist nur ein Index für eine gewisse Datenbank vorhanden, so ist es üblich, den gleichen Namen für Datenbank und Index zu benutzen und sie nur in der Extension zu unterscheiden. Bei mehreren Indexdateien müssen verschiedene Namen verwendet werden, wobei es sinnvoll erscheint, für den Hauptindex den Namen der Datenbank einzusetzen. Die Extension, die für einen Index verwendet wird, variiert unter den Datenbankverwaltungssystemen. So wird bei *dBASE* die Extension .ndx, aber bei *Clipper* (einem in Anlehnung an *dBASE* entwickelten System mit vielen weiteren Möglichkeiten) die Extension .ntx benutzt.

Der *Vieweg DatenbankManager* erzeugt und benutzt seine eigenen Indexdateien, die alle die Extension .dbx (= *Datenbank-Index*) aufweisen. Für den Benutzer ist es wichtig zu wissen, daß diese Indizes speziell für den *Vieweg DatenbankManager* zugeschnitten sind, denn sie sind weder in dem für *dBASE* noch für *Clipper* oder *FoxBase* erforderlichen Format. Der Benutzer sollte nicht vergessen, daß die alphabetische Reihenfolge von der vorher ausgewählten (oder in einer Initialisierungsdatei spezifizierten) Sprache abhängig ist.

Wenn Sie eine Datenbank editieren, wird ein geöffneter Index automatisch auf den neuesten Stand gebracht, so daß sich die Veränderungen in der Indexdatei widerspiegeln. Dies bezieht sich speziell auf Veränderungen im Inhalt des

Schlüsselfeldes eines Datensatzes und auf das Anhängen neuer Datensätze an
die Datenbank.

1.5.3   Indexparameter bei der Datenbankbearbeitung

Bei der Bearbeitung einer Datenbank kann man bei einem Datenbankverwaltungssystem verschiedene Informationen zum Einsatz von Indizes
spezifizieren. Die Darstellung orientiert sich an den Optionen, die im *Vieweg
DatenbankManager* angeboten werden, da diese für andere Systeme auch typisch
sind. Beachten Sie, daß Sie auf der Desktopebene des Programms durch
Drücken der <F5> Taste ein Fenster eröffnen können, in dem die
verschiedenen Indexparameter festgelegt werden.

Angaben zur Indexverwaltung

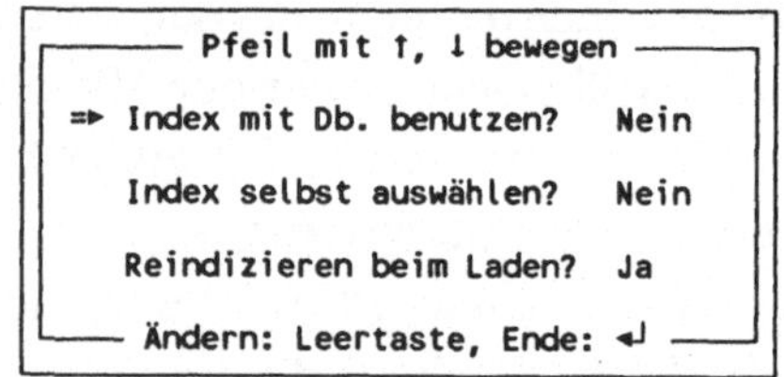

1) *Soll ein Index bei der Verarbeitung einer Datenbank benutzt werden?* Wenn
Sie mit 'ja' antworten, wird der *Vieweg DatenbankManager* versuchen, eine
Indexdatei zu laden, die dann (a) die Datensatzanzeige verwaltet und (b)
das Finden von Suchstrings in Datensätzen durch Überprüfung der Inhalte
im Schlüsselfeld eines Indexes erheblich beschleunigt.

2) *Soll der Benutzer beim Laden einer Datenbank einen Index auswählen?*
Passen Sie hier auf: wenn Sie 'nein' spezifizieren, dann wird der *Vieweg
DatenbankManager* nach einer Indexdatei suchen, die zu dem Namen der
zur Verarbeitung ausgewählten Datenbank paßt. Wenn Sie bspw. eine
Datenbank TEST.DBF auswählen, wird der *Vieweg DatenbankManager* nach
einer Indexdatei namens TEST.DBX suchen. Wenn es diese nicht findet, wird
die Datenbank natürlich ohne einen Index geladen. Sollte es jedoch einen

Index in demselben Verzeichnis wie die Datenbank lokalisieren, dann wird dieser gelesen und mit der betreffenden Datenbank verknüpft. Achten Sie darauf, sicherzustellen, daß der Index auf dem neuesten Stand der Datenbank ist, anderenfalls wird die Datensatzanzeige unregelmäßig sein. Die geladene Indexdatei muß natürlich irgendwann zuvor vom Desktop aus über die angebrachte Option (*Sortieren, Index*) erzeugt worden sein. Dabei spezifizieren Sie dann auch, welches Feld als Schlüsselfeld für den Index fungieren soll, der den gleichen Namen bekommt wie die Datenbank, aus der er abgeleitet ist.

Sollten Sie sich entscheiden, eine Indexdatei auszuwählen, so können Sie eine aussuchen, die einen anderen Namen hat als die Datenbank, mit der sie assoziiert ist. Hier ein praktisches Beispiel: Sie arbeiten mit der mitgelieferten Bibliographiedatenbank BIBLIO.DBF, die einen Index namens BIBLIO.DBX hat, der aus dem Feld NACHNAME der Datenbank abgeleitet ist. Für eine bestimmte Arbeitssitzung möchten Sie die Datensätze nach Jahren geordnet haben. Dazu wählen Sie den mitgelieferten Index JAHR.DBX aus, und schon wird dies automatisch erledigt.

3)   Größte Aufmerksamkeit erfordert die Frage, ob die Indizes auf dem jeweils neuesten Stand ihrer assoziierten Datenbanken sind oder nicht. Eine effektive Methode, dies sicherzustellen, ist es, den *Vieweg Datenbank-Manager* dazu zu bringen, eine Datenbank jedesmal zu reindizieren, wenn Sie sie mit einer Indexdatei laden. Dies kostet Sie nur die wenigen Sekunden, die benötigt werden, um die Datenbank vom Desktop aus zu reindizieren, bevor Sie in die Editierungsebene gehen, und es gibt Ihnen die Sicherheit, daß der Index immer aktuell ist.

Eine weitere Möglichkeit, die bei vielen Datenbankverwaltungssystemen vorliegt, besteht darin, eine Indexdatei zu öffnen und sie vom System während der Bearbeitung aktualisieren zu lassen, ohne daß diese Indexdatei die Datensatzanzeige kontrolliert. Ein solches Verfahren kommt dann zum Einsatz, wenn mit einer Datenbank mehrere Indexdateien geöffnet werden, aber nur eine für die Datensatzanzeige (und die Suche nach Feldinhalten) benutzt wird.

1.5.4   Index generieren

Man soll unterscheiden zwischen dem Schritt, bei dem eine Datenbank reindiziert wird und dem, bei dem eine Indexdatei generiert wird. Das erste Verfahren bezieht sich auf die Neuerstellung einer Indexdatei, die sowohl auf Platte vorliegt als auch vom Benutzer für die momentane Datenbankbearbeitung ausgewählt wurde.

Bei der Indexgenerierung muß man zwei Informationen spezifizieren. Als erstes legt man über ein Auswahlfenster fest, welches Feld als Schlüsselfeld für die zu erstellende Datendatei fungieren soll. Dieser Schritt setzt voraus, daß man dem System schon mitgeteilt hat, aus welcher Datenbank die Felder entnommen werden sollen, die im Auswahlfenster erscheinen. Verwendet man ein System, bei dem man Mehrfeldindizes generieren kann, so wird man die Möglichkeit erhalten, mehrere Felder auszuwählen. Nach der Feldwahl muß ein DOS-gültiger Name für die Indexdatei eingegeben werden.

Spezifizierung des Namens für einen Index

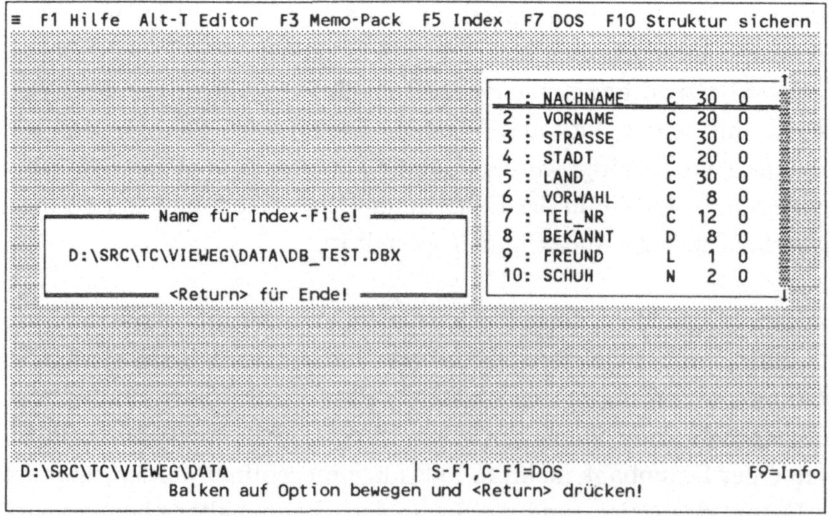

Beim *Vieweg DatenbankManager* geschieht dies bspw. über ein Eingabefenster (s. oben), das per Vorgabe mit dem Namen der Datenbank, aus der das

Schlüsselfeld stammt, gefüllt ist, allerdings nicht mit der Datenbankextension, sondern mit der, die für die Indexdatei charakteristisch ist.

Während der Erzeugung der Indexdatei erhalten Sie eine Meldung über die Datensätze, die aus der Datenbank gelesen werden. Dies weist darauf hin, daß für die Generierung der entsprechende Inhalt des Schlüsselfeldes aus jedem Datensatz extrahiert und in die Indexdatei abgelegt wird. Ist die Indexdatei angelegt, so kann sie danach für die Bearbeitung der betreffenden Datenbank eingesetzt werden.

2   Bearbeitung von Datenbanken

Ist eine Datenbank durch den Benutzer einmal erstellt worden, oder hat er eine Datenbank aus einer externen Quelle bezogen, so kann man mit der Bearbeitung dieser Datenbank beginnen. Bedenken Sie noch einmal, daß Sie in der Datenbankverwaltung nicht bei Null anfangen können; es muß eine Datenbank als Struktur schon auf Platte vorliegen.

2.1   Allgemeines zur Programmstruktur

Programme unterscheiden sich durch verschiedene Parameter, so auch in der Programmstruktur. Die Befehlsführung ist bei jedem Programm anders, dennoch haben die Bestrebungen der letzten Jahre Früchte getragen, eine einheitliche Oberfläche für die Steuerung der Optionen eines Programms zu erzielen. Diese Oberfläche sieht sowohl eine klar erkennbare Belegung der Funktionstasten (für die Befehlsaufrufe) als auch einen gutgegliederten Bildschirmaufbau vor.

2.1.1   Der Begriff 'Desktop'

Manche Textverarbeitungsprogramme bieten dem Benutzer sofort nach Laden des Programms, eine leere Fläche, bei der er direkt mit der Texteingabe beginnen kann. Dies hat für den Benutzer einen beruhigenden Effekt: er muß sich nicht sofort mit dem Programm auseinandersetzen, sondern kann sich seiner Aufgabe widmen und sich später mit den Befehlen beschäftigen.

Bei einem Datenbankverwaltungssystem ist diese Unterstützung des (nicht-technischen) Benutzers nicht möglich, da für die Datenangaben zunächst eine Datenbank ausgewählt werden muß. Wiederum im Vergleich mit der Textverarbeitung stellt sich heraus, daß viel mehr Operationen bei einem Datenbankverwaltungssystem durchführbar sind, die Dateien, d.h. Datenbanken, in ihrer Gesamtheit betreffen. Aus diesem Grunde bieten viele Datenbankverwaltungssysteme eine Oberfläche, von der aus der Benutzer verschiedene Operationen ausführen kann, und zu der er nach deren Beendigung zurückkehrt. Dies ist auch beim *Vieweg DatenbankManager* der Fall.

Beispiel für eine 'Desktop'-Oberfläche

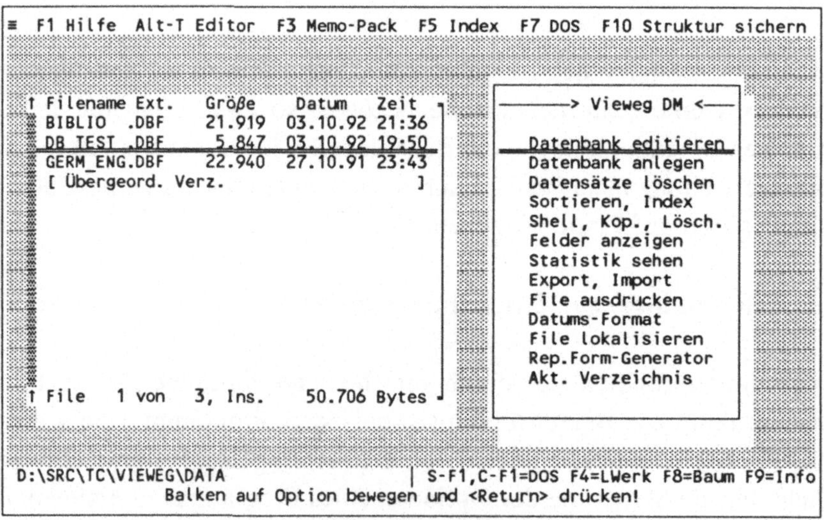

Ein Desktop zeigt immer einen relativ homogenen Aufbau. Es wird in jedem Fall ein oder mehrere Fenster aufweisen, die die Menüoptionen enthalten, die vom Desktop aus realisierbar sind. Beim *Vieweg DatenbankManager* findet sich auf der rechten Seite des Bildschirms ein solches Fenster mit den 13 Hauptoptionen des Desktops. Viele dieser Optionen führen zu Untermenüs, d.h. sie stellen Gruppen von Optionen dar. In der obersten Zeile sieht man eine Leiste mit den Funktionstastenbelegungen des Desktops. In der letzten Zeile des Bildschirms zeigt Ihnen eine Meldung, was an der jetzigen Stelle möglich ist.

2.1.1.1 Programm- und Datenverzeichnis

Bei der Datenbankverwaltung, wie bei allen Programmen, muß der Benutzer
streng zwischen dem Verzeichnis, in dem sich das Programm befindet und dem
Verzeichnis, in dem die Daten bereitgehalten werden, die er bearbeiten
möchten, unterscheiden.

Im Falle des *Vieweg DatenbankManagers* wird das Programmverzeichnis gleich
beim Laden des Programms festgehalten, und beim Verlassen wechselt das
Programm in dieses Verzeichnis zurück. Beim ersten Mal, wenn der Benutzer
eine Datenbank bearbeitet, wird für die Verzeichnisauflistung auch das
Programmverzeichnis als Datenverzeichnis verwendet. Allerdings kann man
durch eine von drei Möglichkeiten ein anderes Datenverzeichnis anwählen.

Beispiel einer Verzeichnisauflistung

```
↑ Filename Ext.     Größe    Datum    Zeit  ┐
  BIBLIO  .DBF      21.919  03.10.92 21:36
  DB_TEST .DBF       5.847  03.10.92 19:50
  GERM_ENG.DBF      22.940  27.10.91 23:43
  [ Übergeord. Verz.                      ]
  [ Unter-Verz.: MEHR_DATEN               ]



↑ File   1 von   3, Ins.    50.706 Bytes  ┘
```

(i) Man drückt <F4> und wählt ein neues Laufwerk aus; (ii) man führt den
Leuchtbalken auf einen Eintrag mit Übergeord. Verz. bzw. Unter-Verz.:...
und drückt <Eingabe>, um auf das jeweilige Verzeichnis zu wechseln.

Die dritte Möglichkeit besteht darin, daß man den Verzeichnisverwalter mittels
<F8> aufruft (s. den Ausdruck auf der vorangehenden Seite) und den Leucht-
balken auf dieser Ebene auf das Verzeichnis führt, zu dem man wechseln
möchte. Mit <Eingabe> wird der Wechsel vollzogen, mit <Escape> bricht man
den Vorgang ab und bleibt im alten Verzeichnis.

Beispiel einer Verzeichnisdarstellung als Baum

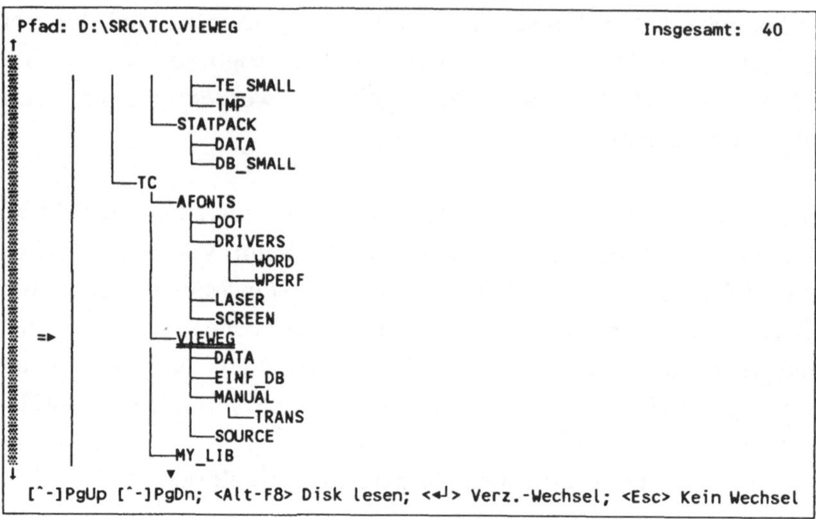

2.1.1.2 Verwendung einer Maus

Eine Maus als Aktivierungsmöglichkeit der Befehle eines Programms ist mittlerweile ein unerläßlicher Teil einer jeden komfortablen Applikation. Das Prinzip ist sehr einfach. Sie fahren den Mauszeiger auf den Text des Befehls, den Sie ausführen möchten. Das könnte z.B. eine Hauptmenüoption oder eine Funktionstaste sein. Durch Anklicken des linken Mausknopfes wird die betreffende Option aktiviert. Das Drücken des rechten Knopfes führt meistens zum Stornieren der jetzigen Befehlssequenz, auch wenn diese schon initialisiert ist. Damit hat der rechte Mausknopf die Funktion der < Escape > Taste und der linke Knopf die der < Eingabe >-Taste.

Bei einer Auflistung kann man auch mit der Maus arbeiten. An der linken oder rechten Seite sehen Sie einen vertikalen Streifen, an dessen oberen und unteren Ende sich jeweils ein Pfeil befindet. Wenn Sie den Mauscursor auf einen dieser Pfeile bewegen und den linken Knopf drücken, bewegt sich der Leuchtbalken in der Richtung, in der der Pfeil zeigt.

2.1.2   Befehlsaktivierung

Hat man bereits zu der Ebene gewechselt, auf der man eine Datenbank bearbeitet, so stellt man fest, daß die Funktionstasten andere Belegungen
aufweisen als auf der Desktopebene. Generell sind mehr Tastenkombinationen
für die Bearbeitung von Datenbanken vorhanden. Wenn für den Benutzer ein
Programm neu ist, sind ihm die Befehle nicht geläufig. Um dieser Schwierigkeit
zu begegnen, ist im *Vieweg DatenbankManager*, wie in allen neueren Programmen auch, ein System von Menüs eingebaut, über die man die Befehle des
Programms aktivieren kann.

Aktivierung von Befehlen über ein Menüsystem

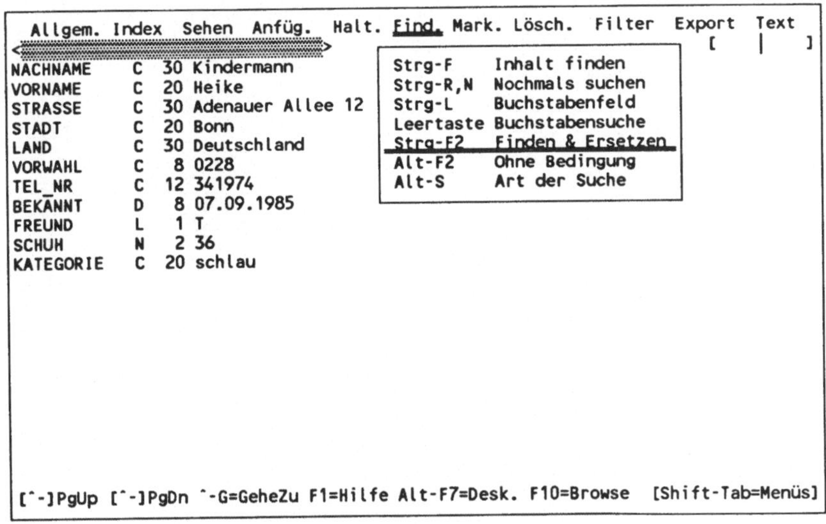

Das Prinzip eines Menüsystems arbeitet wie folgt: Über eine Tastenkombination, die unten am Bildschirm angezeigt wird (und die über die Maus aktivierbar
ist), kann man das Menüsystem öffnen. Ist das Menüsystem aktiv, so erscheint
in der ersten Bildschirmzeile eine Leiste mit den Namen von Begriffen, die
Gruppen von Befehlen darstellen. Wenn das Menüsystem aufgemacht wird, so
wird gleichzeitig der Inhalt einer dieser Gruppen in Form eines Fensters
angezeigt. Mit den Tasten <PfeilRechts> und <PfeilLinks> kann man zur
nächsten oder zur vorhergehenden Gruppe wechseln. Die Tasten <PfeilAuf>

und <PfeilAb> bewegen den Balken innerhalb einer Gruppe auf und ab. Mit <Eingabe> führt man eine Option aus, mit <Escape> storniert man die gesamte Befehlssequenz.

Vor dem Text einer Option steht die Tastenkombination, mit der man den Befehl alternativ aufrufen kann. Mit der Zeit wird es wahrscheinlich immer weniger notwendig, das Menüsystem aufzurufen. Stattdessen kann man die schnelleren Tastenkombinationen für die Befehlsaktivierung verwenden.

II   Entwicklung

1   Einleitung

1.1   Wahl des Programms

Für die Datenbankverwaltung auf dem Personal Computer ist bedauerlicherweise nicht die gleiche Vielfalt an Programmen verfügbar, wie dies für die Textverarbeitung der Fall ist. In der Tat existiert für die Erstellung und Verarbeitung von Datenbanken auf dem Personal Computer lediglich ein Programm, namentlich *dBASE IV*. Sie stellt eine Weiterentwicklung der Vorgänger *dBASE III Plus* und *dBASE III* dar, die ihrerseits aus der Weiterentwicklung des Programms *dBASE II* hervorgingen, das ursprünglich auf solchen älteren 7-Bit-Systemen verfügbar war, die noch unter dem Betriebssystem CP/M arbeiteten. Somit wird deutlich, daß *dBASE* schon über eine Art Tradition verfügt und inzwischen schon vielen Neubearbeitungen unterzogen wurde. Dies erweist sich für heutige Anwender als großer Vorteil. Die relativ lange Geschichte, auf die das Programm zurückblickt, hat nämlich zur Folge, daß es wiederholt verbessert und von Programmfehlern bereinigt wurde. Die nunmehr gebotene Flexibilität und leichte Verständlichkeit von *dBASE* hat bei anderen Herstellern unter Umständen eine gewisse Scheu hervorgerufen, ihrerseits nun ein Produkt auf dem Markt der Datenbanksoftware anzubieten. Diejenigen aber, die es doch versucht haben, bieten fast immer Programme an, die *dBASE*-Format lesen oder in diesem schreiben können, mindestens aber Textdateien eines Formats erzeugen, das von *dBASE* direkt eingelesen werden kann.

1.2   Interne Entwicklungssprache

Vermutlich wird Ihnen im Laufe der Zeit aufgefallen sein, daß aufwendige und leistungsfähige Software dem Benutzer nicht nur eine Vielzahl an Befehlen zur

Verfügung stellt, sondern in begrenztem Umfang auch die Formulierung eigener Befehle zuläßt. Für die Textverarbeitung sind dies in aller Regel sogenannte Makros, die eine Folge von Befehlen nach Eingabe eines bestimmten (selbstdefinierten) Tastenschlüssels ausführen. Diese sind häufig recht kompliziert und beinhalten Verzweigungsoperationen, Ausführung von Befehlsschleifen, Programmausführung anhand berechneter Ergebnisse oder Eingaben durch den Benutzer, d.h. also Operationen, die man normalerweise dem Umfeld des Programmierens zurechnet. In die Datenbankverwaltung oder die nah verwandte Tabellenkalkulation sind zumeist auch echte Programmiersprachen integriert. Der fortgeschrittene Anwender kann seinen Quellentext in einer dieser Sprachen schreiben, auf Festplatte speichern und später vom Anwendungsprogramm aus aufrufen (s. Programmmodus weiter unten). Die so erstellte Programmdatei wird als benutzerdefinierte Anwendung bezeichnet und ähnelt in der Funktionsweise den Makros der Textverarbeitung, bietet aber zumeist erhöhte Flexibilität. Die Möglichkeit des Schreibens von Makros stellt gleichsam eine Zwischenstufe von der reinen Anwendung hin zum tatsächlichen Programmieren dar, das dem Benutzer die Vorabentscheidung darüber ermöglicht, welche Befehle ausgeführt werden sollen.

Da Programme zur Datenbankverwaltung an Möglichkeiten offen sind, muß der Benutzer zunächst einmal bestimmen können, in welcher Form er welche Art von Datenbank bearbeiten will. Darüber hinaus muß von Anfang an festgelegt werden, welcher Art die zulässigen Operationen sein sollen. Dies für den Benutzer voraussehen zu können, gestaltet sich für Programmierer, die Anwendungen schreiben, ausgeprochen schwierig, um nicht zu sagen unmöglich. In diesem Dilemma befinden sich alle Programmierer: Wie kann man eine benutzerfreundliche Schnittstelle schaffen, die mit einem Minimum an Aufwand (verglichen mit der Textverarbeitung) beherrscht werden kann, ohne vorher zu wissen, welche Operationen der Benutzer überhaupt durchführen will? Daher muß sich jeder Benutzer über eine Tatsache besonders im klaren sein: Programmierer können keinesfalls voraussehen, welche Struktur Sie für eine Datenbank wünschen werden, so daß Sie etwa durch Aufrufen eines Programms sofort in eine vorgefertigte Datenbank gelangen. Der erste Schritt besteht stets in der Festlegung der Struktur, die die zu erstellende bzw. zu verarbeitende Datenbank aufweisen soll. Kompromißlösungen sind möglich, indem eine freie Datenbankstruktur erlaubt wird. Dennoch bleibt die Tatsache gültig, daß ein

Maximum an Flexibilität erreicht wird, wenn der Anwender seine eigene Applikation durch Programmierung bestimmt bzw. dadurch, daß er einen Programmierer beauftragt.

Um diese Lösung zu ermöglichen, ist es üblich geworden, in den Umfang eines Datenbankverwaltungsprogramms eine Entwicklungssprache zu integrieren (wie dies z.B. für *dBASE* der Fall ist). Solch eine Sprache wird als interne Entwicklungssprache oder als Entwicklungsumgebung bezeichnet. Diese gibt es in vielerlei Formen, worunter die für *dBASE* entwickelte Programmiersprache ohne Zweifel den Standard darstellt. Für größere Systeme verschiedenster Art wird dieser durch die SQL-Sprache (= *structured query language* 'strukturierte Abfragesprache') vorgegeben, die für eine Vielzahl von Datenbankverwaltungsprogrammen, mitunter auch für die Entwicklungsumgebung von *dBASE IV*, verfügbar ist.

Datenbankentwicklungssprachen unterscheiden sich insofern von echten Programmiersprachen, als erstere nur eine begrenzte Anzahl von Befehlen zur Verfügung stellen, die von unmittelbarer Bedeutung hinsichtlich der Änderung bzw. Bearbeitung von Datenbanken sind. Andererseits ist der Gebrauch dieser Sprachen erheblich einfacher als jener von Programmiersprachen, wie z.B. *C*, für die stets gilt, daß jeder Schritt, den das Programm ausführen soll, vom Benutzer selbst in allen Teilen festgelegt werden muß. Datenbankentwicklungssprachen enthalten (vordefinierte) Befehle, die das Öffnen von Datenbanken, Kopieren von Datensätzen, Lokalisieren von Zeichenketten in einem Feld, usw. durch lediglich eine Eingabe auf der Befehlszeile oder in einer Programmdatei ermöglichen. Um die gleichen Effekte zu erzielen, sind in einer Programmiersprache ggf. Seiten von Quellentext erforderlich. Da die Datenbankentwicklungssprachen selbst in einer reinen Programmiersprache geschrieben sind (*dBASE* ist bspw. in *C* und Assembler [direkte Maschinensprache] erstellt), spricht man häufig auch von Metasprachen, da diese einer höheren Ebene als reine Programmiersprachen angehören, und insofern zwar gewisse Einschränkungen mit sich bringen, andererseits aber auch eine Vereinfachung des Programmieraufwands darstellen.

Anmerkung. *dBASE* und *dBASE IV* sind eingetragene Warenzeichen der Firma Ashton Tate.

2   Programmentwicklung im dBASE-Format

2.1   Zielsetzung

Generell gilt die Feststellung, daß Datenbanken von Anwendern aufgebaut und gepflegt werden, um später aus diesen selektiv Daten zu extrahieren. Auch können Informationen über einen größeren Zeitraum gesammelt werden. Den Vorgang der Selektion kann man besonders flexibel realisieren, da Datenbanken eine interne Struktur aufweisen. Die Möglichkeiten einer Datenbankprogrammiersprache wie *dBASE* erlauben eine Manipulation von Daten auf der Basis von Bedingungen, denen entsprochen werden muß, falls ein Exzerpt aus einer Datenbank anzufertigen ist. Der Auszug von Daten setzt also voraus, daß man Bedingungen formuliert. Diese Formulierung setzt ihrerseits voraus, daß geeignete Mittel für diesen Zweck zur Verfügung stehen. Sie sind in der Programmiersprache zu finden, die die genaue Formulierung ermöglicht.

Vergleichen Sie diese Situation mit der Situation bei einer Anwendung wie dem *Vieweg DatenbankManager*. Hier kann der Benutzer entweder Datensätze filtern, indem er <Alt-F3> drückt und eine Filterbedingung aufbaut, oder er kann interaktiv, *ohne eine Bedingung zu formulieren*, Datensätze mittels <Tab> markieren. Diese beiden Möglichkeiten sind nur verfügbar, wenn es sich um eine Applikation handelt, d.h. um ein fertiges Programm, bei dem diese Möglichkeiten fest eingebaut sind.

Will man selber eine Anwendung für die Manipulation von Datenbanken entwickeln, so ist es notwendig, sich einer Programmiersprache zu bedienen, die diese explizit vorsieht.

2.2   Operationsmodi in dBASE

Das Programm *dBASE* wird wie jedes andere von der DOS-Befehlszeile gestartet, indem man den Namen eingibt (und <Eingabe> drückt), hier: dbase.

Danach wird *dBASE* geladen und der Bildschirm wird aufgebaut. Hat man den ASSIST-Befehl (s. unten) ausgeschaltet und nichts weiteres an der Konfiguration des Programms geändert, so erscheint unten links ein Punkt, hinter dem sich der Cursor befindet.

Bei allen Versionen von *dBASE* bis *dBASE II* wurde der Verfügbarkeit einer menügesteuerten Benutzerschnittstelle erhöhte Aufmerksamkeit gewidmet, um Nicht-Programmierern das Erstellen eigener Anwendungen mit einem Minimum an Aufwand zu ermöglichen. Das Menüsystem wird über den Befehl ASSIST erreicht, bzw. wird automatisch nach Starten des Programms aktiviert, falls man keine andere Konfiguration spezifiziert hat. Der Einsatz dieser Schnittstelle ist bei den allerersten Schritten mit *dBASE* sinnvoll, verliert aber mehr und mehr an Bedeutung, je geübter und fortgeschrittener der Anwender ist.

```
 Katalog    Diverses    Ende                                  18:09:00
                             dBASE IV-Regiezentrum

                     Katalog: F:\VIEWEG\DATA\XYZ.CAT

  dB-Dateien    Abfragen      Masken      Berichte    Etiketten    Programme

 ┌──────────┬──────────┬──────────┬──────────┬──────────┬──────────┐
 │  <neu>   │  <neu>   │  <neu>   │  <neu>   │  <neu>   │  <neu>   │
 │  BIBLIO  │          │          │          │          │          │
 │          │          │          │          │          │          │
 │  DB_TEST │          │          │          │          │          │
 │  GERM_ENG│          │          │          │          │          │
 │          │          │          │          │          │          │
 │          │          │          │          │          │          │
 └──────────┴──────────┴──────────┴──────────┴──────────┴──────────┘

  Datei:        BIBLIO.DBF
  Kommentar:

  Hilfe:F1  Wählen:◄┘  Gestaltung:SHIFT-F2  Standardbericht:SHIFT-F9  Menü:F10
```

1) Interaktiv (Prompt-Modus)

Der Punkt in der äußersten linken Spalte des Bildschirms nennt sich *prompt*, d.h. Eingabeaufforderung. Sie zeigt an, daß *dBASE* bereit ist, Befehle vom Anwender anzunehmen. Diese werden von der Tastatur eingegeben und dann vom Programm sofort verarbeitet.

```
 .▔
 Befehl   |F:\litera\data\BIBLIO   |Satz 30/30      |Datei        |          Ins
```

Nachdem ein Befehl ausgeführt wurde, erscheint der Prompt mit dem Cursor dahinter wieder und der Anwender darf einen neuen Befehl eingeben. Je nachdem, was für ein Befehl aktiviert wird, kann *dBASE* eine Meldung ausgeben; ob dies geschieht, hängt auch von den Belegungen von diversen SET-Parametern ab (s. Abschnitt 3.4. *SET-Befehle* weiter unten). Es ist wichtig, an dieser Stelle zu verstehen, daß *dBASE* nach Beendigung eines jeden Befehls anhält und den Anwender auffordert, einen weiteren einzugeben. Da dies der Fall ist, nennt sich dieser Modus *interaktiv*.

Die Einschränkungen beim interaktiven Modus sind offensichtlich. Alles muß manuell eingegeben werden. Die Automatisierung von Befehlsketten ist nicht möglich. Dafür kann der Anwender jeden Schritt kontrollieren und zu jedem Zeitpunkt entscheiden, welchen weiteren Verlauf die Verarbeitung nehmen soll.

2) Programmodus

Der Gegensatz zum interaktiven Modus ist der *Programmodus*. Mit diesem Begriff ist gemeint, daß alle Befehle für die aktuelle Arbeitssitzung in einer oder mehreren Programmdateien vorhanden sind. Sie werden aktiviert, indem der Anwender eine Datei lädt mittels des Befehls DO Filename. Nach dem Befehlswort kommt der Name der Programmdatei, die ausgeführt werden soll. Es kann durchaus sein, daß alle Befehle für die folgende Datenbankverarbeitung nicht in einer Datei, sondern verteilt über mehrere Dateien vorliegen. Die anderen Dateien werden ihrerseits erreicht, indem in einer Datei eine oder mehrere Zeilen mit einem Befehl DO Filename enthalten sind. Die Angabe Filename bezieht sich in einem solchen Fall auf eine weitere Programmdatei, auf die dann *dBASE* verzweigt.

Um die Vielseitigkeit von *dBASE* tatsächlich ausschöpfen zu können, sollte man unter Verwendung der internen Entwicklungssprache auch auf das Programmieren zurückgreifen. Die hierbei erstellten Programme variieren in Größe und Vielfalt und mögen für den einen Fall - ähnlich einer DOS-Batch-Datei - einfache Listen alphabetischer Befehle, im anderen Fall eine umfassende Anwendung nach dem Beispiel vom *Vieweg DatenbankManager* enthalten.

2.2.1 Interpreter und Compiler

Programmiersprachen kommen in zwei wesentlichen Arten vor: Interpreter und Compiler. Diese unterscheiden sich nur geringfügig, obwohl deren Komplexität im einzelnen sehr hoch sein kann. Ein Interpreter übersetzt den Quellentext eines Programms mit jeder Ausführung neu, während Compiler diesen einmal übersetzen und als eine ausführbare Datei, d.h. als ein Programm (erkennbar an der Extension .exe) auf Platte abspeichern. Erst nachdem diese beiden Arbeitsschritte abgeschlossen sind, steht ein kompiliertes Programm zur Ausführung zur Verfügung.

Für beide Typen von Programmiersprache ergeben sich jeweils unterschiedliche Konsequenzen. Für die Ausführung eines Interpreter-Programms ist es notwendig, daß die Programmumgebung, für die es geschrieben wurde, ebenfalls geladen ist. Um dies konkret zu veranschaulichen, müssen Sie sich vor Augen führen, daß beipielsweise ein für *dBASE* geschriebenes Programm nur dann ausführbar ist, wenn *dBASE* selbst auch geladen ist (sofern Sie nicht von einem der mitgelieferten Compiler-Module, die für *dBASE* verfügbar sind, Gebrauch machen). Für Compiler gilt, daß zunächst der gesamte Quellentext erstellt, sorgfältig auf syntaktische Korrektheit und Funktionsweise der dort angegebenen Befehle geprüft, kompiliert und zu einer ausführbaren Datei verbunden (*linked*) werden muß, bevor das so erstellte Programm aufgerufen und ausgeführt werden kann. Dies resultiert schließlich in einem unabhängigen Programm wie dem *Vieweg DatenbankManager*, zu dessen Ausführung kein weiteres Primärprogramm benötigt wird.

Für Neuanwender von Datenbankverwaltungssystemen, die sich mit dem Gedanken tragen, früher oder später selber zu programmieren, ist zu empfehlen: Beginnen Sie beim Erlernen von Programmiersprachen stets mit Interpretern. In der Anfangsphase der Programmiertätigkeit werden die Quellentexte von

Fehlern nur so wimmeln, der Code noch unstrukturiert sein und im allgemeinen kaum den Grundsätzen guten Programmierens genügen können. Da aber bekanntlich Übung den Meister macht, werden Sie beim Interpreter dazu angehalten, ein Programm immer wieder zu korrigieren bzw. neu zu formulieren. Das Verwenden von Interpreter-Umgebungen ermöglicht Ihnen einfachere und schnellere Korrektur der eventuell vorhandenen Fehler, so daß Sie auch die Wirkungsweise der jeweiligen Befehlssyntax schneller kennenlernen können.

2.2.2   dBASE-Dateien

Einer der ersten Schritte bei einem neuen Programm soll darin bestehen, sich mit den Dateitypen, die dieses verwaltet bzw. anlegt, vertraut zu machen. Für *dBASE* gibt es vierzehn verschiedene Dateitypen. Nicht alle haben den gleichen Status, dennoch ist es wichtig, daß Anwender die Mehrheit von diesen an der für sie typischen Extension erkennen. Unten sind die zwölf häufigsten aufgeführt; die Typen `.vue` (*view file*) und `.scr` (*screen file*) werden hier wegen ihres geringen Interesses nicht behandelt.

1) **.DBF** *Datenbank.* Diese ist die eigentliche Datenbankdatei. Ohne sie ist eine Bearbeitung von Daten nicht möglich. Während alle weiteren Dateitypen fakultativ sind, ist die Datenbank obligatorisch.

2) **.NDX** *Index.* Die wichtigste Datei nach der Datenbank stellt die Indexdatei dar. Darunter versteht man eine besondere Art von Textdatei, in der Informationen zu einem oder mehreren Kennfeldern abgelegt sind, die zur Steuerung der Anzeige von Datensätzen oder deren schnellerem Lokalisieren dienen.

3) **.DBT** *Memodatei.* Ein Memofeld ist ein Platzhalter für einen begrenzten Umfang an ASCII-Text, der an den jeweiligen Datensatz einer Datenbank 'angeheftet' ist. Das Feld selbst ist auf eine Länge von 10 Zeichen vordefiniert, die nicht verändert werden kann. Die Zahl in

diesem Feld ist ein Offset, d.h. sie verweist auf die Stelle in einer Textdatei, an der der Textabschnitt zu finden ist.

4) **.PRG** *Programmdatei.* Hierunter versteht man ASCII-Textdateien, die den Quellentext eines Programms enthalten, der entweder von *dBASE* interpretiert oder von einem dafür vorgesehenen Programm wie *Clipper* kompiliert wird. Ein einzelnes Anwendungsprogramm besteht normalerweise aus mehreren Quellentexten, die jeweils die Befehle und Funktionsaufrufe für eine Routine oder Gruppe von Routinen enthalten.

5) **.MEM** *Speichervariablendatei.* Hier werden sämtliche erforderlichen Variablen - bspw. zum Festhalten von benutzerdeterminierten Werten, Bedingungsausdrücken usw. - gesichert und stehen somit für jede Arbeitssitzung eines späteren Zeitpunkts wieder zur Verfügung.

6) **.TXT** *Textdatei.* (ASCII-Datei, d.h. ein Text mit Feldbegrenzungen oder im SDF-Format). Datenbanken können entweder an einen Drucker geschickt oder in Textdateien abgelegt werden. Im letzeren Fall wird eine Datei mit der Extension `.txt` generiert, die eine reine ASCII-Datei ist, und die die Daten der einzelnen Felder eines jeden Datensatzes in einem der beiden Formate ablegt.

Die eben genannte Möglichkeit ist für die Weiterbearbeitung von Daten in einer anderen Datenbankumgebung wichtig. Hierbei kommen vorrangig die zwei Textformate zur Anwendung. Bei beiden Typen von Text belegt ein Datensatz genau eine Textzeile.

(i) *Delimited.* Ein Textdateityp, in dem ein bestimmtes Zeichen zur Abgrenzung eines Datensatzfeldes vom nächsten spezifiziert wurde, z.B. '|', das sonst als Teil eines Feldinhaltes unüblich ist.

(ii) *SDF.* Ein weiterer Textdateityp, in dem jedem Feld eine vorbestimmte Länge zugewiesen ist, wodurch es vom nächsten abgehoben wird. Ist der Inhalt eines Feldes kürzer als dessen Länge, wird eine entsprechende Anzahl von Leerzeichen beim Exportverfahren hinzugefügt, damit jedes Feld eines jeden Datensatzes in der richtigen Spalte des Textes anfängt.

7) **.DB** *Konfigurationsdatei.* Für viele aufwendig gestaltete Programme ist zur Bereitstellung bestimmter vorab vom Benutzer definierter Parameter, die in früheren Arbeitssitzungen festgelegt wurden, der Zugriff auf eine Konfigurationsdatei erforderlich. Für *dBASE* selbst existiert eine analog verwendete Datei, die die Bezeichnung `config .db` trägt und die Angaben zu Startoptionen und benutzerdefinierbarer Form der Anzeige und Bearbeitung enthält.

8) **.CAT** *Katalogdatei.* Dies ist ein Begriff aus der *dBASE*-Umgebung, worunter man eine Datenbankdatei versteht, in der Angaben zur Zahl der aktuell geöffneten Datenbanken, deren Indexdateien und den gesetzten Relationen zwischen den Datenbanken aufgezeichnet sind. Sie können bspw. zu Angaben darüber herangezogen werden, welche Dateien in einem bestimmten Programm gerade benutzt werden.

9) **.QRY** *Abfragedatei (query).* Hierunter versteht man die in einer Datei enthaltenen Informationen zur Art einer bestimmten Abfrageroutine. Im *Vieweg DatenbankManager* sind dies die Dateien, in denen Bedingungsausdrücke gespeichert sind, die Sie während einer Arbeitssitzung definiert und gespeichert haben und die ggf. zu einem späteren Zeitpunkt wiederverwendet werden können. Somit werden dann nur jene Datensätze angezeigt, die dieser Bedingung genügen. Eine Filterbedingung in Dateiform beim *Vieweg DatenbankManager* trägt die Extension `.exp` (*expression*).

10) **.FMT** *Formatdatei.* Bildschirmmaskedatei. Die in diesen Dateien gespeicherten Parameter legen das Aussehen des Bildschirms fest. So wird hier bspw. bestimmt, wieviele Felder wo auf dem Bildschirm erscheinen sollen, welcher Bereich eines Feldes sichtbar sein soll, und ob darüber hinaus weitere Angaben angezeigt werden sollen. Dies ist allerdings nur für interpretative

Umgebungen erforderlich. Für kompilierte Anwendungen wird das Bildschirm- Layout vorab vom Programmierer festgelegt.

11) **.FRM** *Report-Form-Datei.* Ausgabeformulardatei. Diese Dateien ähneln dem vorgenannten Typus in hohem Maße. Hier wie dort werden Werte gespeichert, die für die Ausgabe von Daten auf dem Drucker oder in einer Textdatei benötigt werden.

Ein Ausgabeformular ist im wesentlichen eine Schablone, die für das Ausgeben von Informationen in einer bestimmten Form aus einer Datenbank verwendet wird. Diese kann direkt zum Drucker geschickt oder in einer Datei abgelegt werden. Für den zweiten Fall wird angenommen, daß das Ausgabeformular zu einem späteren Zeitpunkt in einer anderen Umgebung (bspw. bei einem Textverarbeitungsprogramm) weiterbearbeitet werden soll (dies ist zumeist dann üblich, wenn Leerzeichen aus Datensätzen entfernt und die Datenbank als zusammenhängendes Textstück in das Ausgabeformular eingefügt wird). Die erzeugten Dateien sind immer ASCII-Textdateien.

12) **.LBL** *Label-Datei.* Etikettenformulardatei. Es ist einfach, mit einem Datenbankmanager Etiketten zu drucken (für deren Verwendung auf Paketen, Briefen usw.). In der diesbezüglichen Datei werden wiederum Informationen zur Gestaltung der Etiketten gespeichert, auf die beim Etikettendruck zugegriffen wird.

2.2.3 dBASE-Feldtypen

Der eher wenig erfahrene Anwender wird annehmen, daß alle Feldtypen alphanumerische Zeichenfolgen beinhalten, also lediglich Buchstaben und Zahlen ohne jegliche weitere Unterscheidung. Dies ist jedoch nicht der Fall. Felder einer Datenbank können Daten unterschiedlichen Typs aufnehmen. Diese können wiederum bei der Verarbeitung von Daten zur Geltung kommen. Im folgenden werden die fünf Haupttypen dargestellt. Beachten Sie, daß bis auf den fünften Typ (Memofelder) alle Feldtypen auch als Variablentyp vorkommen dürfen.

Alphanumerische Felder

Der Feldtyp, der alphanumerische Zeichen enthält, ist nur einer von mehreren, wenngleich der am häufigsten verwendete. In solchen Feldern sind Zeichen enthalten (Buchstaben, Ziffern, Satzzeichen, diakritische Zeichen aller Art), die vom Programm einfach als ASCII-Zeichen mit einem bestimmten numerischen Wert behandelt werden.

Numerische Felder

Dem numerischen Feldtyp kommt vor allem für kommerzielle oder statistische Anwendungen weitreichende Bedeutung zu, da jene vorwiegend der Durchführung bestimmter Berechnungen dienen, die auf den dortigen Einträgen basieren. Beachten Sie hier, daß für alphanumerische Felder keine Berechnungen durchgeführt werden können, auch wenn dort Zahlen enthalten sein sollten.

Eine numerische Variable kann kreiert werden, um als Auffangstelle für die Ergebnisse einer Berechnung, die anhand der Einträge eines numerischen Feldes durchgeführt wurde, zu dienen. Eine solche Variable zeichnet sich dadurch aus, daß der dort enthaltene Wert nicht eigens vom Benutzer eingegeben werden muß, sondern aus der Ausführung eines Befehls oder Programmschritts resultiert, der das Ergebnis in diese Variable automatisch einträgt.

Logische Felder

Ein logisches Feld kann nur die Einträge WAHR oder FALSCH aufweisen. Diese stellen keinen überragenden Informationswert an sich dar, bewähren sich aber in hohem Maße für die Durchführung bestimmter Dateioperationen. So kann der Benutzer hier festlegen, daß bestimmte Operationen für bestimmte Felder, bspw. also logische Felder, nur dann ausgeführt werden, wenn deren Eintrag wahlweise WAHR oder FALSCH lautet.

Datumsfelder

Diese enthalten Kalenderangaben, aber keine Uhrzeit und können Teil einer Bedingung werden. Sie können bspw. festlegen, daß bestimmte Operationen wie Filtern, Auswählen, Sortieren nur dann ausgeführt werden, wenn die dortigen Einträge vor oder nach einem bestimmten Datum liegen. Darüber hinaus können Sie das jeweilige Systemdatum in ein Feld einfügen, das eine chronologische Übersicht darüber bietet, wann ein jeweiliger Datensatz bearbeitet wurde.

Memofelder

Ein Memofeld ist ein vordefinierter Feldtyp, der auf einen Abschnitt in einer Textdatei verweist. Dieser Textabschnitt kann mit Hilfe eines internen oder externen Texteditors Ihrer Wahl bearbeitet werden. Memofelder sind von den Datenbanken getrennt und können in der Regel weder durchsucht oder indiziert werden, noch Gegenstand einer Filterbedingung sein.

2.3   Struktur von dBASE-Programmen

Das einfachste *dBASE*-Programm beinhaltet zumindest drei Schritte.

1)   Datenbank öffnen
2)   Datenbank editieren
3)   Datenbank wieder schließen

Diese sehen in der *dBASE*-Programmiersprache wie folgt aus:

```
1:   USE Biblio
2:   EDIT
3:   USE
```

(Die Zeilennumerierung im obigen und allen weiteren Beispielen hat lediglich die Funktion, Verweise im Text auf Programmteile zu erleichtern. Sie stellt keinen Teil eines *dBASE*-Programms dar und soll deswegen nicht in einen Programmtext eingegeben werden).

In *dBASE* ruft der Befehl EDIT einen sogenannten Ganzseitenmodus (*full screen mode*) auf, in dem man die Felder sehen und sich mittels Pfeiltasten von einem auf das nächste Feld bewegen kann. Mit den alphanumerischen Tasten kann man Daten einfügen und mit wieder anderen Tasten, normalerweise <Rückschritt> und <Entf>, kann man Daten entfernen.

Bei der Eingabe von Daten sollte man bedenken, daß es prinzipiell zwei Modi gibt: Einfügen und Überschreiben. Letzterer ist von sich aus aktiv und kann durch Tätigen der <Einfg>-Taste umgeschaltet werden. Beim Einfügen werden die Zeichen, die man tippt, an der aktuellen Cursorstelle eingefügt. Die Zeichen rechts vom Cursor werden weiter geschoben. Beim Überschreibmodus ersetzen die eingegebenen Zeichen die vorhandenen an der Cursorposition.

Sollten beim Aktivieren des EDIT-Modus keine oder nicht genügende Datensätze vorhanden sein, so kann man mittels APPEND neu hinzufügen. Dieser Befehl bietet einen neuen Datensatz, in den man Daten eingeben kann. Gibt man nicht APPEND BLANK ein, so schaltet *dBASE* automatisch in den EDIT-Modus um.

Bei dem obigen Programmbeispiel ist zu beachten, daß die Befehle des *dBASE*-Codes in der Reihenfolge abgearbeitet werden, in der sie im Programmtext vorkommen. Es gibt Ausnahmen zu dieser Vorgehensweise, vor allem dann, wenn durch *Verzweigung* auf eine Subroutine *dBASE* zunächst den dort enthaltenen Code ausführt, bevor das Programm wieder zur aufrufenden Routine zurückkehrt, um mit dem nächsten Befehl fortzufahren.

Eine weitere Form eines Programms ist da zu sehen, wo es eine *Schleife* enthält. In diesem Falle werden die Anweisungen in der Schleife solange wiederholt, bis die *Kontrollbedingung* für die Schleife nicht mehr zutrifft.

Betrachten Sie eine abgewandelte Version des obigen Beispiels.

```
1:   USE Biblio
2:   DO WHILE .NOT. EOF()
```

```
3:        EDIT
4:        SKIP
5:    ENDWHILE
6:  USE
```

Die Schleife DO WHILE... wird so lange wiederholt, bis die Bedingung *nicht Ende der Datenbank* zutrifft, d.h. man kann jeden Datensatz editieren.

Um das Vorgehen von *dBASE* in einem Fall, wie dem obigen, richtig zu verstehen, muß man den Begriff des Datensatzzeigers (*record pointer*) erläutern.

2.3.1   Der Datensatzzeiger (Record Pointer)

Zunächst hält man fest, daß *dBASE* einen Zeiger hat, der auf einen bestimmten Datensatz zeigt. Führt man einen Befehl aus, der einen Datensatz betrifft, so ist der *aktuelle* Datensatz, d.h. derjenige, auf den der Datensatzzeiger verweist, betroffen. Wenn man eine Datenbank öffnet, so ist der Datensatzzeiger auf den ersten Datensatz positioniert. Mit der Anweisung SKIP bewirkt man, daß der Zeiger eine Stelle nach hinten versetzt wird. SKIP -1 bewegt den Zeiger um eine Stelle auf den Anfang der Datenbank zu.

Nun bietet *dBASE* zwei Funktionen, die einen logischen Wert zurückgeben, an: BOF() (*beginning of file*) und EOF() (*end of file*). Mit Hilfe dieser Funktionen kann man überprüfen, ob der Datensatzzeiger den Anfang bzw. das Ende der Datenbank erreicht hat. Einen logischen Wert, wie der, den EOF() zurückgibt, kann man in die Bedingung einer Kontrollstruktur einbauen. Man kann die Bedingung auch negativ formulieren. Dies ergibt die Bedingung DO WHILE .NOT. EOF(), d.h. solange der letzte Datensatz nicht erreicht ist.

Bei jeder Schleife muß eine Möglichkeit gegeben sein, diese vorzeitig zu verlassen. In (2) könnte es durchaus der Fall sein, daß der Anwender die Editierung abbrechen möchte, bevor er das Ende der Datenbank erreicht hat. Nun gibt es in der *dBASE*-Programmiersprache die Möglichkeit, den letzten Tastendruck auszuwerten, der beim Verlassen einer Routine gedrückt wurde. So kann man feststellen, ob der Benutzer EDIT mit <Escape> verlassen hat oder nicht. In diesem Fall wird angenommen, daß er die Editierung abbrechen möchte. Schließt er EDIT mit einem anderen Tastendruck ab, so bedeutet dies, daß man mit dem nächsten Datensatz fortfahren möchte. In der *dBASE*-Programmiersprache formuliert, sieht diese Situation wie folgt aus.

```
 1:    USE Biblio
 2:    DO WHILE .NOT. EOF()
 3:         EDIT
 4:              IF READKEY() = 12      && Escape gedrückt?
 5:                   EXIT              && abbrechen!
 6:              ELSE                   && sonst fortfahren
 7:                   SKIP
 8:              ENDIF
 9:    ENDWHILE
10:    USE
```

2.3.1.1 Bearbeitung mehrerer Datenbanken

Es ist mit *dBASE* möglich, bis zu zehn Datenbanken gleichzeitig zu öffnen. Jede dieser Datenbanken bekommt einen Teil des verfügbaren Arbeitsspeichers, in dem die Informationen über den aktuellen Datensatz gehalten werden. Dieser Speicherbereich heißt in der *dBASE*-Programmiersprache *work area* und kann in einem Programm oder während der interaktiven Abarbeitung von Befehlen angesprochen werden. Die zehn Arbeitsbereiche werden durch eine Ziffer von 1 bis 10 oder alternativ durch einen Buchstaben von A bis J adressiert, auf den ein Pfeil folgt (Zeilen 4 und 6 unten). Außerdem kann bei der Öffnung einer Datenbank ein Zusatzname vergeben werden, durch den die betreffende Datenbank nachher angesprochen werden kann (Zeile 1 unten). Bei Beginn einer Applikation ist der aktuelle Arbeitsbereich der erste. Man kann mittels des Befehls SELECT (Zeilen 2 und 5) auf einen anderen Bereich wechseln.

```
 1:    USE Biblio ALIAS Litera
 2:    SELECT 2
 3:    USE TestDb
 4:    ? A->Titel
 5:    SELECT 1
 6:    ? B->Nachname
```

Information kann aus einer Datenbank in einem Arbeitsbereich in eine andere Datenbank kopiert werden. Dazu ist lediglich notwendig, daß man die richtige

Bereichskennung für die Datenbank einsetzt (s. Zeile 4 und 6 oben). Eine Datenbank eines bestimmten Bereichs schließt man, indem man mit SELECT auf den Arbeitsbereich wechselt und den Befehl USE ausgibt.

2.3.2   Erstellen einer Programmdatei

Programmdateien, die von dBASE oder einer anderen Programmiersprache verarbeitet werden, sind immer ASCII-Texte, d.h. sie enthalten keine Formatierungsinformationen wie Zeichensatzangaben, Seitenlayout usw. Ein ASCII-Text besteht aus einer Reihe von Zeilen, die alle mit Wagenrücklauf (*carriage return*) $13 und Zeilenvorschub (*line feed*) $10 abschließen. Zudem sind die Zeichen, die in diesen Texten vorkommen, meist beschränkt auf die Symbole zwischen $32 und $126, d.h. einen normalen englischen Text ohne Sonderzeichen.

ASCII-Textdateien können Sie mit Ihrem normalen Textverarbeitungsprogramm erstellen. Achten Sie darauf, daß Sie die Texte ohne Formatierung abspeichern (diese Option ist immer gegeben), und daß Zeilenumbrüche Befehlstexte nicht unterbrechen. Damit *dBASE* Programmdateien findet, müssen Sie die Extension .PRG (*programme*) tragen und im aktuellen Verzeichnis, bzw. in einem durch den Befehl SET DEFAULT TO angegebenen Verzeichnis zu finden sein. Die Abarbeitung der Datei wird durch die Anweisung DO Filename eingeleitet (s. Programmodus in 2.1 *Operationsmodi in dBASE* oben).

2.3.3   Benutzereingaben

In vielen Fällen ist es notwendig, Eingaben von Benutzern nicht nur beim Editieren eines Datensatzes zu bekommen, sondern auch an anderer Stelle innerhalb eines Programms. Hierfür bietet *dBASE* drei Befehle an, die dies in einfacher Form ermöglichen. Die Eingabe des Benutzers kann sehr kurz sein, z.B. 'j' für 'ja' oder 'n' für 'nein'. Sie kann sich auf einen Tastendruck beschränken oder eine ganze Zeile beinhalten.

1) WAIT

Dieser Befehl gibt eine Meldung aus (die Vorgabe lautet: 'Drücken Sie eine Taste, um fortzufahren') und wenn der Zusatz TO vorhanden ist, speichert *dBASE* der Tastendruck in eine Variable (zur anschließenden Verwertung) ab. Es kann mit WAIT nur ein Tastendruck vom Benutzer angenommen werden.

```
1:    WAIT "Fortfahren: j/n?" TO TestKey
2:    IF UPPER(TestKey) = "J"
3:         DO Subroutine
4:    ELSE
5:         RETURN
6:    ENDIF
```

2) ACCEPT

Mit dem jetzigen Befehl kann vom Benutzer ein ganzer String eingegeben werden. Damit *dBASE* erkennt, wann das Ende des Strings erreicht ist, muß der Benutzer <Return> eingeben, um diesen abzuschließen.

```
1:    ACCEPT "Wer sind Sie?" TO MeinName
2:    ? "Sie heißen " + &MeinName
```

3) INPUT

Hier ist ein Befehl, der ähnlich wie bei ACCEPT mehrere Tastenbetätigungen vom Benutzer entgegennimmt. Im Unterschied zum ersteren Befehl, wird INPUT bei numerischer Dateneingabe verwendet.

```
1:    INPUT "Wie alt sind Sie?" TO Alter
2:    ? "Sie sind " + STR(Alter) + " Jahre alt"
```

4) @ Row, Col GET

Diese Möglichkeit ist die flexibelste, da sie (i) an einer bestimmten Stelle des Bildschirms aktiviert wird (spezifiziert durch die Koordinaten Row, Col, d.h.

Zeilen- und Spaltenposition am Bildschirm) und (ii), da sie nicht sofort gelesen werden muß. Stattdessen kann man verschiedene @ Row,Col GET-Anweisungen haben und nach den letzten eine READ-Anweisung in den Programmtext einbetten, um die Eingabe der Gruppe der GETs abzuschließen. Ferner kann die Art und Reichweite der Daten, die bei einer GET-Anweisung zulässig sind, genau spezifiziert werden (s. Beschreibung des GET-Befehls in 3.3.).

2.3.4 Kontrollstrukturen

1) IF - ELSE - ENDIF, IIF()

Braucht man eine Kontrollstruktur, die überprüft, ob eine Bedingung zutrifft, so benutzt man die IF-Anweisung. Ist die Bedingung WAHR, so wird die nach dem IF angegebene Anweisung ausgeführt.

```
1:   IF FILE("MeineDB")
2:       Use MeineDB
3:   ELSE
4:       ? "Die Datenbank ist nicht vorhanden"
5:   ENDIF
```

Die IF-Anweisung kann eine alternative Anweisung annehmen, die dann auszuführen ist, wenn die Überprüfung der Bedingung nicht WAHR ergibt.

Eine komprimierte Form der IF-Anweisung ist in *dBASE* als Funktion vorhanden. Sie hat den Vorteil, daß die ganze Funktion einen logischen Wert zurückgibt und kann somit selbst Gegenstand einer Bedingung werden.

```
1:   FileOk = IIF( FILE("MeineDB"), ;
2:       Use MeineDB, ? "Die Datenbank ist nicht vorhanden")
3:   IF FileOk
4:       Do Subroutine
5:   ELSE
6:       ? "Keine Bearbeitung möglich!"
7:   ENDIF
```

Anmerkungen. (i) Kontrollstrukturen und Befehlsschleifen in *dBASE* fangen mit einem Schlüsselwort an und müssen mit einem entsprechenden Schlüsselwort abgeschlossen werden, z.B. `IF...ENDIF`, `DO WHILE...ENDDO`. Fehlt dieses Schlüsselwort, so wird eine Fehlermeldung ausgegeben.

(ii) Nur die ersten 4 Buchstaben sind bei einem Befehl in der *dBASE-*Programmiersprache signifikant. So kann man sich auf die ersten 4 Zeichen bei der Befehlseingabe beschränken. Das Ergebnis ist zwar schlecht lesbar, aber dennoch syntaktisch korrekt, z.B. `DO WHIL ... ENDW`.

(iii) Bei Überprüfungen, die Feldnamen verwenden, wird der Name des Feldes benutzt und dessen Inhalt untersucht, z.B.

```
1:    IF Jahr <= 1980
2:         EDIT
3:    ENDIF
```

2) DO CASE - ENDDO

Ist die Anzahl der Überprüfungen, die vorzunehmen sind, größer als 2, so bietet sich die `DO CASE`-Anweisung an. Hier kann man eine ganze Reihe von Anweisungen angeben, die auszuführen sind, wenn ein bestimmter Wert zutrifft.

Nehmen Sie den Fall an, Sie möchten einen Tastendruck, der unterschiedliche Werte aufweisen kann, in einem Programm evaluieren. Sie weisen einer numerischen Variable den Rückgabewert vom `INKEY()` zu und bieten dann eine Reihe von Schritten an, die bei gewissen Werten möglich sind.

```
 1:    WhatKey = INKEY()
 2:    DO CASE
 3:         CASE WhatKey = 31        && Strg-BildAuf
 4:              GOTO TOP
 5:         CASE WhatKey = 30        && Strg-BildAb
 6:              GOTO BOTTOM
 7:         CASE WhatKey = 18        && BildAuf
 8:              SKIP -1
 9:         CASE WhatKey = 3         && BildAb
10:              SKIP
11:    ENDCASE
```

Falls die gedrückte Taste nicht belegt ist, kann man mit dem reservierten Wort OTHERWISE eine Anweisung einbauen, die dann auszuführen ist, wenn keine der aufgeführten Möglichkeiten zutrifft.

```
1:    OTHERWISE
2:        ? "Taste nicht belegt!"
```

2.3.5   Befehlsschleifen

1) DO WHILE - ENDWHILE

Während eine Kontrollstruktur einmal überprüft, *ob* eine Bedingung erfüllt ist, wiederholt sich eine Befehlsschleife, *solange* einer Bedingung entsprochen wird.

In *dBASE* wird eine Schleife mit DO WHILE eingeleitet und schließt mit ENDWILE ab. Innerhalb der Schleife können verschiedene Anweisungen, Aufrufe von Subrountinen, usw. enthalten sein. Auch soll eine Schleife eine Unterbrechungsklausel aufweisen, damit sie verlassen werden kann, ohne daß das Programm warten muß, bis die kontrollierende Bedingung bei der Evaluierung nicht mehr WAHR ergibt.

Die Bedingung überprüft, ob sich der Wert WAHR ergibt oder nicht. Quelle für diesen Wert kann eine Funktion sein, wie

```
1:    DO WHILE DELETED()
```

oder eine negierte Funktion wie

```
1:    DO WHILE .NOT. EOF()
```

oder eine logische Variable

```
1:    TestWert = .T.
2:    DO WHILE TestWert
```

Allerdings muß bei der letzten Form die Möglichkeit innerhalb der Schleife
gegeben sein, den Wert von TestWert zu ändern und somit auf FALSCH zu
setzen. Ist dies nicht der Fall, so gerät das Programm in eine *Endlosschleife*. Der
Effekt für den Benutzer äußert sich darin, daß das Programm hängt, und man
kann nun nur noch mit einem Reset (*warm boot*) des ganzen Computers (mittels
Strg-Alt+Del) aus der Schleife herauskommen.

```
1:   TestWert = .T.
2:   DO WHILE TestWert
3:       SEEK "Müller"        && Durchkämmt einen Index
4:       IF (TestWert = FOUND()) = .T.
5:           EDIT
6:       ENDIF
7:           CONTINUE
8:   ENDWHILE
```

Diese Schleife durchkämmt einen Index aus Nachnamen bei einer entsprechenden Datenbank und ruft den EDIT-Modus auf, wenn ein Eintrag mit dem
Name 'Müller' gefunden wird.

2.3.5.1 Partielle Ausführung und Unterbrechung einer Schleife

1) LOOP

Zwei Anweisungen werden speziell bei Befehlsschleifen eingesetzt. Die erste,
LOOP, bewirkt, daß das Programm vorzeitig auf den Anfang der Schleife verzweigt, d.h. ohne den Rest auszuführen. Dies kann in den Fällen sinnvoll sein,
bei denen der Rest der Schleife ungültig ist.

```
1:   DO WHILE .NOT. EOF()
2:           IF DELETED()
3:               LOOP
4:           ENDIF
5:       EDIT
6:       SKIP
7:   ENDWHILE
```

Dieser Code enthält einen Fehler. Die Anweisung SKIP, die den Datensatzzeiger
in der Datenbank nach vorne bewegt, und die somit die Bedingung .NOT. EOF()

ungültig machen kann, wird nicht erreicht, falls ein Datensatz fürs Löschen markiert ist, weil die LOOP-Anweisung ausgeführt wird. Dies bedeutet, daß eine Endlosschleife startet; das Programm bleibt bei einem Datensatz und kann aus der Schleife nicht herauskommen. Es wäre deswegen sinnvoller, den obigen Code wie folgt neu zu formulieren:

```
1:   IF .NOT. DELETED()
2:        EDIT
3:   ENDIF
4:        SKIP
```

2) EXIT

Die Anweisung EXIT unterbricht eine Schleife, ohne daß die Kontrollbedingung fehlschlagen muß.

```
1:   DO WHILE .NOT. EOF()
2:        IF DELETED()
3:            EXIT
4:        ENDIF
5:   ENDWHILE
```

Beachten Sie in diesem Zusammenhang folgende Punkte. Es kann sein, daß die Anweisungen in einer Schleife *nie* aufgeführt werden, wenn die Kontrollbedingung immer FALSCH ergibt. Wenn z.B. der Datensatzzeiger in einer Datenbank schon am Ende einer Datenbank positioniert ist, wird die folgende Schleife umgangen.

```
1:   DO WHILE .NOT. EOF()
2:        EDIT
3:        SKIP
4:   ENDWHILE
```

Im Gegensatz zu anderen Programmiersprachen wie *C* enthält *dBASE* keine Schleife, die mindestens einmal ausgeführt wird.

Befehlsschleifen können nicht nur durch Feldinhalte bzw. den Datensatzzeiger, der durch die Datenbank bewegt wird, sondern auch durch Variablen kontrolliert werden. Der häufigste diesbezügliche Typ ist die numerische Variable, die bei jedem Durchlauf der Schleife inkrementiert wird.

```
1:    zaehl = 1
2:    DO WHILE zaehl <= 10
3:          ...
4:          zaehl = zaehl + 1
5:    ENDWHILE
```

2.4   Operatoren

Operatoren sind die Verbindungsteile zwischen den Operanden eines Ausdrucks.
Sie bestimmen, welche Art der Handlung auf den Operanden auszuführen ist.
Operanden sind die Teile eines Ausdrucks, die die Eingangswerte für die
jeweilige Operation liefern. Sie können aus Konstanten oder Variablen
bestehen. Nehmen Sie zur Veranschaulichung das folgende Beispiel an.

```
1:    Var1 = 6 * 9
2:    Var2 = Var1 / 3.44
3:    ? STR(Var2)
```

In der ersten Zeile wird das Ergebnis der Multiplikation der Variable `Var1`
zugewiesen. Beachten Sie, daß in einer Anweisung mit dem Zuweisungsoperator
'=' alles, was rechts des '='-Zeichens steht, zunächst evaluiert wird und das
Ergebnis dann der Variable auf der linken Seite zugewiesen wird. Der Teil der
Anweisung auf der linken Seite kann ein Ausdruck sein, d.h. eine mehrgliederige
Angabe aus Konstanten und Variablen, die evaluiert wird.

Da die Variable `Var1` oben eine numerische Variable ist (dies wird spätestens
durch die Art der Zuweisung festgelegt), kann sie wiederum in einem neuen
Ausdruck verwendet werden. Dies geschieht in Zeile 2. Das Ergebnis der
Division, ausgelöst durch den Divisionsoperator '/', wird der Variable `Var2`
zugewiesen.

Der Wert einer Variable kann auf dem Bildschirm angezeigt werden. Bedenken
Sie dabei, daß der '?'-Befehl als Parameter einen String nimmt. Aus diesem
Grunde muß eine numerische Variable mittels der Funktion `STR()` zuerst in
einen String konvertiert werden.

Operatoren sind in der Regel binär. Damit ist gemeint, daß sie zwei Operanden nehmen. Typische Beispiele hierfür sind Addition, Division usw. Eine Untermenge der Operatoren sind unär, d.h. sie haben nur einen Operanden. Dies gilt z.B. für den logischen Operator `.NOT.`, der unmittelbar vor seinen Operanden gestellt wird: `.NOT. EOF()`.

Klammerung und Präzedenz. Besteht ein Ausdruck aus mehreren Teilen mit unterschiedlichen Operationen, so werden diese in einer vordefinierten Art und Weise ausgeführt. Der Begriff der 'Präzedenz' wird dafür verwendet, die Reihenfolge, in der bestimmte Operatoren bei der Evaluierung eines Ausdrucks zum Einsatz kommen, anzugeben. Für die Gesamtmenge der Operatoren gibt eine Präzedenz für die Untermengen, und innerhalb dieser gibt es wiederum eine Präzedenz.

Präzedenz in der Gruppe der Operatoren.

1) Mathematische Operatoren
2) Relationale Operatoren
3) Logische Operatoren

Gleiche Präzedenz. Haben zwei Operatoren die gleiche Präzedenz, so werden sie in der linearen Reihenfolge, in der sie im Ausdruck vorkommen, evaluiert, d.h. von links nach rechts. Z.B. ergibt der Ausdruck 3 + 15 − 4 14. Da aber die Subtraktion die Umkehr der Addition darstellt, würde eine andere Reihenfolge dennoch nicht zu einem anderen Ergebnis führen: 3 + (15 − 4) ergibt immer noch 14.

Reichweite eines Operators. Ein Operator kann nicht nur eine Konstante oder Variable als Operanden nehmen, sondern auch einen Ausdruck. Dieser wird zuerst evaluiert; danach wird das Ergebnis als Eingangswert für den jeweiligen Operator benutzt. Betrachten Sie den Fall des unären logischen Operators `.NOT.` Dieser kann vor einem Ausdruck stehen, der innerhalb einer Klammer steht.

```
1:   .NOT. ( EOF() .AND. DELETED() )
```

In diesem Falle wird der Ausdruck innerhalb der äußeren Klammer ausgewertet, d.h. `EOF()` und `DELETED()` geben jeweils einen Wert zurück, beide werden mit `.AND.` kombiniert, und dann wird der anschließende Wert negiert. Je nachdem, welcher Wert der Teil des Ausdrucks nach `.NOT.` zurückgibt, wird der Gesamtausdruck `WAHR` oder `FALSCH` ergeben.

2.4.1   Relationale Operatoren

= *Zuweisung; Äquivalenztest.* Das '='-Zeichen ist in der *dBASE*-Sprache ein Zuweisungsoperator und ein Operator, der einen Test für Äquivalenz ausführt. Diese beiden Funktionen müssen streng getrennt werden.

```
1:    Var1 = 6
2:    IF Var1 = 6
3:        ? "Der Wert dieser Variable ist " + STR(Var1)
4:    ENDIF
```

In der ersten Zeile wird der Variable `Var1` der Wert '6' zugewiesen. In der zweiten Zeile wird getestet, ob die Variable `Var1` den Wert '6' aufweist. Beide Operationen ergeben einen logischen Wert, allerdings kann nur im letzteren Falle das Ergebnis überprüft werden. Bei den Programmiersprachen, bei denen die Zuweisung und der Äquivalenztest unterschiedliche Operatoren verwenden, kann die Zuweisung auf ihren logischen Rückgabewert überprüft werden.

< *Kleiner als.* Führt einen Test darüber aus, ob der Ausdruck links vom Operator numerisch kleiner ist als der, der rechts davon liegt. Beachten Sie, daß als Ausdruck auch ein Zeichen stehen kann, da auch diese von *dBASE* numerisch aufgefaßt werden, z.B.

```
1:    IF 'S' < 's'
2:        ...
3:    ENDIF
```

> *Größer als.* Überprüft, ob der Wert links vom Operator größer ist als der, der sich rechts von diesem befindet.

< = *Kleiner als oder gleich.* Ähnlich dem Operator **<**, nur wird hier überprüft, ob Gleichheit vorliegt.

> = *Größer als oder gleich.* Ähnlich dem Operator **>**, nur wird hier überprüft, ob Gleichheit vorliegt.

< >, # *Ungleich.* Ein Operator, der bei der Evaluierung WAHR ergibt, sollten die beiden Operanden ungleich sein.

$ *Substring.* Überprüft, ob eine Zeichenkette in einer anderen enthalten ist. Ist dies der Fall, so ergibt sich der Wert WAHR. Der Substring muß nicht am Anfang der zu durchsuchenden Kette vorkommen. Ob Klein- und Großschreibung gleich behandelt werden, hängt davon ab, wie der Parameter SET EXACT gesetzt ist.

Präzedenz. Es gibt keine Präzedenz für relationale Operatoren, so daß die lineare Abfolge im Ausdruck gilt, d.h. die Elemente des Ausdrucks werden von links nach rechts ausgewertet.

2.4.2   Mathematische Operatoren

+, - *Vorzeichen.* Dieser Operator bestimmt, ob Zahlen als positiv oder negativ zu interpretieren sind. Nach Vorgabe sind alle nicht weiter spezifizierten Zahlen positiv, so daß man nur den Negativoperator anzugeben braucht.

^, ** *Potenz.* Diese beiden Operatoren bewirken, daß der Ausdruck links als Basis genommen wird, und der Ausdruck rechts als die Potenzangaben genommen werden, d.h. 4 ** 4 = 16 (in Worten: vier hoch vier ergibt sechzehn).

***** *Multiplikation.* Bewirkt, daß der Ausdruck links vom Operator mit dem Ausdruck rechts vom Operator multipliziert wird.

/ *Division.* Bewirkt, daß der Ausdruck links vom Operator durch den Ausdruck rechts vom Operator dividiert wird.

+ *Addition.* Bewirkt, daß der Ausdruck links vom Operator mit dem Ausdruck rechts vom Operator addiert wird.

- *Subtraktion.* Bewirkt, daß vom Ausdruck links vom Operator der Ausdruck auf der rechten Seite subtrahiert wird.

Präzedenz. Für die Gruppe der mathematischen Operatoren gilt die folgende Präzedenz:

1) Vorzeichen
2) Potenz
3) Multiplikation und Division
4) Addition und Subtraktion

2.4.3   Logische Operatoren

.NOT. *Nicht.* Kehrt einen Wert um. Als Wert kann das Ergebnis der Evaluierung eines Ausdrucks stehen.

```
IF .NOT. ( EOF() .AND. DELETED() )
     ...
ENDIF
```

.AND. *Und.* Dieser Operator hat mit dem mathematischen Operator '+' nichts zu tun. Er überprüft, welcher Wert sich aus dem Ausdruck auf der linken und der rechten Seite ergibt und gibt dann den Wert zurück, der durch die folgende Wahrheitstabelle gegeben ist:

```
W + W  =  W
F + W  =  F
W + F  =  F
F + F  =  F
```

.OR. *Oder.* Der 'Oder'-Operator ist das Spiegelbild zum 'Und'-Operator. Die Ausdrücke, die bei der Evaluierung überprüft werden, ergeben WAHR oder FALSCH nach der folgenden Tabelle.

```
W oder W  =  W
F oder W  =  W
W oder F  =  W
F oder F  =  F
```

Man kann erkennen, daß bei dem 'Oder'-Operator der Wert WAHR resultiert, wenn nur ein Teil WAHR ist, während bei dem 'Und'-Operator dieser Wert sich nur dann ergibt, wenn beide Teile WAHR sind.

Präzedenz. Folgende Präzedenz gilt für die logischen Operatoren.

```
1)    .NOT.
2)    .AND.
3)    .OR.
```

2.4.3.1 Der Umgang mit logischen Werten

Es wird Ihnen sicherlich aufgefallen sein, daß die logischen Werte WAHR oder FALSCH besonders beim Programmieren zu finden sind. Dies liegt in erster Linie daran, daß alle Anweisungen einen logischen Wert ergeben. Auch für logische Variablen, logische Felder und solche Funktionen, die einen logischen Wert zurückgeben, ist dies der Fall.

```
1)  1:    FREUND = .T.   && Logische Variable
    2:    IF FREUND
    3:        ? "Er ist mein Freund"
    4:    ENDIF

2)  1:    IF BEZAHLT     && Logisches Feld mit
    *                       Vermerk über Zahlungseingang
    2:        DELETE
    3:    ENDIF

3)  1:    IF EOF()       && Funktion mit logischem Rückgabewert
    2:        QUIT
    3:    ENDIF
```

Man soll dabei bedenken, daß bei der Programmierung FALSCH mit dem numerischen Wert Null gleichzusetzen ist. Im Prinzip stellt demnach jeder Wert, der nicht gleich Null ist, den logischen Wert WAHR dar, d.h. −4 als numerischer Wert

ist logisch WAHR. Hier liegt kein Widerspruch vor. Es kann aber sein, daß der
Anwender sich einen logischen Wert numerisch als eine positive Zahl vorstellt.

2.5   Was sind Variablen?

Variablen sind zentrale Bestandteile eines jeden Programms. Sie sind temporäre
Speicherplätze, die Werte enthalten, die während der Ausführung eines Programms benötigt werden. Variablen können ihre Werte vom Benutzer über die
Tastatur aus einer Datei, aus den Feldern einer Datenbank, aus einer internen
Berechnung usw. erhalten. Ein typischer Fall, wo eine Variable eingesetzt wird,
erkennt man bei Benutzereingaben. Angenommen, der Anwender will nach
einem gewissen Inhalt in den Feldern einer Datenbank suchen. Das Verfahren
hierfür würde vorsehen, vom Benutzer einen String zu verlangen, nach diesem
zu suchen und, bei erfolgreicher Suche, den betreffenden Datensatz am Bildschirm anzuzeigen. Der folgende Code- Abschnitt realisiert dieses Vorhaben.

```
 1:    FindVar = ""
 2:    ACCEPT "Geben Sie einen String ein:" TO FindVar
 3:    DO WHILE .NOT. EOF()
 4:        SEEK FindVar
 5:            IF FOUND()
 6:                EDIT
 7:                CONTINUE
 8:            ELSE
 9:                EXIT
10:            ENDIF
11: ENDDO
```

Die Suche wird überhaupt ermöglicht, indem man die Eingabe des Benutzers
in die Variable FindVar abspeichert. Diese wird durch die Zuweisung in Zeile
1 als Character-Variable deklariert. In der Tat muß die Benutzereingabe in
einer Variable abgelegt werden, da die DO WHILE-Schleife mehrfach wiederholt
wird und es unsinnig und auch syntaktisch unzulässig wäre, die Eingabe bei
jedem Durchlauf erneut vom Benutzer zu verlangen.

Auf Variablen kann mit einer Reihe von Befehlen zugegriffen werden. Wo ein
Wert in einer *dBASE*-Anweisung benötigt wird, kann dieser aus einer Variablen
stammen. Variablen können außerdem global sein, indem sie während eines

ganzen Programmablaufs zur Verfügung stehen, oder sie können beschränkt sein auf eine Subroutine.

Drei Informationen gelten für jede Variable in der *dBASE*-Programmiersprache:

> 1) Name   2) Typ   3) Wert

Um sich den Charakter von Variablen in einer Programmiersprache zu vergegenwärtigen, können Sie sich eine Wand mit Briefkästen vorstellen. Jeder Briefkasten hat zunächst einen Namen (den des Eigentümers). Nun stellen Sie sich auch vor, daß einige Kästen nur für Briefe, einige für Zeitungen und Zeitschriften und einige für Päckchen vorgesehen sind. Diese Situation würde dem Typ der Speichervariablen entsprechen. Nicht zuletzt wird jeder Briefkasten einen Inhalt haben; dieser entspricht dem Wert einer Variable. In der *dBASE*-Programmiersprache wird der Typ einer Variable bestimmt, indem man ihr bei der ersten Verwendung des Variablennamens einen Wert zuweist. Mit dem Bild der Briefkästen ausgedrückt, wird der Typ des Kastens festgelegt, indem man bei der allerersten Verwendung des Kastens eine bestimmte Sendungsart in den Kasten deponiert.

dBASE erkennt die Erstverwendung einer Variable, indem es den Namen auf einer Zeile ohne andere Anweisungen findet. Ein Variablenname kann bis zu 10 Zeichen lang sein und darf nicht gleichlautend mit einem *dBASE*-Befehl oder einem Datenbankfeldnamen sein. Auf den Namen muß in diesem Falle eine Zuweisung folgen. Diese bestimmt den Typ der Variable.

```
1:    Var1 = "Hallo!"           && Character-Variable
2:    Var2 = 12                 && Numerische Variable
3:    Var3 = CTOD("20/01/92")   && Date-Variable
4:    Var4 = .F.                && Logische Variable
```

Anmerkungen.

(i) Die Zuweisung eines Wertes an eine Variable kann am einfachsten mittels des '='-Operators realisiert werden. Sie kann auch mittels des Befehls STORE ... TO erfolgen. Die folgende Anweisung ist in ihrer Auswirkung mit der in Zeile 2 oben identisch.

```
1:    STORE 12 TO Var2
```

(ii) In den meisten Programmiersprachen, nicht jedoch in *dBASE*, werden
Gruppen von gleichen Variablen zu einem sogenannten Array (zu deutsch 'Auf-
reihung') zusammengefaßt. Will man z.B. die Namen der Monate in einer
Gruppe von Variablen halten, so muß dies in der *dBASE*-Programmiersprache
geschehen, indem man 12 Variablen anlegt, die jeweils einen Monatsnamen
enthalten. In anderen Sprachen, z.B. in *C++*, können Sie einen Array (eine
mehrgliedrige Variable) einrichten, die zwölf Elemente aufweist. Diese können
durch Zahlen zwischen 0 und 11 (d.h. insgesamt 12) angesprochen werden.

```
1:    char Monate[12];        /* Array vom Typ Character */
2:    Monate[0]  = "Januar"; /* Weise jeweils einen Namen dem
                                 Array-Teil zu */
3:    Monate[1]  = "Februar";
         :
         :
4:    Monate[11] = "Dezember";
```

(iii) Strings werden Character-Variablen zugewiesen, die, um von *dBASE*
überhaupt als Strings erkannt zu werden, in hochgestellte Kommata gesetzt
werden müssen. Auch Textabschnitte, die als reine Texte zu interpretieren sind
(sogenannte *literal strings*) werden durch hochgestellte Kommata abgegrenzt.
Man kann in *dBASE* entweder einfache oder doppelte Kommata für Strings
benutzen. Will man innerhalb eines Strings wiederum hochgestellte Kommata
einsetzen, so muß man einfache Kommata benutzen, wenn man als Abgrenzung
doppelte eingesetzt hat und umgekehrt.

```
1:    Var1 = "Ich sagte 'nein'"   && Richtig
2:    Var1 = 'Ich sagte "nein"'   && Richtig
3:    Var1 = "Ich sagte "nein""   && Falsch!
```

(iv) Eine sehr häufige Verwendung von numerischen Variablen findet man bei
Schleifen. Es kommt wiederholt vor, daß man eine bestimmte Anweisung
mehrmals ausgeführt haben will. Die Anzahl der Ausführungen kann mit der
Anzahl der Datensätze in der Datenbank identisch sein. In diesem Fall geht
man zum Anfang der Datenbank und baut eine Schleife, die dann aufhört, wenn
das Ende der Datenbank erreicht wird.

```
1:    GOTO TOP
2:    DO WHILE .NOT. EOF()
3:        ...
4:    ENDIF
```

Ist die Art der Anweisung so, daß sie nicht über das Navigieren durch eine Datenbank kontrolliert werden kann, so bedient man sich einer numerischen Variable, die für eine Zählung in aufsteigender oder absteigender Richtung benutzt wird.

(v) Einer Variablen kann eine abgewandelte Form von sich selbst zugewiesen werden. Dies liegt daran, daß für eine Zuweisung der Ausdruck rechts vom Zuweisungsoperator '=' zuerst evaluiert wird.

```
1:    land = TRIM(land)
2:    LogVar = .NOT. LogVar
```

1) **Inkrementieren.** Der folgende Code-Abschnitt füllt den Bildschirm mit Sternchen, da der Bildschirm (im nicht-graphischen Modus) 25 Zeilen und 80 Spalten aufweist.

```
1:    zeile = 1
2:    DO WHILE zeile <= 25
3:        spalte = 1
4:        DO WHILE spalte <= 80
5:            @ zeile, spalte SAY '*'
6:            spalte = spalte + 1
7:        ENDDO
8:        zeile = zeile + 1
9:    ENDDO
```

2) **Dekrementieren.** Im folgenden Programmbeispiel wird das Wort *Hallo* zehn Mal am Bildschirm angezeigt, zuerst in der zehnten und zuletzt in der ersten Zeile.

```
1:    zaehl = 10
2:    DO WHILE zaehl >= 1
3:        @ SAY zaehl, 1 "Hallo"
4:        zaehl = zaehl - 1
5:    ENDDO
```

Eine Dekrementierung kann beim Datensatzzeiger ebenso realisiert werden, d.h. man kann bewirken, daß der Zeiger rückwärts durch die Datenbank bewegt wird, indem man die Anweisung SKIP -1 in eine Schleife einbaut.

(vi) Beachten Sie, daß Date-Variablen ein Datum in einem bestimmten internen *dBASE*-Format verwalten. Aus diesem Grunde müssen Zeichenketten, die ein Datum darstellen, konvertiert werden. Dies geschieht mit Hilfe der Funktion CTOD() (*character to date*), die eine Zeichenkette als Eingabe nimmt und dieses in das *dBASE*-Datumsformat umwandelt. Die Funktion DTOC() (*date to character*) wird eingesetzt, um die Konvertierung in die andere Richtung zu bewirken. Beachten Sie, daß die Form der Ausgabe bzw. der Eingabe bei diesen Funktionen von dem Parameter SET DATE (s. weiter unten) abhängt.

Eine Variable muß immer eine gewisse Größe aufweisen, damit sie die Informationen enthalten kann, die für sie vorgesehen sind. In der *dBASE*-Programmiersprache wird dieses Problem dadurch gelöst, daß automatisch mit der Einführung einer Variablen genug Platz bereitgestellt wird, um die ihr zugeordnete Information aufzunehmen. Auch bei späteren Zuweisungen wird der Platzbedarf von *dBASE* neu berechnet. Es kommt nie zu der Situation, wie bei anderen Programmiersprachen, daß man zu wenig Platz zur Verfügung stellt und deswegen einen potentiell katastrophalen Fehler auslöst.

Sobald durch eine Erstanwendung einer Variablen deren Typ festgelegt wird, muß man bei diesem Typ bleiben. Überhaupt gilt, daß bei jeder Zuweisung der gleiche Typ von Daten an eine Variable übergeben wird. Da dies bei *dBASE* obligatorisch ist, muß man eventuell eine Typenkonvertierung in der Zuweisung vornehmen, damit alle Teile gleichen Typs sind. Als Beispiel hierfür dienen die folgenden Codeabschnitte.

```
1:   Var1 = "Sie sind " + STR(26) + " Jahre alt"
2:   Var2 = 0
3:   ACCEPT "Geben Sie eine Zahl ein: " TO Var2
4:   Var2 = VAL("12")
5:   ? "Sie haben eingegeben: " + STR(Var2)
```

Bei dem ersten Abschnitt muß die Zahl 26 in eine Zeichenkette "26" umgewandelt werden, bevor sie als Teil der Zuweisung an die Character-Variable

`Var1` fungieren kann. Vergißt man, die Zahl in einen String zu konvertieren, so gibt *dBASE* eine Fehlermeldung aus. In dem zweiten Abschnitt wird eine Zahl (hier: 12) vom Anwender eingegeben, der über den `ACCEPT`-Befehl zur Eingabe aufgefordert wird. Da `ACCEPT` immer eine Zeichenkette annimmt, muß diese in eine Zahl konvertiert werden. Für die Anzeige muß dieser numerische Variablenwert wiederum in einen String umgewandelt werden. Dieses etwas umständliche Beispiel soll die Typenkonvertierung veranschaulichen. Natürlich könnte man über den `INPUT`-Befehl direkt eine numerische Eingabe vom Benutzer bekommen.

Die Funktion `TYPE()` kann zur Feststellung des Variablentyps verwendet werden; sie gibt den Typ der übergebenen Variablen zurück. Möglich sind hierbei sechs Rückgabewerte.

C	=	Character-Variable
N	=	Numerische Variable
D	=	Date-Variable
L	=	Logische Variable
M	=	Memo-Feld
U	=	Nicht bekannt (*undefined*)

```
1:   TestVar = "Ich bin ein String"
2.   ? TYPE("TestVar")           && Zeigt 'C' an!
```

Die Rückgabe 'U' deutet darauf hin, daß die übergebene Zeichenkette nicht den Namen einer existierenden Variablen oder eines Datenbankfeldes darstellt und sie kann bei Überprüfungen dieser Art sinnvoll verwendet werden.

Die Werte der aktuellen Variablen eines Programms können auf eine Datei mit dem Befehl `SAVE TO` gesichert und mit dem Befehl `RESTORE TO` wiederhergestellt werden. Der `SAVE TO`-Befehl erlaubt es einem, alle aktuellen Variablen zu sichern oder nur diejenigen abzuspeichern, die einer Schablone entsprechen (hierbei sind die DOS-Wild-Card-Zeichen * und ? zulässig). Beim `RESTORE TO`-Befehl werden Werte aus einer früheren Arbeitssitzung aus einer Datei gelesen und in die aktuellen Variablen abgelegt; somit stehen Werte aus früherer Arbeit

(z.B. Systemeinstellungen wie Datenbanken, Bildschirmangaben, Benutzerdaten
aller Art) wiederholt zur Verfügung.

2.5.1   PUBLIC-Variablen

Variablen werden in allen Programmiersprachen in zwei prinzipiell unterschiedliche Kategorien eingeteilt: (i) globale Variablen, die irgendwann in einem
Programm eingerichtet werden (meistens am Anfang) und danach für alle Teile
einer Applikation zur Verfügung stehen und (ii) eingeschränkte Variablen, die
nur in den Subroutinen, in denen sie angelegt werden, existieren.

In der *dBASE*-Programmiersprache heißen globale Variablen PUBLIC-Variablen.
Sie werden deklariert, indem man das reservierte Wort PUBLIC vor den
Variablennamen setzt. Tut man dies nicht, so wird von *dBASE* angenommen,
daß es sich um eingeschränkte Variablen (PRIVATE-Variablen, s. unten) handelt.

```
1:   PUBLIC Global = ""
```

Nach der obigen Deklaration hat man eine Variable des Typs Character, die in
jeder nachfolgenden Subroutine (Programmteil) zur Verfügung steht.

2.5.2   PRIVATE-Variablen

In der *dBASE*-Programmiersprache sind diejenigen Variablen, die in Subroutinen angelegt werden, auf diese Routine beschränkt, es sei denn, daß das
reservierte Wort PUBLIC davorsteht; in diesem Fall sind es globale Variablen.
Die PRIVATE-Variablen von *dBASE* haben eine weitere Eigenschaft, die bei der
Programmierung unbedingt zu berücksichtigen ist. Eine solche Variable steht in
der Routine, in der sie angelegt wurde, *und in allen weiteren Routinen, die unter
dieser liegen.* Man kann diesen Sachverhalt am besten durch eine Graphik
veranschaulichen. Nehmen Sie an, Sie haben drei Routinen, die jeweils unter-
einander liegen. In jeder Routine wird eine PRIVATE-Variable angelegt.

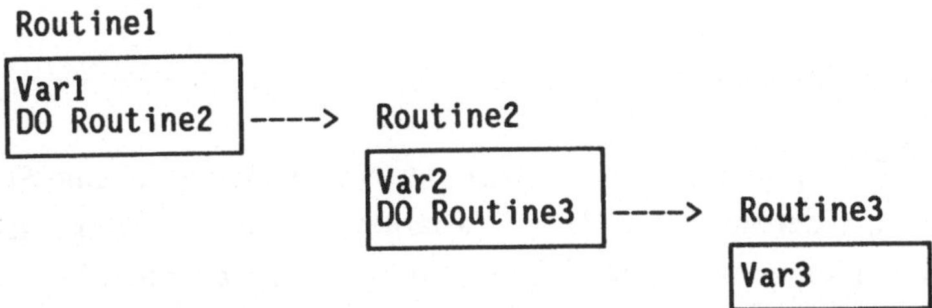

Der Zugriff auf die Variablen in diesen Routinen hängt von deren Position in der Kette ab.

Variable	Zugriff möglich in Routinen
Var1	1, 2, 3
Var2	2,3
Var3	3

Wird eine PRIVATE-Variable kreiert, zu der es auch eine PUBLIC-Variable mit dem gleichen Namen gibt, so wird der Zugriff auf die globale Variable für die Dauer der Existenz der PRIVATE-Variable ausgesetzt. Die PRIVATE-Variablen einer Routine werden mit der Rückkehr in die aufrufenden Routinen gelöscht; diejenigen der Eingangsroutinen gelten, bis man zum Prompt zurückkehrt, d.h. solange die Applikation läuft.

Für die Verwaltung von Variablen bietet *dBASE* fünf Befehle an.

DISPLAY MEMORY	Zeigt die aktuellen Variablen an.
RELEASE	Löscht Variablen mittels einer Liste oder einer Schablone. Betrifft nur PRIVATE-Variablen.
CLEAR MEMORY	Löscht alle Variablen (PUBLIC und PRIVATE)
SAVE TO	Sichert die aktuellen Variablen auf Platte.
RESTORE FROM	Liest Variablen aus einer .MEM-Datei und ordnet diese aktuellen Variablen zu.

Anmerkung. *dBASE* bietet eine bescheidene Speicherkapazität für die Verwaltung von Variablen an. Sie beträgt nur 6K. Allerdings kann durch Angabe eines anderen Wertes in der Konfigurationsdatei config.db mittels des Befehls MVARSIZE eine Reichweite zwischen 1K und 31K erreicht werden.

2.5.3   Makrooperator

In der *dBASE*-Programmiersprache wird der Name *Makro* für eine Substitution vorbehalten, bei der der Inhalt einer Variablen bzw. eines Datenbankfeldes an einer Stelle in einer Anweisung bzw. einem Ausdruck eingesetzt wird. Ein einfaches Beispiel hierfür sieht man im folgenden Code-Abschnitt.

```
1:   TestVar = "Biblio"
2:   USE &TestVar        &&  (-> USE Biblio)
```

Am obigen Programmtext erkennt man, daß der Makrooperator immer das Zeichen für ein kaufmännisches 'Und' ist. Hierbei wird in Zeile 2 der Inhalt der Variablen in Zeile 1 für den Befehl USE eingesetzt; dies ergibt die Form, die dahinter in Klammern steht. Nun ist der große Vorteil dieses Verfahrens der, daß die Angabe für einen Befehl offen gelassen werden kann und erst bei Ausführung der Applikation realisiert wird.

```
1:   ACCEPT "Name der zu verarbeitenden Datenbank: " TO TestVar
2:   USE &TestVar
```

Bei diesem Code-Abschnitt kann eine beliebige Datenbank verarbeitet werden; es hängt lediglich davon ab, ob der Benutzer einen gültigen Namen eingibt.

Einen weiteren Vorteil des Makrooperators erkennt man bei Ausdrücken. Letztere können als Strings geschrieben werden und dann einer Variablen zugewiesen werden. Danach kann man per Makrosubstitution den Inhalt in einer *dBASE*-Anweisung einbauen und dennoch eine syntaktisch richtige Befehlszeile erhalten.

```
1:   TestMac = ".NOT. EOF()"
2:   DO WHILE &TestMac
3:        ...
4:   ENDDO
```

Zwei Makros können in einer Zeile aufeinanderfolgen.

```
1:   Test  = "MeineDB.dbf"
2:   LWerk = "D:\"
```

```
3:    Verz  = "DATEN"
4:    COPY &Test TO &LWerk&Verz
```

Um das Ende eines Makros kenntlich zu machen, setzt man einen Punkt ein. Er wird dann gebraucht, wenn ohne Leerzeichen auf einen Makro weitere Zeichen folgen, die Konstanten darstellen, d.h. nicht Teile einer Variable sind. Um dies zu veranschaulichen, könnte man Zeile 4 des obigen Abschnitts neu formulieren. In dem Falle wird die Angabe des Verzeichnisses nicht über die Variable Verz in die Befehlszeile eingebaut, sondern direkt als konstanter String nach dem einen Makro &LWerk geschrieben.

```
1:    COPY &Test TO &LWerk.DATEN
```

2.6   Der Einsatz von Subroutinen

Ein gut gebautes Programm muß eine modulare Struktur aufweisen. Damit ist gemeint, daß die diversen Aufgaben des Programms durch separate Teile erledigt werden. Diese heißen Routinen (oder Subroutinen) und stellen Programmcode dar, der in einer allgemeinen Form eine bestimmte Aufgabe erfüllt. Eine Routine in der *dBASE*-Programmiersprache wird mit der Anweisung DO... angesprochen. An der Stelle der Pünktchen kommt der Name der jeweiligen Routine.

Die Aufteilung der Aufgaben eines Programms in Routinen erleichtert das Entwerfen der Struktur einer kompletten Applikation. Ferner können Routinen immer wieder verwendet werden und erübrigen somit das Wiederholen von Codeteilen. Routinen können auch in verschiedene Applikationen ohne große Veränderungen eingebaut werden.

Als Beispiel nehmen Sie den Fall einer Routine, die den Benutzer fragt, ob eine Datei überschrieben werden soll oder nicht. Die Routine heißt JaNein() und wird in der dritten Zeile aufgerufen.

```
1:    Ersetzen = .T.
2:    IF FILE("NeueDB")
3:        Ersetzen = .F.
4:        DO JaNein
```

```
5:    ENDIF
6:    IF Ersetzen = .T.
7:        COPY AlteDB TO NeueDB
8:    ENDIF

1:    PROCEDURE JaNein
2:    Antwort = " "
3:    @ 24,0 SAY "Datei überschreiben (j/n)?"
4:    @ 24,28 GET Antwort
5:          READ
6:        IF UPPER(Antwort) = "J"
7:            Ersetzen = .T.
8:        ENDIF
9:    RETURN
```

An diesem Beispiel erkennt man den Vorteil, daß auf PRIVATE-Variablen in
darunterliegenden Routinen zugegriffen werden kann, d.h. daß sie verändert
werden können (s. 2.4.2. *PRIVATE-Variablen* oben). Denn gerade das geschieht
in der Routine JaNein(). Die PRIVATE-Variable Ersetzen wird verändert, wenn
der Benutzer von der Tastatur 'j' eingibt. Der Wert der Variable wird in der
aufrufenden Routine nach der Wiederkehr aus der Routine JaNein() überprüft.
Ist der Wert WAHR, so wird der COPY-Befehl ausgeführt. In Zeile 1 sehen Sie, daß
Ersetzen zuerst als logische Variable mit dem Wert WAHR angelegt wird. Nur für
den Fall, daß die betreffende Datei vorhanden ist, wird der Wert umgekehrt
und die Routine JaNein() aufgerufen. Wenn alle Anweisungen der Routine
abgearbeitet sind, kehrt die Kontrolle an die Hauptroutine zurück. Dies ist in
der Anweisung RETURN (Zeile 9) zu erkennen.

2.6.1   Parameterübergabe

Da der eigentliche Sinn von Subroutinen darin liegt, möglichst generischen
Programmcode anzubieten, der an beliebiger Stelle in Programmen eingesetzt
werden kann, hat man die Möglichkeit, alle Informationen, die in einer
bestimmten Situation unterschiedliche Werte annehmen können, an die Routine
zu übergeben, so daß nur der allgemeine Codeteil übrigbleibt. Werte, die man
an eine Routine übergibt, werden *Parameter* genannt. In der *dBASE-*
Programmiersprache werden diese mit Hilfe des reservierten Wortes WITH nach
dem Namen der Routine eingegeben. Um die Routine JaNein() möglichst
allgemein zu gestalten, wäre es sinnvoll, den Namen der zu überschreibenden

Datei sowie die Zeile und die Spalte der Meldung an die Routine zu übergeben.
Eine revidierte Version der Routine würde wie folgt aussehen.

```
 1:    PROCEDURE JaNein
 2:    PARAMETERS Datei, Zeile, Spalte
 3:    Antwort = " "
 4:    @ Zeile, Spalte SAY Datei + " überschreiben (j/n) ?"
 5:    @ Zeile, (Spalte + LEN(Datei) + 24) GET Antwort
 6:         READ
 7:       IF UPPER(Antwort) = "J"
 8:           Ersetzen = .T.
 9:       ENDIF
10:    RETURN
```

Anstatt der Konstanten 24 und 0 stehen jetzt die Parameter *Zeile* und *Spalte*.
Der Name der zu überschreibenden Datei wird in Zeile 4 angezeigt. Die Stelle,
an der die Aufforderung, 'j' oder 'n' einzugeben, erscheint, wird aus dem Wert
für `Spalte`, der Länge des Dateinamens (oben: `Datei`) und dem Konstanten 24
errechnet. Damit sind keine Informationen mehr in Form von Konstanten in der
Routine übrig, die variierbar sind. Der Aufruf der Routine mit den notwendigen
Informationen als übergegebene Parameter sieht dann so aus:

```
 1:    DO JaNein WITH "NeueDB", 24, 0
```

2.7 Dateneingabe und -ausgabe

Jedes Programm benötigt Daten, die es manipulieren kann. Die Quelle für diese
Daten kann unterschiedlich sein, und auch die Ausgabe von Daten kann nach
einer Operation variieren. Bei der *dBASE*-Programmiersprache liegt es auf der
Hand, daß die Daten aus den Feldern eines Datensatzes der aktuellen Daten-
bank kommen. Diese ist jedoch nicht die einzige Quelle: andere Dateitypen und
Direkteingaben des Benutzers kommen genauso in Frage.

2.7.1   Eingabe

1) Datei. Eine Datei als Datenquelle setzt voraus, daß diese Datei auf Platte
vorliegt, entweder im aktuellen Verzeichnis oder im Verzeichnis, das mittels SET
DEFAULT TO spezifiziert wurde.

Neben Datenbanken sind typische Dateien, die als Eingabe für Operationen
fungieren können, Textdateien. Sie enthalten Daten, die in Datenbanken eingelesen werden können. Der *dBASE*-Befehl APPEND FROM erlaubt es einem, Daten
aus einem Text in eine Datenbank zu überführen, vorausgesetzt, daß diese im
richtigen Format vorliegen.

Eine andere Datei, die als Quelle von Informationen dienen kann, ist eine .MEM-
Datei. Sie enthält die Werte von Variablen, die bei einer früheren Arbeits-
sitzung erstellt oder bearbeitet und dann auf Platte geschrieben wurden. Solche
Werte können dazu verwendet werden, die aktuellen Variablen eines Pro-
gramms gleich beim Starten zu belegen und somit das Programm im Sinne des
Anwenders einzustellen.

2) Tastatur. In erster Linie dient die Tastatur als Quelle von Benutzereingaben,
die in den Feldern von Datensätzen abgespeichert werden. Dazu können
Benutzereingaben in temporäre Variablen abgelegt werden, die für das Funktionieren des Programms eine Rolle spielen. Eine typische Situation, in der
Tastatureingaben zum Tragen kommen, wäre eine Suche, die den Suchstring
vom Benutzer verlangt. Dies geschieht über eine Aufforderung an ihn, einen
String einzugeben. Dieser wird in einer Variablen abgelegt und so lange dort
bereitgehalten, wie dies für die momentane Operation erforderlich ist.

2.7.2   Ausgabe

Unter der Annahme, daß die meisten Daten für die Verarbeitung aus Datenbanken stammen oder aus Textdateien, die danach in Datenbankform abgelegt

werden, konzentriert sich das Hauptinteresse auf die Frage, wie Daten aus Datenbanken ausgegeben werden.

1) Datei. Informationen aus einer Datenbank können selektiv in eine andere Datenbank oder eine Textdatei exportiert werden. Für *dBASE* ist die Frage sekundär, ob die Datenbankinformationen in einer Datei eines anderen Formats abgelegt werden oder nicht. Dies wird durch den entsprechenden Befehl geregelt, z.B. durch eine bestimmte Form des COPY-Befehls. Wichtig ist vielmehr die Tatsache, daß die Ausgabe von Daten einem Filter unterliegen kann, durch den nur gewisse Daten exportiert werden, je nachdem, ob sie dem vom Benutzer aufgebauten Filter entsprechen.

Jede Textdatei, die von *dBASE* erzeugt wird, stellt eine ASCII-Datei dar, d.h. sie besteht nur aus Zeilen, die durch Wagenrücklauf ($13) und Zeilenvorschub ($10) abgeschlossen werden.

2) Drucker. Als Ausgabeziel kann nicht nur eine Datei dienen, sondern auch der Drucker. Die Druckausgabe wird durch den Parameter SET PRINT gesteuert. Ist dieser auf ON geschaltet, so werden Exportdaten auf dem Drucker ausgegeben. Die Ausgabe auf eine Datei bietet die größte Flexibilität, da die Ausgabe auch nachträglich durch einen Texteditor kontrolliert werden kann.

3) Bildschirm. Es gilt als selbstverständlich, daß der Bildschirm das Ausgabeziel für Meldungen während des Ablaufs eines Programms darstellt. Das Maximum an Kontrolle über das Aussehen des Bildschirms erreicht man mit dem @ Row,Col SAY-Befehl, der formatierte Textausgaben an einer definierten Stelle des Bildschirms erlaubt.

Um die Angaben des SAY-Befehls auf den Drucker umzulenken, ist es notwendig, den Parameter für das Ausgabegerät neu festzulegen. Dies geschieht mit Hilfe des Befehls SET DEVICE TO PRINT.

2.8   dBASE im Netzwerkbetrieb

Für das Arbeiten im Netzverbund, in einem sogenannten LAN (*local area network*), wo sich mehrere Anwender den Zugriff auf Dateien teilen, sind spezielle Vorkehrungen erforderlich. In größerem Umfang als jede andere Programmart wurden Datenbankverwaltungssysteme dem Netzwerkbetrieb angepaßt, der das Bearbeiten von Datensätzen oder ganzen Dateien durch mehrere Anwender an verschiedenen Stellen erlaubt.

2.8.1   Netzwerkbefehle und -funktionen

`DISPLAY USERS`   Zeigt die Arbeitsplätze (*work stations*) an, die momentan von *dBASE* angesprochen werden.

`LOGOUT`   Trennt den Anwender vom Netz und schließt alle offenen Datenbanken auf seinem Arbeitsplatz.

`SET ENCRYPTION`   Verschlüsselt neue Datenbanken, um den Zugriff zu versperren. Schon bestehende Datenbanken sind von diesem Befehl nicht betroffen.
Datenchiffrierung ist nicht gleichbedeutend mit dem Schutz von Dateien durch Eingabe eines Passworts. Letzteres bewirkt lediglich, daß eine bestimmte, nicht auf dem Bildschirm sichtbare Zeichenfolge eingegeben werden muß, bevor eine Datei geladen werden kann. Mit der Verschlüsselung hingegen wird eine Datei in einer Form gesichert, die es einem unbefugten Benutzer unmöglich macht, diese zu laden und einzusehen.

`SET EXCLUSIVE`   Sorgt dafür, daß nur derjenige Benutzer, der die Datenbank geöffnet hat, diese auch bearbeiten kann. Dieser Modus steht im Gegensatz zum *shared mode*.

Das Sperren des gleichzeitigen Zugriffs auf Datensätze oder Datenbanken ist deswegen notwendig, da diese für den Fall, daß mehrere Anwender gleichzeitig eine Datenbank bearbeiten, beschädigt oder gar zerstört werden würden. Sofern Sie wünschen, daß zu einem bestimmten Zeitpunkt nur ein Anwender auf eine geöffnete Datenbank zugreifen kann, so empfiehlt sich das Arbeiten im Exklusivmodus, der nach Öffnen einer Datei den Zugriff auf diese durch andere Benutzer verweigert.

UNLOCK   Gibt eine Datenbank oder einen Datensatz frei, damit andere darauf Zugriff haben.

ACCESS()   Gibt die Zugriffsebene (1-8) zurück, die für einen Anwender auf der Basis seines Benutzerprofils (Benutzung eines Paßworts, Verschlüsselung von Datenbanken usw.) feststeht.

FLOCK()   Sperrt eine Datenbank, um zu vermeiden, daß andere sie benutzen.

RLOCK(),LOCK()   Sperrt einen Datensatz in einer Datenbank, damit ein Anwender diesen ohne Störung durch einen anderen editieren kann.

3   Befehle der dBASE-Programmiersprache

Vorbemerkung. Damit man die Erläuterungen zu den einzelnen Befehlen der *dBASE*-Programmiersprache, die auf den folgenden Seiten zu finden sind, versteht, ist es notwendig, zentrale Begriffe, die dort vorkommen, vorweg zu definieren.

3.1 Erklärung der Befehlsformate

Ausdruck

Eine Mischung aus Konstanten, Variablen, Feldnamen und Operatoren, die vor der Ausführung eines Befehls evaluiert werden, z.B. beim Ausdruck 6 * VAL(GROSS) wird der Wert im hypothetischen Feld GROSS in eine Zahl konvertiert, dann mit 6 multipliziert; das Ergebnis steht dann für die Weiterverarbeitung, bspw. in einem komplexen Befehl, zur Verfügung.

Bedingung

Spezifiziert die Bedingung, unter der eine Operation ausgeführt wird. Eine Bedingung setzt sich (i) aus dem reservierten Wort FOR, einem Operator und einer Variablen oder Zeichenkette/ Nummer zusammen, z.B. FOR jahr <= 1980, FOR nachname = "Müller" oder (ii) dem reservierten Wort WHILE, das eine Überprüfung einleitet, die fortgesetzt wird, bis die Bedingung nicht mehr erfüllt wird, z.B. WHILE RECNO() <= 20, um die ersten zwanzig Datensätze zu erfassen. Die jeweilige Bedingung wird von *dBASE* als Filter eingesetzt, um festzustellen, ob die betreffende Operation, z.B. das Kopieren von Datensätzen, auszuführen ist oder nicht.

Dateiname

Der Name einer Datei, die entweder als Eingabe oder Ausgabe für die betreffende Operation fungieren soll.

Feldbegrenzer Ein Zeichen, das als Begrenzung zwischen Feldern auf einer Zeile in einer Textdatei dient, die aus einer Datenbank erzeugt wurde.

Feldliste Eine Liste der Felder aus der aktuellen Datenbank, die von der betreffenden Operation erfaßt werden sollen. Die Liste besteht maximal aus allen Feldern der Datenbank, muß aber mindestens ein Feld aufweisen.

Nummer Eine numerische Angabe. Meistens handelt es sich um die Nummer eines Feldes der aktuellen Datenbank, die für die Ausführung der betreffenden Operation benötigt wird.

String Eine Zeichenkette, die für die betreffende Operation gebraucht wird. Es handelt sich in der Regel um einen String, der im ausgewählten Feld der aktuellen Datenbank zu finden ist.

String_Nummer Eine Zeichenkette oder eine Nummer, die für eine gewisse Operation benötigt wird. Es handelt sich in der Regel um einen String, der im ausgewählten Feld der aktuellen Datenbank zu finden ist.

Umfang Eine Angabe darüber, wieviele Datensätze von der betreffenden Operation erfaßt werden sollen. Es sind vier Möglichkeiten gegeben: (i) alle Datensätze, (ii) eine Anzahl Datensätze, die auf den aktuellen Datensatz folgen, (iii) ein bestimmter Datensatz, der mit seiner Nummer identifiziert wird.
Diese drei Möglichkeiten machen von den reservierten *dBASE*-Wörtern, die den Operationsumfang betreffen, Gebrauch. Die untenstehende Angabe '#' (nach NEXT) bezieht sich auf eine Ziffer, die die Anzahl der zu erfassenden Datensätze angibt.

```
(i)      ALL
(ii)     NEXT #
(iii)    RECNO
```

Die vierte Möglichkeit stellt den Vorgabewert dar, d.h. den aktuellen Datensatz. Dieser Tatsache soll der Anwender bewußt sein, da sie dann gilt, wenn nichts Gegenteiliges spezifiziert wird.

Abgesehen von der Spezifikation des Umfangs durch eins der obigen Wörter kann ein Umfang durch eine Befehlsschleife gegeben werden, z.B. indem man die Kontrollbedingung `WHILE .NOT. EOF()` einsetzt.

Variable Der Name einer Variablen, die als Auffangmöglichkeit für das Ergebnis einer Operation dient. Die Variable kann nach der Operation eingesetzt werden, z.B. bei der Anzeige auf dem Bildschirm oder dem Drucker.

3.1.1   Orthographische Konventionen

Bei den Befehlserläuterungen wird Groß- und Kleinschreibung für ganz bestimmte Angaben nach dem folgenden Schema eingesetzt.

Großschreibung Reservierte Wörter der *dBASE*-Programmiersprache, d.h. Befehle und Funktionen.

Kleinschreibung Namen von Variablen, z.B. `zaehl` als Zählvariable in einer Schleife. Namen von Datensatzfeldern, z.B. `nachname` aus der Datenbank `Biblio.dbf`. Die Namen von Dateien, die in der Regel Datenbanken oder Textdateien darstellen, beginnen generell mit einem Großbuchstaben, z.B. `Biblio`, `Adressen` (Beispieldatenbanken für den *Vieweg DatenbankManager*). Auch benutzerdefinierte Subroutinen werden so geschrieben. Feldinhalte werden unterschiedlich geschrieben, je nachdem wie sie in der betreffenden Datenbank vorliegen.

3.1.2　Layout von Programmcode

Die optische Erkennung des Layouts von Programmcode ist wichtig, nicht nur dann, wenn ein anderer als der Programmierer sich den Code anschaut, sondern auch, wenn man den eigenen Code mit zeitlichem Abstand betrachtet.

Verwendung von Tabulator-Zeichen (Einrückungen). Um Abschnitte im Code erkennbar zu machen, werden Anweisungen, die innerhalb von anderen liegen, immer mit Tabulator-Zeichen eingerückt. Es kann sich hierbei um Befehle innerhalb einer Kontrollstruktur handeln, um eine Schleife, die innerhalb einer weiteren liegt, usw.

Paßt ein Befehl nicht auf eine Zeile, so kann er auf der nächsten Zeile fortgesetzt werden, wenn man ein Semikolon am Ende der Zeile eingibt. Steht auf einer Zeile ein eingerückter Doppelpunkt, so bedeutet dies, daß einige Befehle ausgelassen wurden, von denen man annimmt, daß sie vom jeweiligen Programm ausgeführt werden. Die nächste Zeile stellt die Wiederaufnahme des Codes an der für die betreffende Besprechung relevanten Stelle dar.

Angaben zu jedem Befehl. Die untenstehenden Erläuterungen erfolgen nach einem Schema, in dem die folgenden sechs Informationen angegeben werden.

- **Format**
  Gibt die Syntax des jeweiligen Befehls an. Dabei sind die konstanten Teile des Befehls (die reservierten Wörtern der *dBASE*-Programmiersprache) in Großschrift angegeben und die vom Benutzer einzugebenden oder von ihm spezifizierten Angaben in Kleinschrift.

- **Beschreibung**
  Hier findet man eine Beschreibung der Funktionsweise des betreffenden Befehls in normaler Sprache.

- **Beispiel**
  An dieser Stelle ist ein kleines Stück Programmcode zu finden, das den Befehl in der tatsächlichen *dBASE*-Form darstellt. Beachten Sie, daß Kommentare im Programmcode immer ein Sternchen * am Zeilenanfang aufweisen. Zweimal kaufmännisches Und bedeutet, daß der Rest der Zeile als Kommentar aufzufassen ist.

- **Verwandter Befehl**
  Hier wird ein Hinweis auf andere Befehle der *dBASE*-Programmiersprache, die mit dem aktuellen Befehl zusammenhängen, gegeben.

- **Entsprechung beim** *Vieweg DatenbankManager*
  Zum Schluß wird die Funktion genannt, die im *Vieweg DatenbankManager* ungefähr die gleiche Wirkung wie der *dBASE*-Befehl hat.

3.1.3   Terminologie

Bei manchen Wörtern wird informationshalber auch die englische Entsprechung angegeben. Diese ist stets kursiv gesetzt und in runden Klammern nach dem jeweiligen Begriff zu finden, z.B. Bedingung (*condition*). In einigen Fällen, bei denen kein sinnvolles Äquivalent im Deutschen vorliegt, wird der englische Originalterminus beibehalten, z.B. Browse. Definitionen von Datenbanktermini finden Sie im Glossar am Ende des Buches.

3.1.4   Struktur der Beispieldatenbanken

1) **BIBLIO.DBF**		2) **DB_TEST.DBF**	
Headergröße	738	Headergröße	386
Datensatzgröße	706	Datensatzgröße	182
Felderanzahl	22	Felderanzahl	11

Feldname	Typ	Größe	Feldname	Typ	Größe
NACHNAME	C	32	NACHNAME	C	30
VORNAME	C	16	VORNAME	C	20
ANDERE	C	32	STRASSE	C	30
HRSG_1	C	8	STADT	C	20
JAHR	N	4	LAND	C	30
UNTERJAHR	C	1	VORWAHL	C	8
ABGRENZ_1	C	3	TEL_NR	C	12
TITEL	C	128	BEKANNT	D	8
ABGRENZ_2	C	3	FREUND	L	1
AUSGABE	C	32	SCHUH	N	2
HRSG_2	C	48	KATEGORIE	C	20
SAMMLUNG	C	96			
ORT	C	32			
VERLAG	C	32			
ZEITSCHR	C	64			
BAND	C	16			
SEITEN	C	20			
GEBIET	C	32			
UNTER_1	C	32			
UNTER_2	C	32			
FILE_NAME	C	32			
KOMMENTAR	M	10			

3.2   Funktionale Gruppierung der Befehle und Funktionen

Vorbemerkung. Die Befehle und Funktionen der *dBASE*-Programmiersprache erfüllen typische Aufgaben, die sich in Gruppen zusammenfassen lassen. Diese entsprechen ihrerseits gewissen Bereichen der Datenverarbeitung in der Datenbankverwaltung. Um eine rasche Orientierung zu ermöglichen, werden die Gruppen vor der Erläuterung der einzelnen Befehle und Funktionen dargestellt.

Die typischen Befehle in Datenbanken sind (a) Navigieren, (b) Datensätze editieren, (c) Datensatzinhalte suchen und (d) Datensätze anfügen bzw. entfernen. 'Navigieren' bedeutet das (datensatzweise) Bewegen nach oben oder unten, das Springen zum Anfang oder Ende einer Datenbank oder das direkte Bewegen zu einem bestimmten Datensatz (GOTO-Befehl). 'Datensatz editieren' bezieht sich vorwiegend auf die Eingabe oder das Entfernen von Daten eines Datensatzes. Hierzu gehört auch das Kopieren von Inhalten zwischen Datensätzen oder zwischen Datenbanken in verschiedenen Arbeitsbereichen.

Die Suche nach Datensatzinhalten geschieht zumeist auf zweierlei Art und Weise. (1) Sie durchsuchen Datenbanken linear (mit Hilfe des LOCATE-Befehls von *dBASE*) oder (2) Sie verwenden eine Indexdatei zur Beschleunigung der Suchfunktion (geschieht in *dBASE* mit den Befehlen SEEK und FIND). Bei letzterem Verfahren untersucht *dBASE* die Einträge der im Arbeitsspeicher gehaltenen Indexdatei und, wenn erfolgreich, positioniert den Datensatzzeiger auf den zum Indexeintrag passenden Datensatz neu. Für den LOCATE-Befehl existiert ein weiterer Befehl, der die Suchoption nach Unterbrechung unmittelbar fortsetzt (in *dBASE* ist dies der CONTINUE-Befehl).

I Befehle

1) Benutzerschnittstelle

a) Eingabe

```
ACCEPT
INPUT
READ
STORE
WAIT
```

b) Anzeige

```
@ Row,Col SAY
@ Row,Col GET
?, ??
TEXT
```

c) Variablenverwaltung

```
SAVE TO
RESTORE FROM
```

d) Information

```
DISPLAY
DISPLAY STATUS
DISPLAY STRUCTURE
LIST HISTORY
```

e) DOS-Schnittstelle

```
RUN
```

2) Datenbankeditierung

a) Öffnen/schließen/Bereich

```
USE
CLOSE
SELECT
```

b) Navigierung

```
GO(TO)
SKIP
```

c) Anzeige, Editierung

```
BROWSE
EDIT
```

d) Inhalte finden/ersetzen

```
FIND
SEEK
```

```
                                    LOCATE
                                    CONTINUE
                                    REPLACE
```
e) Neue Datensätze
```
                                    APPEND
                                    INSERT
```
f) Löschen/zurücknehmen
```
                                    ZAP
                                    DELETE
                                    RECALL
```
g) Kalkulation
```
                                    COUNT
                                    SUM
                                    AVERAGE
```
h) Programm beenden
```
                                    QUIT
                                    RETURN
```

3) Datenimport, -export
```
                                    APPEND FROM
                                    COPY TO
```
4) Dateierzeugung

a) Leere Datenbank
```
                                    COPY STRUCTURE TO
                                    COPY TO STRUCTURE EXTENDED
```
b) Datenbank anlegen
```
                                    CREATE
                                    CREATE FROM
```
c) Datenbanken verbinden
```
                                    JOIN
```
d) Datensätze entfernen
```
                                    PACK
```
e) Sortieren/indizieren
```
                                    SORT
                                    INDEX
                                    REINDEX
```

II SET-Befehle

a) Datenausgabe
```
                                    SET ALTERNATE
                                    SET DEVICE
                                    SET PRINT
                                    SET SPACE
```

b) Datensatzeditierung

```
SET AUTOSAVE
SET BELL
SET CARRY
SET CONFIRM
SET DATE
SET DELETED
SET ENCRYPTION
SET ESCAPE
SET FUNCTION
SET HISTORY
SET INSTRUCT
SET MEMOWIDTH
SET POINT
SET PRECISION
SET SAFETY ON
SET TYPEAHEAD
```

c) Such- und Filterparameter

```
SET EXACT
SET FILTER
```

d) Information

```
SET
SET CATALOG
SET HISTORY
```

e) Index

```
SET INDEX
SET NEAR
SET ORDER
SET UNIQUE
```

f) Bildschirmdarstellung

```
SET CLOCK
SET CONSOLE
SET COLOR
SET ECHO
SET FIELDS
SET FORMAT
SET HOUR
SET MESSAGE
SET SCOREBOARD
SET STATUS
SET TALK
```

g) Dateizugriff

```
SET DEFAULT
SET PATH
```

h) Relationale Verarbeitung

```
SET RELATION
```

i) Programmierung

```
SET DEBUG
```

```
                              SET  STEP
                              SET  TRAP
```

III Funktionen

a) Datenbank/Index

```
                              DBF()
                              NDX()
                              LUPDATE()
                              FILE()
```

b) Benutzereingaben

```
                              INKEY()
                              READKEY()
```

c) Stringmanipulation

```
                              ISALPHA()
                              ISLOWER()
                              ISUPPER()
                              LOWER()
                              LEN()
                              LTRIM()
                              STR()
                              SUBSTR()
                              TRIM()
                              UPPER()
```

d) Navigieren/Datensatz

```
                              BOF()
                              EOF()
                              DELETED()
                              FIELD()
                              FOUND()
                              RECCOUNT()
                              RECNO()
                              RECSIZE()
```

e) Chronologische Angaben

```
                              DATE()
                              TIME()
```

f) Konversion

```
                              INT()
                              ROUND()
                              SQRT()
                              VAL()
```

3.3 Erläuterung der einzelnen Befehle

3.3.1 ACCEPT

Format
```
ACCEPT Aufforderung TO Variable
```

Beschreibung

Dieser Befehl fordert den Benutzer auf, über die Tastatur einen String (Zeichenkette) einzugeben und speichert diesen in einer Variable. Erst wenn der String mit <Return> abgeschlossen wird, legt *dBASE* ihn in der Variable ab. Diese ist immer vom Typ *character*.

Beispiel
```
SeekVar = ""
ACCEPT "Geben Sie einen Suchstring ein: " TO SeekVar
GOTO TOP
    SEEK SeekVar
        IF FOUND()
            EDIT
            CONTINUE
        ENDIF
```

Kommentar

Die Aufforderung ist eigentlich fakultativ und darf fehlen. Die maximale Länge des Strings beträgt 254 Zeichen. Es muß mindestens ein Zeichen eingegeben werden.

Andere relevante Befehle/Funktionen
```
INPUT, @ Row,Col GET
```

Entsprechung beim *Vieweg DatenbankManager*

Alle Benutzereingaben werden im *Vieweg DatenbankManager* über ein Fenster realisiert, in dem der Cursor am Anfang einer Zeile steht. Die Zeile kann auch mit einer früheren Eingabe gefüllt sein. Im Gegensatz zum *dBASE*-Befehl kann man sich im *Vieweg DatenbankManager* in Eingabezeilen mit den Cursortasten bewegen.

3.3.2 APPEND

Format
```
APPEND (BLANK)
```

Beschreibung

Dieser Befehl fügt einen leeren Datensatz an das Ende der aktuellen
Datenbank an. Wird der Zusatz BLANK nicht eingegeben, so schaltet *dBASE*
in den Ganzseitenmodus um, und Sie können den neuen Datensatz editieren. Ansonsten wird kein weiterer Schritt vorgenommen.

```
   Datensätze      Suchen      Ende                                18:11:06
NACHNAME
VORNAME
ANDERE
HRSG_1
JAHR
UNTERJAHR
ABGRENZ_1
TITEL
ABGRENZ_2
AUSGABE
HRSG_2
SAMMLUNG
ORT
VERLAG
ZEITSCHR


Satz     |F:\litera\data\BIBLIO    |Satz 31/31      |Datei         |         Ins
```

Beispiel
```
USE Biblio
DO WHILE READKEY() != 12     && Bis Escape gedrückt wird!
     APPEND                  && Schaltet in den EDIT-Modus um
ENDDO
USE
```

Kommentar

Beachten Sie, daß der neue Datensatz am Anfang der Datenbank erscheint,
wenn ein Index mit aufsteigender alphabetischer Reihenfolge offen ist. Der
Grund hierfür liegt darin, daß ein leerer Datensatz nur aus Leerzeichen
besteht. Diese weisen den ASCII-Wert $32 auf. Da dieser ASCII-Wert
numerisch vor allen Buchstaben und Zahlen kommt, wird der Datensatz vor

alle anderen Datensätze im Index eingeordnet, die aus Zeichen über $32 (d.h. aus Buchstaben und/oder Zahlen) bestehen.

Es wird dem Entwickler auffallen, daß *dBASE* keinen Befehl bietet, der mehr als einen Datensatz anfügt. Dieses vermeintliche Manko wird schnell durch Anwendung einer Programmiertechnik überwunden. Man baut eine Schleife, in der so viele leere Datensätze angefügt werden wie gewünscht sind.

```
* Zehn Datensätze an die aktuelle Datenbank anfügen

USE Biblio
      zaehl = 1
      DO WHILE zaehl <= 10
          APPEND BLANK        && Ohne zu editieren
          zaehl = zaehl + 1
      ENDWHILE
USE
```

Andere relevante Befehle/Funktionen
INSERT, APPEND FROM

Entsprechung beim *Vieweg DatenbankManager*

<Strg-A>   Fügt einen Datensatz an die aktuelle Datenbank an.

<Alt-A>   Nimmt die (numerische) Eingabe des Benutzers und fügt so viele neue Datensätze an die Datenbank an.

3.3.3   APPEND FROM

Format
APPEND FROM Dateiname WHILE Bedingung FOR Bedingung SDF/DELIMITED WITH Feldbegrenzer

Beschreibung
Mit dem Befehl APPEND FROM werden Datensätze aus einer Quellendatei (Datenbank oder Textdatei mit entsprechendem Format) in die aktuell geladene Datenbank übernommen. Dieser Vorgang muß vom Anfügen leerer Datensätze in eine für das Editieren geöffnete Datenbank deutlich getrennt werden (s. vorangehender Befehl).

Der jetzige Befehl bewirkt, daß Datensätze von einer anderen Datei in die aktuelle Datenbank importiert werden. Die abgebende Datei ist in der

Regel eine andere Datenbank. Wird jedoch der Zusatz SDF oder DELIMITED auch angegeben, so geht *dBASE* davon aus, daß es sich um den Inhalt einer Datenbank in Form einer Textdatei handelt. Diese muß als SDF- oder DELIMITED-Datei vorliegen. Ferner kann für eine DELIMITED-Datei der *delimiter* (Feldbegrenzung in der Textdatei) spezifiziert werden.

Beispiel

```
* Fall 1: Einfaches Anfügen, Datenbanken müssen identisch sein!

        USE Adressen
        COPY STRUCTURE TO Neu
        USE Neu
        APPEND FROM Adressen
        USE

* Fall 2: Bedingtes Anfügen, nur die englischen Adressen

        USE Adressen
        COPY STRUCTURE TO Neu
        USE Neu
        APPEND FROM Adressen FOR land = England
        USE

* Fall 3: Anfügen von Information aus einer DELIMITED-Textdatei

        USE Adressen
        COPY TO NeuDat FOR land = England DELIMITED WITH |
        COPY STRUCTURE TO Neu
        USE Neu
        APPEND FROM NeuDat DELIMITED WITH |
        USE

* Fall 4: Anfügen von Information aus einer SDF-Textdatei

        USE Adressen
        COPY TO NeuDat FOR land = England SDF
        COPY STRUCTURE TO Neu
        USE Neu
        APPEND FROM NeuDat SDF
        USE
```

Kommentar

Eine Bedingung (*condition*) für die Anfügung von Daten kann nur dann spezifiziert werden, wenn die Datei, aus der die Datensätze entnommen werden, tatsächlich eine Datenbank ist. Bei Textdateien ist dies nicht möglich, da diese keine interne Struktur aufweisen und somit nicht

Gegenstand einer Überprüfung einer Bedingung durch *dBASE* sein können. Wie aber Fall 4 oben zeigt, kann eine Bedingung beim Befehl COPY TO verwendet werden, damit nur ein Auszug aller Datensätze in die angegebene Textdatei übertragen wird.

Andere relevante Befehle/Funktionen
APPEND

Entsprechung beim *Vieweg DatenbankManager*
Das Anfügen von Datensätzen im *Vieweg DatenbankManager* wird über die Option *Export, Import* auf dem Desktop realisiert. Im Untermenü sind die beiden Eingabedateitypen, Text und Datenbank, separat aufgeführt. Der Benutzer kann auch entscheiden, ob es sich bei einem Text um SDF- oder DELIMITED-Dateien handelt.

Ein bedingtes Anfügen ist beim *Vieweg DatenbankManager* nicht direkt vorgesehen. Stattdessen soll der Anwender interaktiv über einen Filter während der Datenbankeditierung entscheiden, welche Datensätze nach einer neuen Datenbank exportiert werden sollen (generiert über <Alt-F8>). Die Datensätze dieser Auszugsdatenbank können dann vom Desktop aus an eine andere angefügt werden.

3.3.4 AVERAGE

Format
AVERAGE Ausdruck Umfang WHILE Bedingung FOR Bedingung TO Variable

Beschreibung
Mit diesem Befehl wird der Durchschnitt für ein Feld einer Datenbank, unter Berücksichtigung einer eventuellen Bedingung, ermittelt. Auch kann der Umfang spezifiziert werden.
Die Angabe *Ausdruck* in der obigen Zeile weist darauf hin, daß man nicht nur ein Feld, sondern auch eine komplexe Angabe an dieser Stelle des Befehls einfügen kann. Mehrere Felder dürfen auch hier spezifiziert werden. Das einzige Kriterium ist, daß alle Felder numerisch sind.

Beispiel
```
AVERAGE (Schuh / 10) FOR Schuh <= 40 To TestVar
AVERAGE Schuh, (Schuh / 10) To Var1, Var2
```

Kommentar

Es können mehrere Felder gleichzeitig durch den AVERAGE-Befehl bearbeitet werden. Jedes Feld oder genauer gesagt jeder Ausdruck ist durch ein Komma abgesetzt und entspricht einer Variablen in der Liste, die ebenfalls durch Kommata die einzelnen Komponenten trennt.

Andere relevante Befehle/Funktionen
```
COUNT, SUM
```

Entsprechung beim *Vieweg DatenbankManager*

Mathematische Operationen sind im *Vieweg DatenbankManager* nicht vorgesehen. Man kann aber eine Datenbank mit numerischen Feldern im *Vieweg DatenbankManager* bearbeiten und für Berechnungen *dBASE* einsetzen.

3.3.5   BROWSE

Format
```
BROWSE (FIELDS Feldliste LOCK Nummer)
```

Beschreibung

Grundsätzlich kann man Datenbanken auf verschiedene Weise anschauen. *dBASE* bietet eine sehr komfortable Methode der Einsichtnahme, die jeweils so viele Datensätze, wie der Bildschirm fassen kann, im Zeilenformat anzeigt. Dies geschieht mit Hilfe des Browse-Befehls, der gleichzeitig auch das Editieren ermöglicht. Hierbei wird pro Zeile jeweils ein Datensatz angezeigt, wodurch feldweises, horizontales Rollen möglich ist. Die Felder eines jeden Datensatzes sind hintereinander auf der Zeile angeordnet. Sollte die Zeile für die Darstellung der Felder in ihrer Länge nicht ausreichen, so kann man horizontal rollen (*scroll, pan*). Dabei gelangen die Felder rechts vom Bildschirmrand in den Bildschirmausschnitt. Ferner existiert die Möglichkeit, Felder zu sperren, so daß diese auch dann

angezeigt werden, wenn Sie den Cursor über den rechten Bildschirmrand
hinaus bewegen.

```
 Datensätze     Felder     Suchen     Ende                        20:12:05

 NACHNAME                        VORNAME          TITEL

 Altmann                         G.               Genus und Wortauslaut im Deu
 Bauer                           A.               Das melanesische und chinesi
 Berndt                          R.               Einführung in das Studium de
 Boretzky                        N.               Kreolsprachen, Substrate und
 Brinkmann                       H.               Zum grammatischen Geschlecht
 Bähr                            D.               Einführung in das Mittelengl
 Clyne                           M.G.             Inhalt, Klangassoziation und
 Daum                            E.               Die russischen Verben
 Erdmann                         P.               Tiefenphonologische Lautgesc
 Fleischer                       W.               Wortbildung der deutschen Ge
 Friederici                      A.               Neuropsychologie der Sprache
 Görlach                         M.               Einführung ins Frühneuenglis
 Hager                           F.               Soziologie und Linguistik. E
 Hellinger                       M.               Englisch-orientierte Pidgin-
 Jakobson                        R.               Kindersprache, Aphasie und a
 Königs                          F.               Normenaspekte im Fremdsprach
 Lindner                         K.               Sprachliches Handeln bei Vor

 Tabelle |F:\litera\data\TMPDB    |Satz 1/24      |Datei          |          Ins
                    Daten anzeigen und bearbeiten
```

Beispiel

* Browse-Editieren einer Datenbank

```
USE Biblio
BROWSE nachname,vorname,titel
USE
```

* Ein Feld (nachname) immer im Auge halten

```
USE Biblio
BROWSE nachname,vorname,titel FREEZE nachname
USE
```

Kommentar

Gibt der Anwender lediglich BROWSE ein, so werden alle Felder der
aktuellen Datenbank im Browse-Modus angezeigt. Die andere Alternative
(s. erstes Beispiel oben) erlaubt es einem, nur einen Teil der Datensatz-
felder zu sehen.

Der Zusatz LOCK bewirkt, daß das Feld, dessen Nummer direkt nach diesem
Wort vorkommt, immer im Bildschirmausschnitt bleibt, auch wenn der
Anwender sich über den rechten Rand hinaus bewegt.

Andere relevante Befehle/Funktionen
```
EDIT
```

Entsprechung beim *Vieweg DatenbankManager*

Beim *Vieweg DatenbankManager* stehen zwei Unterarten des Browse-Modus
zur Verfügung. Die erste (erreichbar über <F10>) zeigt die ersten Felder
eines Datensatzes an. Der Benutzer kann sich mit den <PfeilRechts>- und
<PfeilLinks>-Tasten nach rechts bzw. nach links bewegen und somit alle
Felder eines Datensatzes anschauen. Mit <Eingabe> aktiviert man den
Editiermodus und mit nochmaliger <Eingabe> kehrt man in den Listenmodus zurück.

Ist ein Index vorhanden, so bewirkt <Shift-F10>, daß die Inhalte des
Indexfeldes in einem separaten Fenster angezeigt werden. Bei dieser Art
des Browse darf man Datensätze anschauen nicht jedoch editieren.

Bei allen Typen bleibt der Datensatzzeiger beim alten Datensatz, es sei
denn, daß der Anwender den Browse-Modus mit <Strg-Eingabe> abschließt; in diesem Fall wird der Datensatzzeiger auf den Datensatz neu
positioniert, auf dem der Leuchtbalken im Browse-Modus zuletzt war.

3.3.6 CLOSE

Format
```
CLOSE ALL/ALTERNATE/DATABASES/INDEX
```

Beschreibung

Eine Datenbank, die bearbeitet werden soll, muß zuerst geöffnet werden.
Dies geschieht automatisch mit dem Befehl USE. Ist man mit der Bearbeitung fertig, so muß die Datenbank wieder geschlossen werden. Sollte dies
nicht vorgenommen werden, so werden alle aktuellen Änderungen in der
Datenbank nicht gespeichert und gehen somit verloren. Die Art der Datei,
die zu schließen ist, wird nach dem Wort CLOSE angegeben. In der Regel
wird der Befehl CLOSE nur am Ende einer ganzen Applikation benutzt, da
die geöffneten Datenbanken während der Verarbeitung offen bleiben. Will
man aber Daten auf einen Text exportieren, so muß man temporär eine

Textdatei öffnen, in die die Daten abgelegt werden. Diese muß ihrerseits wieder mit Hilfe des CLOSE-Befehls geschlossen werden.

Beispiel

```
USE Biblio
    SET ALTERNATE TO OutText
    SET ALTERNATE ON
        ? "¦" + Nachname + "¦,¦" + Titel + "¦"
    SET ALTERNATE OFF
    CLOSE ALTERNATE
```

Kommentar

Eine Datenbank kann geschlossen werden, indem man den Befehl USE ohne weitere Angaben eingibt. Allerdings wird diese Form nur die Datenbank im aktuellen Arbeitsbereich schließen.

Andere relevante Befehle/Funktionen
USE

Entsprechung beim *Vieweg DatenbankManager*

Beim *Vieweg DatenbankManager* werden alle Dateien automatisch geschlossen, wenn die jeweilige Operation, für die sie geöffnet wurden, abgeschlossen ist. Konkret bei der Datenbankverarbeitung heißt dies, daß eine Datenbank dann geschlossen wird, wenn man von der Editierebene zum Desktop zurückkehrt.

3.3.7 COPY STRUCTURE TO

Format
COPY STRUCTURE TO Dateiname (FIELDS Feldliste)

Beschreibung

Dieser Befehl kopiert die Struktur der momentan offenen Datenbank auf eine neue Datenbank, deren Name nach dem Wort TO erscheint. Es ist möglich, nur eine Auswahl von Feldern anzugeben. Es werden dann nur

diese in die neue Datenbank übernommen. Die Felder der Liste müssen
nicht konsekutiv in der Datenbank vorkommen.

Beispiel
```
USE Biblio
COPY STRUCTURE TO NeuBib FIELDS Nachname, Vorname, Titel
USE
USE NeuBib
```

Kommentar

Um Daten von einer Datenbank in eine andere übertragen zu können, muß
man den APPEND FROM-Befehl verwenden.

Andere relevante Befehle/Funktionen
```
COPY STRUCTURE EXTENDED
```

Entsprechung beim *Vieweg DatenbankManager*

Eine leere Datenbank erzeugt man im *Vieweg DatenbankManager*, indem
man eine Shell-Datenbank anlegt. Dafür muß man eine Datenbank aus
einer Liste auswählen, deren Struktur als Modell für die neue, leere
Datenbank dienen soll.

Es ist mit dem *Vieweg DatenbankManager* ohne weiteres möglich, eine
Auswahl von Feldern für eine neue Datenbank zu spezifizieren.

3.3.8 COPY TO STRUCTURE EXTENDED

Format
```
COPY TO Dateiname STRUCTURE EXTENDED
```

Beschreibung

Mit diesem Befehl ist eine Möglichkeit in *dBASE* gegeben, die Struktur von
Datenbanken als eigene Datenbank abzulegen und diese später zu editieren.
Eine Strukturdatenbank enthält genau fünf Felder, die vorgegebene Namen
tragen.

```
1:    FIELD_NAME
2:    FIELD_TYPE
```

```
3:   FIELD_LEN
4:   FIELD_DEC
5:   FIELD_IDX
```

Diese Namen entsprechen den Informationen, die für jedes Feld in einer
dBASE-Datenbank gelten. Die Angabe über die Dezimalstelle eines Felds
(4 oben) trifft nur dann zu, wenn das Feld vom Typ *numeric* ist.
Eine Strukturdatenbank kann wie jede andere bearbeitet werden.
Datensätze können angefügt oder gelöscht werden. Der Inhalt dieser
Datensätze kann in der üblichen Art und Weise editiert werden.

```
   Datensätze    Suchen    Ende                              18:10:21
FIELD_NAME  NACHNAME
FIELD_TYPE  C
FIELD_LEN    32
FIELD_DEC     0
FIELD_IDX    N




Satz     |F:\litera\data\TMPDB     |Satz 1/22     |Datei     |          Ins
```

Beispiel

```
USE Biblio
COPY TO TmpDb STRUCTURE EXTENDED
USE TmpDb
      ...           && Strukturdatenbank editieren
USE
CREATE NewDb FROM TmpDb
USE NewDb
```

Kommentar

Um aus einer Strukturdatenbank eine neue (leere) abzuleiten, verwendet
man den Befehl CREATE FROM, der wie der COPY STRUCTURE-Befehl arbeitet.
Er nimmt nicht die aktuell geöffnete Datenbank als Quelle, sondern eine
Strukturdatenbank.

Andere relevante Befehle/Funktionen

```
COPY STRUCTURE, CREATE FROM
```

Entsprechung beim *Vieweg DatenbankManager*

Eine neue Datenbank kann man über die zweite Option im Hauptmenü auf dem Desktop mit dem *Vieweg DatenbankManager* anlegen. Nachdem man die Struktur der Datenbank auf der Editierebene bearbeitet hat, stehen einem zwei Möglichkeiten zur Verfügung. Zum einem kann man die Struktur als neue Datenbank mittels <F10> ablegen, zum anderen kann man sie als *dBASE*-Strukturdatenbank mittels <F5> auf der Festplatte speichern.

3.3.9   COPY TO

Format

```
COPY TO Dateiname Umfang FIELDS Feldliste WHILE Bedingung FOR
Bedingung SDF/DELIMITED WITH Feldbegrenzer
```

Beschreibung

Der Befehl COPY TO exportiert Datensätze einer geöffneten Datenbank in eine Textdatei oder eine zweite Datenbank. Hierbei ist auch das Kopieren einer Datenbank unter Ausschluß ihrer Datensätze mit dem Befehl COPY STRUCTURE TO möglich.

Beispiel

```
* Kreiert eine neue Datenbank:

USE Adressen
COPY TO ZweiteDB FIELDS Nachname, Vorname, Stadt, Land ;
FOR Land = Germany
USE

* Legt eine Textdatei mit Datensatzinformationen an

USE Adressen
COPY TO ZweiteDB FIELDS Nachname, Vorname, Stadt, Land ;
FOR Land = Germany DELIMITED WITH '¦'
USE
```

Kommentar

Die Ausgabe von Datensatzinformationen kann auch realisiert werden, indem man über den SET ALTERNATE-Befehl eine Textdatei aufmacht und dann mit dem ?-Befehl Daten in dieser Datei ablegt.

Andere relevante Befehle/Funktionen
```
COPY FILE TO
```

Entsprechung beim *Vieweg DatenbankManager*

Um im *Vieweg DatenbankManager* die Daten einer Datenbank in einer neuen Datenbank abzulegen, öffnet man die Quelldatenbank und setzt (i) einen Filter, der nur die Datensätze durchläßt, die gewünscht sind oder (ii) markiert gerade die Datensätze, die in die neue Datenbank übertragen werden sollen. Die letztere Methode hat den Vorteil, daß der Anwender selber entscheidet, ob ein gewisser Datensatz in die neue Datenbank zu übernehmen ist oder nicht. Um diese zu generieren, drückt man < Alt-F8 > und gibt einen gültigen DOS-Dateinamen.

3.3.10 CONTINUE

Format
```
CONTINUE
```

Beschreibung

Um nach dem nächsten Datensatz in einer Datenbank zu suchen, der eine Entsprechung zu einem Suchbegriff aufweist, der mit dem LOCATE-Befehl gefunden wurde, benutzt man den CONTINUE-Befehl.

Beispiel
```
LOCATE FOR Land = "England"
    DO WHILE .NOT. EOF()
        ? RTRIM(Vorname) + " " + RTRIM(Nachname)
        CONTINUE
    ENDDO
```

Kommentar

Dieser Befehl wird nicht bei den verwandten Suchbefehlen SEEK und FIND eingesetzt, die beide mit einem Index arbeiten.

Andere relevante Befehle/Funktionen
```
LOCATE, FIND, SEEK
```

Entsprechung beim *Vieweg DatenbankManager*

Die Tastenkombination <Strg-F> initiiert ein Suchverfahren, bei dem ein Feld einer Datenbank durchsucht wird (und nicht eine Indexdatei, auch wenn diese vorhanden ist). Mit <Strg-R> kann man bewirken, daß die Suche erneut ausgeführt wird; sie beginnt immer bei dem aktuellen Datensatz.

3.3.11 COUNT

Format
```
COUNT Umfang TO Variable WHILE Bedingung FOR Bedingung
```

Beschreibung

Die Mehrzahl der möglichen Berechnungen innerhalb einer Applikation wird vom Programmierer vorab festgelegt. Um diese zu erreichen, steht eine Anzahl von vordefinierten Standardbefehlen zur Verfügung. Berechnungen, die nur in einer bestimmten Applikation vorkommen, setzen sich aus Standardfunktionen, Konstanten und den diversen Operatoren (s. oben) zu Ausdrücken zusammen. Bei den Standardbefehlen wird das Ergebnis in der Regel in einer Variable abgelegt, die je nach weiterem Bedarf in einen Ausdruck eingebaut wird, auf dem Bildschirm angezeigt wird, usw.

Die Möglichkeit des Setzens von Bedingungen und das Festlegen des Umfangs erweitern die Flexibilität dieses Befehls.

Beispiel
```
USE Adressen
COUNT FOR PLZ >= 4000 TO Nummer
@ 0,0 SAY STR(Nummer) + " Datensätze kommen aus dem Raum 4"
USE
```

Andere relevante Befehle/Funktionen
```
AVERAGE, SUM
```

Entsprechung beim *Vieweg DatenbankManager*

<Strg-Y> *Entsprechungen* im Menü *Filter* beim Picklist-System auf der Editebene teilt Ihnen mit, wieviele Datensätze einem momentan

gesetzten Filter entsprechen. Ist kein Filter aktiv, so ist die zurückgegebene Zahl gleich der Gesamtzahl der Datensätze.

3.3.12 CREATE

Format
```
CREATE Dateiname
```

Beschreibung

Der CREATE-Befehl ist einer der Befehle, die im Ganzseitenmodus arbeiten und dem Anwender die Möglichkeit bieten, eine neue Datenbank anzulegen, indem er deren Struktur festlegt. Der Bildschirm, den man erhält, sieht wie folgt aus:

```
 Layout    Verwaltung   Hinzufügen   Suchen    Ende                      18:09:24
                                                           Byte frei:   4000
 ┌─────┬──────────┬──────────┬───────┬─────┬───────┐
 │ Num │ Feldname │ Feldtyp  │ Länge │ Dez │ Index │
 ├─────┼──────────┼──────────┼───────┼─────┼───────┤
 │  1  │          │ Zeichen  │       │     │   N   │
 │     │          │          │       │     │       │
 │     │          │          │       │     │       │
 │     │          │          │       │     │       │
 │     │          │          │       │     │       │
 │     │          │          │       │     │       │
 │     │          │          │       │     │       │
 └─────┴──────────┴──────────┴───────┴─────┴───────┘
 dB-Datei│F:\litera\data\NEUEDB  │Feld 1/1      │           │        Ins
           Geben Sie den Feldnamen ein - Feld einfügen/löschen: STRG-N/STRG-U
 Feldnamen müssen mit Buchstaben beginnen und können Ziffern/Unterstr. enthalten
```

Bis zu 128 Felder können für eine Datenbank spezifiziert werden. Für jedes Feld sind fünf Informationen gültig. Die letzte Information ist in der Version *dBASE IV* neu und gibt Auskunft darüber, ob ein Index auf das betreffende Feld zu generieren ist.

Beispiel

```
CREATE NeueDB
      IF READKEY() != 12
            USE NeueDB

            DO WHILE .NOT. EOF()
                  EDIT
                  IF READKEY() = 12
                        EXIT
                  ENDIF
                        SKIP
            ENDDO
      ENDIF
ENDIF
```

Andere relevante Befehle/Funktionen

```
CREATE FROM
```

Entsprechung beim *Vieweg DatenbankManager*

Vom Desktop aus kann man im *Vieweg DatenbankManager* eine neue
Datenbank anlegen, indem man die zweite Option im Hauptmenü anwählt,
einen gültigen Namen eingibt und eventuell ein Modell für die neue
Datenbank aussucht.

3.3.13 CREATE FROM

Format

```
CREATE Datenbank FROM Datenbankstrukturdatei
```

Beschreibung

Für den Fall, daß Sie die interaktive Form des Datenbankanlegens, die mit
dem CREATE-Befehl angeboten wird, nicht einsetzen wollen, können Sie eine
neue Datenbank aus einer (bearbeiteten) Strukturdatei generieren, vorausgesetzt, daß diese mit dem COPY TO STRUCTURE EXTENDED-Befehl angelegt
worden ist.

Beispiel

```
USE Biblio
COPY TO TmpDb STRUCTURE EXTENDED
    :
    :
CREATE NewDb FROM TmpDb
```

Andere relevante Befehle/Funktionen
```
CREATE
```

Entsprechung beim *Vieweg DatenbankManager*
Dieser Befehl hat beim *Vieweg DatenbankManager* keine Entsprechung, da
Datenbanken immer im interaktiven Modus angelegt werden. Sie können
wohl eine *structure extended*-Datenbank generieren und diese dann wie jede
andere Datenbank editieren, aber Sie können keine neue Datenbank aus
dieser ableiten, da es im *Vieweg DatenbankManager* keinen Bedarf nach
diesem Verfahren gibt.

3.3.14 DELETE

Format
```
DELETE Umfang WHILE Bedingung FOR Bedingung
```

Beschreibung
Das physikalische Entfernen von Datensätzen wird in der *dBASE*-Umgebung
mit einem separaten Befehl erwirkt (dieser lautet PACK). Sie können Löschmarkierungen global durch Aufrufen des RECALL-Befehls entfernen.

Beispiel
```
USE Biblio
GOTO TOP
DO WHILE .NOT. EOF()
     IF Jahr <= 1970
          DELETE
     ENDIF
          SKIP
ENDDO
```

Kommentar
Löschmarkierungen bleiben in einer Datenbank auch zwischen Arbeitssitzungen erhalten. Da sie abgespeichert werden, müssen Sie nicht
unbedingt markierte Datensätze physisch aus einer Datenbank entfernen,
bevor Sie die momentane Bearbeitung abschließen.

Andere relevante Befehle/Funktionen/Funktion
```
DELETED(), RECALL
```

Entsprechung beim *Vieweg DatenbankManager*
Der DELETE-Befehl kann auf der Editierebene durch Drücken der <Entf>-
Taste realisiert werden. Der RECALL-Befehl wird seinerseits durch <Strg-
W> emuliert, da diese Tastenkombination alle Löschmarkierugen aus der
aktuellen Datenbank entfernt.

3.3.15 DISPLAY

Format
```
DISPLAY Umfang Ausdruck WHILE Bedingung FOR Bedingung
```

Beschreibung

```
. display next 20 trim(nachname), trim(vorname), trim(substr(titel,1,40))
     1  Althaus      H.P.        Lexikon der germanistischen Linguistik
     2  Altmann      G.         Genus und Wortauslaut im Deutschen
     3  Bauer        A.         Das melanesische und chinesische Pidgine
     4  Berndt       R.         Einführung in das Studium des Mittelengl
     5  Boretzsky    N.         Kreolsprachen, Substrate und Sprachwande
     6  Brinkmann    H.         Zum grammatischen Geschlecht im Deutsche
     7  Brunner      K.         Die englische Sprache. Ihre geschichtlic
     8  Bähr         D.         Einführung in das Mittelenglische
     9  Clyne        M.G.       Inhalt, Klangassoziation und Genus in de
    10  Daum         E.         Die russischen Verben
    11  Erdmann      P.         Tiefenphonologische Lautgeschichte der e
    12  Felix        S.         Psycholinguistische Aspekte des Zweitspr
    13  Fleischer    W.         Wortbildung der deutschen Gegenwartsspra
    14  Friederici   A.         Neuropsychologie der Sprache
    15  Görlach      M.         Einführung ins Frühneuenglische
    16  Görlach      M.         Einführung in die englische Sprachgeschi
    17  Hager        F.         Soziologie und Linguistik. Eine Einführu
    18  Hellinger    M.         Englisch-orientierte Pidgin- und Kreolsp
    19  Jakobson     R.         Kindersprache, Aphasie und allgemeine La
    20  Kohler       K.         Einführung in die Phonetik des Deutschen
.
Befehl   |F:\litera\data\BIBLIO   |Satz 20/30      |Datei        |        In
```

Der DISPLAY-Befehl ist nicht besonders flexibel. Er zeigt in unformatierter
Form die Inhalte einer Gruppe von Datensätzen an. Diese können einer
Bedingung unterzogen oder nur teilweise angezeigt werden. Bedient man

sich der Funktionen TRIM() und SUBSTR(), so kann man eine Art BROWSE-Modus für das Einsehen (aber nicht Editieren) von Datensätzen erreichen.

Beispiel

```
USE Adressen
DISPLAY NEXT 20 TRIM(nachname), TRIM(vorname), ;
TRIM(SUBSTR(titel,1,40))
```

Kommentar

DISPLAY zeigt jeweils eine Bildschirmseite voller Datensätze an. Man kann nicht rückwärts rollen, so daß der BROWSE-Befehl dem DISPLAY-Befehl in jedem Fall vorzuziehen ist.

Der LIST-Befehl arbeit ähnlich wie DISPLAY und hat den gleichen Nachteil, daß man sich in der Datenbank nicht rückwärts bewegen kann.

```
. list next 20 trim(nachname), trim(vorname), trim(substr(titel,1,40))
Befehl  |F:\litera\data\BIBLIO  |Satz 20/30    |Datei          |          Ins
```

Andere relevante Befehle/Funktionen

LIST

Entsprechung beim *Vieweg DatenbankManager*

Im *Vieweg DatenbankManager* sind verschiedene Formen des BROWSE-Befehls vorhanden, die am ehesten dem DISPLAY- und dem LIST-Befehl der *dBASE*-Umgebung entsprechen.

3.3.16 DISPLAY STATUS

Format

```
DISPLAY STATUS (TO PRINT)
```

Beschreibung

Dieser Befehl gibt Ihnen Informationen über den Stand vieler Systemparameter. Dies kann sehr sinnvoll sein, wenn Sie nicht sicher wissen, wie diese gesetzt sind. Oft kann unerwartetes Verhalten eines Programmes darauf zurückgeführt werden, daß ein Systemparameter anders gesetzt ist als der Benutzer meint.

```
dB-Datei im Arbeitsbereich:
Bereich: 1, Geöffnete dB-Datei: F:\VIEWEG\DATA\BIBLIO.DBF   ALIAS: BIBLIO

Suchpfad für Datei:
Standardlaufwerk:    F:
Druckausgabe:        PRN:
Rand                     =    0
Aktualisierungszähler    =    0
Wiederholungszähler      =    0
Zahl der offenen Dateien =    4
Aktivierter Arbeitsbereich =  1

ALTERNATE  - OFF   DELIMITERS - OFF   FULLPATH   - OFF   SAFETY     - ON
AUTOSAVE   - OFF   DESIGN     - ON    HEADING    - ON    SCOREBOARD - ON
BELL       - ON    DEVELOP    - ON    HELP       - ON    SPACE      - ON
CARRY      - OFF   DEVICE     - SCRN  HISTORY    - ON    SQL        - OFF
CATALOG    - OFF   ECHO       - OFF   INSTRUCT   - ON    STATUS     - ON
CENTURY    - OFF   ENCRYPTION - ON    INTENSITY  - ON    STEP       - OFF
CONFIRM    - OFF   ESCAPE     - ON    LOCK       - ON    TALK       - ON
CONSOLE    - ON    EXACT      - OFF   NEAR       - OFF   TITLE      - ON
Weiter mit beliebiger Taste
Befehl  |F:\litera\data\BIBLIO    |Satz 30/30      |Datei         |          Ins
```

Kommentar

Mit dem interaktiven Befehl SET ist es möglich, die Werte für die Systemparameter zu ändern.

Andere relevante Befehle/Funktionen

SET

Entsprechung beim *Vieweg DatenbankManager*

Durch Drücken der <F9>-Taste und auch der <F6>-Taste bekommt der Benutzer auf der Editierebene vom *Vieweg DatenbankManager* ähnlich relevante Informationen zum System und momentanen Programmstand mitgeteilt.

3.3.17 DISPLAY STRUCTURE

Format

```
DISPLAY STRUCTURE (TO PRINT)
```

Beschreibung

Dieser Befehl ist rein informativ und zeigt die relevanten Feldinformationen zu der aktuellen Datenbank an.

```
Datensatzformat der dB-Datei: F:\VIEWEG\DATA\BIBLIO.DBF
Anzahl der Datensätze:        30
Datum der letzten Aktualisierung: 03.10.92
Feld    Feldname    Typ         Länge    Dez    Index
   1    NACHNAME    Zeichen       32              N
   2    VORNAME     Zeichen       16              N
   3    ANDERE      Zeichen       32              N
   4    HRSG_1      Zeichen        8              N
   5    JAHR        Numerisch      4              N
   6    UNTERJAHR   Zeichen        1              N
   7    ABGRENZ_1   Zeichen        3              N
   8    TITEL       Zeichen      128              N
   9    ABGRENZ_2   Zeichen        3              N
  10    AUSGABE     Zeichen       32              N
  11    HRSG_2      Zeichen       48              N
  12    SAMMLUNG    Zeichen       96              N
  13    ORT         Zeichen       32              N
  14    VERLAG      Zeichen       32              N
  15    ZEITSCHR    Zeichen       64              N
  16    BAND        Zeichen       16              N
  17    SEITEN      Zeichen       20              N
Weiter mit beliebiger Taste
Befehl  |F:\litera\data\BIBLIO    |Satz EOF/30      |Datei         |
```

Andere relevante Befehle/Funktionen
```
COPY TO STRUCTURE EXTENDED
```

Entsprechung beim *Vieweg DatenbankManager*

Auf dem Desktop des *Vieweg DatenbankManager* sind zwei Optionen vorhanden, mit denen man Strukturinformation und Statistik über eine vom Benutzer ausgewählte Datenbank erhalten kann.

3.3.18 EDIT

Format
```
EDIT Umfang FIELDS Feldliste WHILE Bedingung FOR Bedingung
```

Beschreibung

Damit man Daten eingeben bzw. vorhandene bearbeiten kann, benötigt man einen Editiermodus. Prinzipiell gibt es davon zwei in Datenbanksystemen.

Der eine ist ein BROWSE-Modus (s.oben), bei dem die Datensätze zeilenweise angezeigt werden, und wo es möglich ist, horizontal zu rollen, damit alle Felder eines Datensatzes sichtbar werden.

Der zweite Modus ist der sogenannte Ganzseiteneditiermodus (*full screen editing mode*). Bei diesem werden die Felder eines Datensatzes zeilenweise angeordnet, so daß man den ganzen Datensatz auf einmal überblicken kann. Die einzige Ausnahme hierzu bilden solche Datenbanken, die eine sehr große Datensatzstruktur aufweisen, so daß auch im Ganzseiteneditiermodus der gesamte Datensatz nicht angezeigt werden kann, sondern auf der folgenden Bildschirmseite angezeigt werden muß.

Beispiel

```
   Datensätze     Suchen      Ende                               18:10:47
 NACHNAME    Althaus
 VORNAME     H.P.
 ANDERE      et al.
 HRSG_1
 JAHR        1980
 UNTERJAHR
 ABGRENZ_1
 TITEL       Lexikon der germanistischen Linguistik
 ABGRENZ_2   .
 AUSGABE     2. Auflage
 HRSG_2
 SAMMLUNG
 ORT         Tübingen
 VERLAG      Niemeyer
 ZEITSCHR


 Satz     |F:\litera\data\BIBLIO   |Satz 1/30      |Datei        |        Ins
```

Kommentar

Der Editiermodus bietet die Felder einer Datenbank im Seitenformat zum Editieren an. Mit Hilfe des @ Row,Col SAY...GET-Befehlspaars kann man einen eigens definierten Bildschirmaufbau erreichen, z.B. mit mehr als einem Feld pro Zeile.

Andere relevante Befehle/Funktionen
BROWSE, LIST, DISPLAY

Entsprechung beim *Vieweg DatenbankManager*

Ein Ganzseiteneditiermodus (*full screen edit*) steht auf der Editierebene vom *Vieweg DatenbankManager* ständig zur Verfügung. Durch Drücken der <Return>-Taste kann man Informationen in Felder eingeben bzw. ändern. Ansonsten kann man sich in der Datenbank mit den Navigationstasten <Bild↑>, <Bild↓>, <Strg-Bild↑>, <Strg-Bild↓> bewegen.

3.3.19 FIND

Format

FIND String_Nummer

Beschreibung

Der FIND-Befehl durchsucht das Schlüsselfeld einer indizierten Datenbank und positioniert den Datensatzzeiger für den Fall, daß sich bei der Suche eine Fundstelle ergibt. Bei erfolgloser Suche wird eine entsprechende Meldung ausgegeben, vorausgesetzt, daß der Systemparameter SET TALK eingeschaltet ist.

Beispiel
```
USE Adressen
FIND Müller
EDIT

USE Adressen
Var = "Müller"
FIND &Var      && Nein! Keine Makrosubstitution bei FIND möglich.
EDIT
```

Kommentar

FIND nimmt nur Literale als Parameter. Viel flexibler in dieser Beziehung ist der SEEK-Befehl, der Ausdrücke und Variablen nehmen kann.

Ein Datensatz, der zum Löschen markiert ist, wird nur dann von FIND gefunden, wenn der Parameter SET DELETED den Wert OFF aufweist.

Andere relevante Befehle/Funktionen
```
LOCATE, SEEK, CONTINUE
```

Entsprechung beim *Vieweg DatenbankManager*

Ist ein Index bei der aktuellen Datenbank offen (dies kann man mittels
<F6> feststellen), so kann man im Schlüsselfeld dieser Indexdatei suchen,
indem man die <Alt-I>-Taste drückt.

3.3.20 GO(TO)

Format

```
GO(TO) Nummer
GO(TO) TOP
GO(TO) BOTTOM
```

Beschreibung

Dieser Befehl bewegt den Datensatzzeiger auf den mit 'Nummer' angegeben
Datensatz, bzw. springt auf den Anfang oder das Ende der Datenbank.

Beispiel

```
USE Biblio
INPUT "Geben Sie eine neue Datensatznummer ein" TO TempNr
GOTO TempNr
EDIT

USE Biblio
LOCATE FOR ort = "New York"
Erster = RECNO()
zaehl = 1
DO WHILE .NOT. EOF()
    CONTINUE
    zaehl = zaehl + 1
ENDDO
? STR(zaehl - 1) + " Fundstellen in der Datenbank gefunden"
GOTO Erster
EDIT
```

Kommentar

Der GOTO-Befehl hat eine Anwendung im interaktiven Modus, indem der
Benutzer nach einer Nummer gefragt wird. Eine weitere Verwendung des
Befehls ist in der Programmierung zu finden, wo der Datensatzzeiger
mittels des GOTO-Befehls nach einer Operation auf einen ursprünglichen
Datensatz bewegt wird (s. Programmcode oben).

Andere relevante Befehle/Funktionen
    SKIP

Entsprechung beim *Vieweg DatenbankManager*
Die Tastenkombinationen <Strg-G> bzw. <Strg-Pos1> bewirken auf der Editierebene, daß man nach Eingabe einer gültigen Nummer direkt zu einem Datensatz springt.

3.3.21 INDEX

Format
    INDEX ON Ausdruck TO Dateiname

Beschreibung
Der INDEX-Befehl baut die Zusatzdatei auf, die als Index für eine bestimmte Datenbank fungiert. Diese Datei wird während der Datenbankeditierung für eine schnelle Anzeige und schnelles Finden beim Suchen innerhalb eines Schlüsselfeldes verwendet. Die Extension einer Indexdatei in *dBASE* ist immer .NDX.

Beispiel
```
USE Biblio
INDEX ON nachname TO Biblio
USE
        :
        :
USE Biblio INDEX Biblio
```

Kommentar
Eine Indexdatei ist nur dann zu gebrauchen, wenn sie mit der dazugehörigen Datenbank übereinstimmt. Ist dies nicht mehr der Fall, so ist die Anzeige der Datensätze fehlerhaft. Daher empfiehlt es sich bei Zweifeln, die Datenbank neu zu indizieren. Dies kann sinnvollerweise über den REINDEX-Befehl beim Laden der Datenbank geschehen.

Andere relevante Befehle/Funktionen
    REINDEX

Entsprechung beim *Vieweg DatenbankManager*

Die Indizierung einer Datenbank findet im *Vieweg DatenbankManager* immer auf der Desktopebene über die entsprechende Option statt. Eine Reindizierung kann erreicht werden, indem man über <F5> spezifiziert, daß eine Datenbank beim Laden immer neu indiziert wird.

3.3.22 INPUT

Format
```
INPUT Aufforderung TO Variable
```

Beschreibung

Dieser Befehl fordert den Benutzer auf, eine Angabe über die Tastatur einzugeben. Ist die Variable nicht vorher initialisiert, so weist INPUT dieser einen Typ zu, der abhängig von der Art der Angabe des Benutzers ist. Eine eingegebene Nummer ergibt eine numerische Variable, eine logische Eingabe, z.B. .F., ergibt eine logische Variable usw. Eine Variable mit dem Typ *character* wird angelegt, wenn die Angabe in Kommata gestellt wird. Gibt man z.B. "20" in Anführungsstrichen über die Tastatur ein, so würde INPUT diese Angabe als Zeichenkette verstehen. Die Angabe müßte dann mit Hilfe der Funktion VAL() zuerst in eine Zahl umgewandelt werden, ehe sie als numerischer Wert von *dBASE* verwendet werden könnte.

Beispiel
```
USE Adressen
INPUT "Welche Größe? " TO NumVar       && z.B. 20
GOTO TOP
DO WHILE .NOT. EOF()
    LOCATE FOR schuh = NumVar
    EDIT
    CONTINUE
ENDIF
```

Andere relevante Befehle/Funktionen
```
ACCEPT, WAIT
```

Entsprechung beim *Vieweg DatenbankManager*

Die verschiedenen Eingabebefehle von *dBASE* werden im *Vieweg DatenbankManager* mittels Fenstern realisiert, in die der Benutzer eigene Eingaben eintragen kann. Ein Fenster erscheint, wenn eine Eingabe erforderlich ist und wird wieder gelöscht, wenn der Benutzer seine Eingabe mit <Return> abschließt.

3.3.23 INSERT

Format
```
INSERT (BLANK) (BEFORE)
```

Beschreibung

Fügt einen neuen Datensatz an der aktuellen Stelle in der Datenbank ein. Alle weiteren Datensätze werden um eine Stelle nach hinten geschoben. Diese Methode hat nur den Zweck, eine eventuell vorhandene physische Sortierfolge (ohne Indexdatei) beizubehalten.

Beispiel
```
USE Biblio
GOTO 12
INSERT
USE
```

Kommentar

Ist die Datenbank indiziert, so bewirkt der Befehl INSERT, daß der neue Datensatz tatsächlich an das Ende der Datenbank angefügt wird. In diesem Falle funktioniert der Befehl wie APPEND.

Andere relevante Befehle/Funktionen
```
APPEND
```

Entsprechung beim *Vieweg DatenbankManager*

Dieser Befehl ist im *Vieweg DatenbankManager* nicht vorhanden. Hierfür sprechen stichhaltige Gründe. Der INSERT-Befehl von *dBASE* führt zu einer physischen Verschiebung aller Datensätze nach der Einfügstelle und ist deswegen besonders langsam. Viel effizienter ist es, wenn Sie mit einem Index arbeiten, der für eine alphabetisch richtige Darstellung von Datensätzen sorgt und gelegentlich die Datenbank neu sortieren.

3.3.24 JOIN

Format

```
JOIN WITH Datenbank TO Datenbank WHILE Bedingung FOR Bedingung
(FIELDS Feldliste)
```

Beschreibung

Der JOIN-Befehl mischt Informationen aus zwei momentan geöffneten Datenbanken zu einer neuen Datenbank. Diese wird nach dem Wort TO angegeben. Eine Angabe zu FIELDS ist sinnvoll, damit nur diejenigen Felder in die neue Datenbank übertragen werden, die wirklich gebraucht werden. Will man alle Felder übernehmen, so kann man die Datensätze der einen Datenbank in die andere mittels des APPEND FROM-Befehls übertragen.

Beispiel

```
COPY Db_Test TO TmpDb
SELECT A
USE TmpDb
       :
       :
SELECT B
USE Db_Test
SELECT A
JOIN WITH B TO NeueDb FOR stadt = B->stadt FIELDS ;
nachname, vorname, straße, stadt, land
```

Kommentar

Eine Bedingung und eine Feldliste sind beim JOIN-Befehl notwendig, da der Befehl sonst jeden Datensatz in der einen Datenbank mit jedem in der anderen kombiniert, d.h. bei zwei Datenbanken mit 50 und 100 Datensätzen der JOIN-Befehl ohne eine Bedingung zu einer neuen Datenbank mit 5000 (d.h. 50 * 100) Datensätzen führen würde.

Andere relevante Befehle/Funktionen

```
COPY TO
```

Entsprechung beim *Vieweg DatenbankManager*

Beim *Vieweg DatenbankManager* ist der JOIN-Befehl aus Gründen der Transparenz in zwei Schritte aufgeteilt. Zuerst exportiert man die gewünschten Datensätze auf eine neue Datenbank (mittels <Alt-F8> auf der Editierebene), und dann importiert man diese Datensätze in eine andere Datenbank über die *Export,Import*-Option auf der Desktopebene.

3.3.25 LIST HISTORY

Format
```
LIST HISTORY
```

Beschreibung

Dieser Befehl zeigt die letzten vom Benutzer am Prompt eingegebenen Befehle an.

Beispiel

```
. list history
use biblio
list next 20 trim(nachname), trim(vorname), trim(substr(titel,1,40))
display next 20 trim(nachname), trim(vorname), trim(substr(titel,1,40))
display structure
display memory
list history

.
Befehl  |F:\litera\data\BIBLIO   |Satz EOF/30      |Datei          |
```

Kommentar

Dieser Befehl hat nur protokollarischen Wert und ist nur im interaktiven Modus sinnvoll.

Andere relevante Befehle/Funktionen
```
DISPLAY STATUS
```

Entsprechung beim *Vieweg DatenbankManager*

Dieser Befehl ist nicht im *Vieweg DatenbankManager* vorhanden. Vorherige Benutzereingaben können trotzdem mit den Pfeiltasten zurückgeholt werden.

3.3.26 LOCATE

Format
```
LOCATE Umfang WHILE Bedingung FOR Bedingung
```

Beschreibung

Ohne einen Index zu benutzen, durchsucht der LOCATE-Befehl linear eine Datenbank. Da ein möglicherweise offener Index keine Rolle spielt, muß für den LOCATE-Befehl das Feld angegeben werden, in dem *dBASE* suchen soll. Die Angabe Bedingung nach dem Wort FOR kann wie immer einen Ausdruck darstellen. Ein Ausdruck erhöht die Flexibilität des Befehls um ein beträchtliches, da auf diese Weise mehrere Felder angegeben werden können.

Beispiel
```
USE Adressen
DO WHILE .NOT. EOF()
     LOCATE FOR land = England .AND. schuh <= 40
          EDIT
ENDDO
```

Kommentar

Der Befehl CONTINUE veranlaßt, daß die Suche durch die Datenbank fortgesetzt wird. Will man die Suche am Anfang der Datenbank starten, so sollte man den Befehl GOTO TOP unmittelbar vor dem LOCATE-Befehl in den Programmcode einfügen.

Andere relevante Befehle/Funktionen
```
SEEK, FIND, CONTINUE
```

Entsprechung beim *Vieweg DatenbankManager*

<Strg-F> ist die Tastenkombination, mit der man eine lineare Suche durch eine Datenbank im *Vieweg DatenbankManager* realisieren kann. Bei dieser Art der Suche wird der Index nicht benutzt. Dies hat den Vorteil, daß man beliebige Felder einer Datenbank durchsuchen kann.

3.3.27 PACK

Format

```
PACK
```

Beschreibung

Der PACK-Befehl entfernt diejenigen Datensätze endgültig von der Datenbank, die für das Löschen markiert sind. Die Markierung kann aus einer früheren Arbeitssitzung stammen. Dies ist möglich, da eine solche Markierung in der Datenbankdatei abgespeichert wird (als Sternchen am Anfang eines markierten Datensatzes).

```
. use tmpdb
. set talk on
. pack
      24 Datensätze kopiert
.
Befehl  |F:\litera\data\TMPDB    |Satz 1/24      |Datei           |
```

Beispiel

```
USE Biblio
SET TALK ON
      PACK
SET TALK OFF
USE
```

Kommentar

Regelmäßige Datenpflege hat im Bereich der Datenbankverwaltung höchste Prioriät. Hierzu gehört, daß man immer die Datensätze aus einer Datenbank löscht, die nicht mehr gebraucht werden, damit (i) die Datenbank in

Dateiform nicht unnötig groß ist und (ii) man wegen zu vieler nicht benötigter Datensätze den Überblick verliert.

Andere relevante Befehle/Funktionen
```
DELETE, DELETED(), RECALL
```

Entsprechung beim *Vieweg DatenbankManager*
Die Option *Datensätze löschen* auf der Desktopebene führt nach Bestätigung durch den Benutzer einen PACK-ähnlichen Befehl aus, d.h. er entfernt die für das Löschen markierten Datensätze.

3.3.28 QUIT

Format
```
QUIT
```

Beschreibung
QUIT ist ein Befehl, den man sowohl in der Programmierung braucht, um eine Applikation zu beenden, als auch im Prompt-Modus, um *dBASE* zu verlassen und zu DOS zurückzukehren.

Beispiel

```
(i)  QUIT in einem Programm
     USE Biblio
     DO WHILE .NOT. EOF()
                 :
     ENDDO
     USE
     QUIT        && Zurück zum Prompt

(ii) QUIT im interaktiven modus
```

```
. quit
Befehl  |F:\litera\data\TMPDB     |Satz 1/24        |Datei         |
```

```
Vielen Dank für den Einsatz von dBASE IV
```

Kommentar

Der QUIT-Befehl schließt automatisch alle offenen Datenbanken und sichert
damit alle Änderungen der aktuellen Arbeitssitzung.

Andere relevante Befehle/Funktionen
```
RETURN, CLOSE
```

Entsprechung beim *Vieweg DatenbankManager*

Das Beenden der Arbeitssitzung mit *Vieweg DatenbankManager* wird mittels
<F7> erreicht. Diese Taste wird allgemein bei den Programmen des *Vieweg
DatenbankManagers* dazu benutzt, um von der höchsten Programmebene zu
DOS zurückzukehren.

3.3.29 READ

Format
```
READ
```

Beschreibung

Die Kontrolle über Benutzereingaben kann man am besten verwirklichen,
wenn ein Programm das Befehlspaar @ Row,Col SAY...GET benutzt. Der
SAY-Befehl zeigt einen Text, eine Variable, ein Feld oder eine Kombination
von diesen an; der GET-Befehl erlaubt es einem, Text an einer vordefinierten Stelle einzugeben. Es können mehrere GET-Befehle hintereinander
aufgeführt werden. Die Eingaben des Benutzers werden aber erst dann vom
Programm übernommen, wenn eine READ-Anweisung erfolgt.

Beispiel

```
Var1 = SPACE(10)
Var2 = SPACE(10)
@ 0,0 GET Var1 PICTURE "!!!!!!!!!!"   && Nur Großbuchstaben
@ 2,0 GET Var2 PICTURE "XXXXXXXXXX"   && Beliebige Zeichen
READ
```

Kommentar

Bei einem individuell zugeschnittenen Editiermodus ist es oft der Fall, daß
GET-Befehle für alle Felder einer Datenbank ausgeführt werden und dann

am Ende ein READ-Befehl eingebaut wird, damit der ganze Datensatz in einem Schritt editiert werden kann.

Andere relevante Befehle/Funktionen
```
ACCEPT, INPUT
```

Entsprechung beim *Vieweg DatenbankManager*
Auf der Editierebene wird der Inhalt einer Feldeingabe durch Drücken der <Return>-Taste tatsächlich in den aktuellen Datensatz übernommen. Dieser Schritt entspricht dem READ-Befehl. Mit <Escape> kann man bewirken, daß der Feldinhalt unverändert bleibt.

3.3.30 RECALL

Format
```
RECALL Umfang WHILE Bedingung FOR Bedingung
```

Beschreibung
Entfernt die Löschmarkierung von den Datensätzen einer ausgewählten Datenbank. Die Entfernung ist endgültig, d.h. sie kann nicht rückgängig gemacht werden, da die Datensätze direkt vom Befehl betroffen sind (ein mögliches Sternchen am Anfang eines Datensatzes wird in ein Leerzeichen umgewandelt).

Beispiel
```
USE Biblio
RECALL FOR jahr >= 1980
USE
```

Kommentar
Hat man zuviele Datensätze für das Löschen markiert, so muß nicht die Löschmarkierung für alle entfernt werden, um sie dann wieder für die richtigen Datensätze einzugeben. Stattdessen kann man sich die markierten Datensätze anzeigen lassen und interaktiv entscheiden, ob die Löschmarkierung bleiben soll oder nicht, wie im folgenden Codeabschnitt zu sehen ist.

```
USE Biblio
TmpVar = "N"
GOTO TOP
DO WHILE .NOT. EOF()
    IF DELETED()
        ACCEPT "Markierung entfernen?" TO TmpVar
            IF UPPER(TmpVar)
                RECALL
            ENDIF
    ENDIF
        SKIP
ENDDO
USE
PACK
```

Andere relevante Befehle/Funktionen
```
DELETE, DELETED(), PACK
```

Entsprechung beim *Vieweg DatenbankManager*

Ein RECALL-Befehl (allerdings ohne Bedingung) ist auf der Editierebene im *Vieweg DatenbankManager* mit der Tastenkombination <Strg-W> *Tagging entfernen* vorgesehen. Bedenken Sie, daß eine einmal entfernte Löschmarkierung manuell wieder festgelegt werden muß.

3.3.31 REINDEX

Format
```
REINDEX
```

Beschreibung

Generiert eine Indexdatei neu. Dieser Befehl setzt voraus, daß schon ein Index für die aktuelle Datenbank aktiv ist. Es bietet somit die Möglichkeit, den Index auf den neuesten Stand zu bringen und sichert somit die richtige Anzeige aller Datensätze.

Beispiel
```
USE Biblio INDEX Biblio
REINDEX
```

Kommentar

Wenn Sie nicht sicher sind, ob in einer früheren Arbeitsitzung ein Index immer für eine bestimmte Datenbank aktiv war, ist es ratsam, den Index neu zu generieren, auch wenn dies einen geringen Zeitverlust bedeutet.

Andere relevante Befehle/Funktionen
```
INDEX
```

Entsprechung beim *Vieweg DatenbankManager*

Mit <F5> kann man auf der Desktopebene festlegen, ob eine Datenbank vor der Bearbeitung neu indiziert werden soll. Hiermit bietet der *Vieweg DatenbankManager* eine Entsprechung zum REINDEX-Befehl in *dBASE*.

3.3.32 REPLACE

Format
```
REPLACE Umfang Feld WITH Ausdruck, ... WHILE Bedingung FOR
Bedingung
```

Beschreibung

Dieser Befehl führt eine Ersetzung bei einem Datenbankfeld aus. Durch eine Bedingung kann man sicher gehen, daß nur bestimmte Datensätze vom Befehl betroffen werden. Der Befehl an sich bietet keine Möglichkeit, die Ersetzung zu bestätigen (man vergleiche diese Situation mit dem Ersetzungsbefehl eines Textverarbeitungsprogramms). Dennoch kann man dies durch entsprechende Programmierung erreichen. Die Methode, die man hier anwendet, kommt häufig vor, d.h. man führt eine Variable ein, fängt dann eine Eingabe vom Benutzer damit auf und wertet anschließend den Wert der Variable aus. So kann der Benutzer durch eine Eingabe wie 'j' oder 'n' entscheiden, ob eine Ersetzung stattfinden soll oder nicht.

Beispiel
```
USE Adressen
JaNein = "N"
DO WHILE .NOT. EOF()
    IF "Germany" $ land
        ACCEPT "Ersetzen? " TO JaNein
```

```
                    IF UPPER(JaNein) = "J"
                        REPLACE kategorie WITH "deutsch"
                    ENDIF
            ENDIF
                SKIP
                JaNein = "N"
        ENDDO
        USE
```

Kommentar

Es ist wichtig bei diesem Befehl zu verstehen, daß der gesamte Inhalt eines Feldes ersetzt wird. Es ist nicht möglich, nur einen Teil eines Feldes zu ersetzen.

Andere relevante Befehle/Funktionen

```
DELETE
```

Entsprechung beim *Vieweg DatenbankManager*

Zwei Typen von Ersetzungsoperationen sind im *Vieweg DatenbankManager* vorgesehen. Die erste Operation ersetzt ein Feld in allen Datensätzen mit einem benutzerdefinierten Inhalt. Die andere ersetzt nur dann, wenn ein bestimmter Inhalt in dem betreffenden Feld gefunden wird. Die Ersetzung kann von einer Betätigung durch den Benutzer abhängig gemacht werden.

3.3.33 RESTORE FROM

Format

```
RESTORE FROM (ADDITIVE)
```

Beschreibung

Dieser Befehl liest Daten aus einer Datei mit der Extension .MEM, die in einer früheren Arbeitssitzung angelegt wurde und die Werte für Arbeitsparameter einer Applikation enthält.

Beispiel

```
PUBLIC Var1, Var2, Var3
Var1 = ""
Var2 = 0
Var3 = .F.
RESTORE FROM Vars ADDITIVE
```

Kommentar

Der Zusatz `ADDITIVE` bewirkt, daß eventuell schon vorhandene Variablen einer Applikation nicht gelöscht werden. Wird dies nicht spezifiziert, so löscht *dBASE* alle Variablen, bevor die anderen zurückgeholt werden.

Andere relevante Befehle/Funktionen

```
SAVE TO
```

Entsprechung beim *Vieweg DatenbankManager*

Das Einsetzen von Parameterwerten aus einer früheren in die aktuelle Arbeitssitzung wird im *Vieweg DatenbankManager* über eine Konfigurationsdatei `vdm.ini`, die beim Laden des Programms gelesen wird und die benutzerspezifizierte Werte für viele Arbeitsparameter enthält, realisiert.

3.3.34 RETURN

Format

```
RETURN (TO MASTER)
```

Beschreibung

Eine Subroutine endet, (i) wenn die letzte Zeile abgearbeitet ist, oder (ii) wenn *dBASE* auf die Anweisung `RETURN` trifft. In der Regel bildet `RETURN` den letzten Befehl in einer Subroutine. Er kann aber auch dafür eingesetzt werden, eine frühzeitige Rückkehr zum aufrufenden Programm zu bewirken.

Beispiel

```
USE Adressen
JaNein = "N"
DO WHILE .NOT. EOF()
    IF "Germany" $ land
        DO Ersetzen
    ENDIF
        SKIP
        JaNein = "N"
ENDDO
USE

PROCEDURE Ersetzen
    ACCEPT "Ersetzen? " TO JaNein
        IF UPPER(JaNein) # "J"
            RETURN
```

```
            ELSE
                REPLACE kategorie WITH "deutsch"
            ENDIF
    RETURN
```

Kommentar

Die Befehlsform RETURN TO MASTER verursacht, daß die Programmkontrolle wieder an die erste Routine der gesamten Applikation zurückgegeben wird.

Andere relevante Befehle/Funktionen

```
QUIT, CLOSE
```

Entsprechung beim *Vieweg DatenbankManager*

RETURN ist ein Programmierbefehl und wird auch beim *Vieweg Datenbank-Manager* an verschiedenen Stellen benutzt, auch wenn die Programmiersprache, in der er geschrieben wurde, ein anderer als *dBASE* ist. Es ist für den Anwender nicht sichtbar, wenn der Befehl zum Tragen kommt, wird aber benutzt, um eine Funktion abzuschließen und zu einer früheren Programmebene zurückzukehren.

3.3.35 RUN

Format

```
RUN DOS-gültiger Befehl
```

Beschreibung

Dieser Befehl führt einen Befehl aus, der für das Betriebssystem eine DOS-gültige Form aufweist. Der Befehl wird meistens für Schritte im Zusammenhang mit der Ausführung einer Applikation verwendet werden, die mit der DOS-Schnittstelle arbeiten.

Beispiel

```
USE Adressen
RUN format a:
COPY TO a:\kopie FOR BEKANNT >= 01.01.90
USE
```

Kommentar

Die Befehlsform `RUN COMMAND` bewirkt, daß eine sogenannte DOS-Shell
geladen wird, d.h. Sie wechseln ganz zum Betriebssystem über und können
mit `exit` zum aufrufenden Programm zurückkehren, genau wie im *Vieweg
DatenbankManager*, nachdem man mit <Strg-F1> zu DOS gewechselt hat.

Andere relevante Befehle/Funktionen
`DIR, ERASE, COPY FILE TO`

Entsprechung beim *Vieweg DatenbankManager*

Die Schnittstelle zum Betriebsystem ist im *Vieweg DatenbankManager* mit
<Shift-F1> und <Strg-F1> gegeben. Der erste Befehl erlaubt einem, einen
DOS-gültigen Befehl zur Direktausführung einzugeben. Der zweite wechselt
auf die Betriebssystemebene, von der man in das Programm mit `exit`
wieder zurückkehrt.

3.3.36 SAVE TO

Format
`SAVE TO Dateiname (ALL LIKE/EXCEPT Dateischablone)`

Beschreibung

Um in einer späteren Arbeitssitzung wieder die Werte für Arbeitsparameter
zu haben, die jetzt gültig sind, kann man diese Werte in einer Datei
ablegen. Der Befehl `SAVE` führt diesen Schritt aus. Er kann alle Variable
umfassen oder nur diejenigen, die einer bestimmten Schablone entsprechen
bzw. *nicht* entsprechen (mit dem Zusatz `ALL EXCEPT Dateischablone`).

Beispiel
```
PUBLIC Var1, Var2, Var3
Var1 = ""
Var2 = 0
Var3 = .F.
     :
SAVE TO Vars ALL LIKE Var?
```

Kommentar

Die durch `SAVE` erzeugte Datei trägt immer die Extension `.MEM`.

Andere relevante Befehle/Funktionen
```
RESTORE FROM
```

Entsprechung beim *Vieweg DatenbankManager*

Dieser Befehl ist nicht in dieser Form vorhanden. Informationen über die Werte diverser Arbeitsparameter werden in der Datei vdm.ini abgelegt und stellen diese für spätere Arbeitssitzungen neu zur Verfügung.

3.3.37 SEEK

Format
```
SEEK Ausdruck
```

Beschreibung

Mit dem SEEK-Befehl kann man nach einem Inhalt im Schlüsselfeld einer Indexdatei, die mit der aktuellen Datenbank geöffnet wurde, suchen. Findet *dBASE* die unter Ausdruck festgelegte Eingabe, so wird der Datensatzzeiger auf den entsprechenden Datensatz in der Datenbank positioniert. Ist die Suche ergebnislos, wird die Funktion EOF() auf WAHR gesetzt, da dieses Ergebnis impliziert, daß die gesamte Datenbank durchsucht wurde, d.h. daß der Datensatzzeiger bis zum letzten Datensatz bewegt wurde.

Beispiel
```
USE Adressen
INDEX ON nachname + vorname TO Namen
USE
USE Adressen INDEX Namen
Var1 = ""
Var2 = ""
ACCEPT "Geben Sie den Nachnamen ein: " TO Var1
ACCEPT "Geben Sie den Vornamen ein: " TO Var2
SEEK Var1 + Var2
```

Kommentar

Der SEEK-Befehl ist dem FIND-Befehl insofern überlegen, als er einen Ausdruck als Parameter nimmt. Natürlich kann dieser aus einer Zeichenkette (*literal*) bestehen, darf aber auch zusammengesetzt sein, wie im obigen Programmabschnitt zu sehen ist.

Andere relevante Befehle/Funktionen
FIND, LOCATE, CONTINUE

Entsprechung beim *Vieweg DatenbankManager*
Die Suche mittels einer Indexdatei wird im *Vieweg DatenbankManager* über
<Alt-I> eingeleitet, vorausgesetzt, ein Index ist momentan für die aktuelle
Datenbank aktiv.

3.3.38 SELECT

Format
```
SELECT Arbeitsbereich
SELECT Aliasname
```

Beschreibung
Schaltet auf den Arbeitsbereich um, der mit dem Aliasnamen oder der
Nummer für den Arbeitsbereich angegeben ist.

Beispiel
```
USE Biblio INDEX Biblio ALIAS Litera
SELECT B
USE Adressen ALIAS Kartei
SELECT Litera
APPEND
SELECT Kartei
APPEND
SELECT A
```

Kommentar
Der SELECT-Befehl kommt dann zum Tragen, wenn mehrere Datenbanken
offen sind. Um eine Datenbank zu editieren, muß man in den Arbeitsbereich wechseln. Allerdings kann man für Befehle, die eine Feldliste
erlauben, den Bereichsoperator X-> (wo X für die Arbeitsbereichsnummer
steht) einsetzen, um Bezug auf Felder einer Datenbank in einem anderen
Arbeitsbereich zu nehmen.

Andere relevante Befehle/Funktionen
```
USE, DBF()
```

Entsprechung beim *Vieweg DatenbankManager*
Im *Vieweg DatenbankManager* können gleichzeitig zwei Datenbanken bearbeitet werden. Zwischen den beiden schaltet man mit <Alt-1> bzw. <Alt-2> für die erste bzw. die zweite Datenbank. Verschiedene Befehle erlauben das Kopieren von Daten zwischen zwei Datenbanken.

3.3.39 SKIP

Format
```
SKIP Nummer
```

Beschreibung
Bewegt den Datensatzzeiger um eine Stelle nach hinten oder nach vorne in einer Datenbank. Will man sich in Richtung auf den Anfang der Datenbank bewegen, so ist ein negativer Wert für den Parameter Nummer erforderlich.

Beispiel
```
USE Adressen
DO WHILE .NOT. EOF()
     EDIT
     IF READKEY() = 12
          EXIT
     ENDIF
        SKIP
ENDDO

GOTO BOTTOM
DO WHILE .NOT. BOF()
     SKIP -1
     EDIT
     IF READKEY() = 12
          EXIT
     ENDIF
     ENDIF
ENDDO
```

Kommentar
Beachten Sie, daß Sie in den Fällen, wo der Datensatzzeiger nicht automatisch durch einen Befehl weiterbewegt wird, dies durch eine SKIP-

Anweisung erreichen. Vergißt man diesen Schritt, so wird eine Schleife wie
`DO WHILE .NOT. EOF()` zu einer Endlosschleife, die mit Sicherheit nicht der
Absicht des Programmierers entspricht.

Andere relevante Befehle/Funktionen
`GOTO`

Entsprechung beim *Vieweg DatenbankManager*

Manuell kann man sich mittels <Bild↑> und <Bild↓> in einer Datenbank
im *Vieweg DatenbankManager* bewegen. Bei Befehlen, die die Datensätze
einer Datenbank betreffen, wird der Datensatzzeiger intern in der Datenbank neu positioniert.

3.3.40 SORT

Format
```
SORT Umfang ON Feldname, ... WHILE Bedingung FOR Bedingung TO
Dateiname
```

Beschreibung
Mit Sortieren ist die physische Neuordnung der Datensätze in einer
Datenbank gemeint. Dies ist ein von der Indizierung unabhängiger Schritt.
Es gibt zwei unterschiedliche Richtungen für die Sortierung: (i) nach
aufsteigender und (ii) nach absteigender Reihenfolge. Der Ausdruck
aufsteigend (*ascending*) bezieht sich hier auf alphanumerische Daten, die von
A bis Z sortiert werden sollen, wobei Groß- vor Kleinbuchstaben und
Zahlen vor beiden erscheinen (sofern das Sortieren unter Beachtung von
Groß- und Kleinschreibung erfolgen soll). Der Ausdruck *absteigend*
(*descending*) bezeichnet das genaue Gegenteil, also eine Sortierung von Z
bis A. Bezüglich numerischer Daten wird eine aufsteigende Reihenfolge
bewirken, daß die Sortierung bei den kleinsten Zahlen anfängt und bei den
größten aufhört. Eine absteigende Reihenfolge bewirkt wieder das
Gegenteil.

Wenn man die beiden Reihenfolgen und die Groß- und Kleinbuchstaben berücksichtigt, so erreicht man die folgenden fünf Kombinationen, die in *dBASE* als Angabe direkt hinter dem Feldnamen erscheinen.

/A   aufsteigend

/D   absteigend

/C   Keine Berücksichtigung von Groß- und Kleinbuchstaben

/AC aufsteigend, Groß- = Kleinbuchstaben

/DC absteigend, Groß- = Kleinbuchstaben

Beispiel
```
USE Biblio
SORT ON nachname/A, vorname/A TO Auszug FOR hrsg_1 = "Hrsg"
USE
USE Adressen
SORT ON schuh/D TO Schuh FOR land = "England"
USE
```

Kommentar

Die Sortierfolge kann für jedes Feld explizit angegeben werden. Wird keine Angabe hierzu gemacht, so nimmt *dBASE* die Vorgabefolge an, d.h. aufsteigend mit Berücksichtigung von Groß- und Kleinbuchstaben.

Andere relevante Befehle/Funktionen
```
INSERT
```

Entsprechung beim *Vieweg DatenbankManager*

Eine entsprechende Option auf der Desktopebene ist hierfür vorgesehen (*Sortieren, Index*). Sortierung im *Vieweg DatenbankManager* kann auf- oder absteigend sein und kann bis zu vier Felder umfassen.

3.3.41 STORE

Format
```
STORE Ausdruck TO Variableliste
```

Beschreibung

Der STORE-Befehl bietet eine Möglichkeit an, mit einem Schritt mehreren Variablen einen Ausdruck zuzuweisen. Bei dem Gleicheitsoperator ist dies nicht möglich. Ansonsten bietet der Befehl keinen besonderen Vorteil gegenüber anderen Optionen für die Zuweisungen von Werten zu Variablen.

Beispiel

```
STORE "München" TO TmpVar
USE Adressen INDEX Stadt
SEEK TmpVar
EDIT
```

Kommentar

Wird eine Mehrfachzuweisung vorgenommen, so müssen alle Variablen vom gleichen Typ sein, z.B. numerisch wie in

```
STORE 0 to NumVar1, NumVar2, NumVar3
```

Andere relevante Befehle/Funktionen

```
ACCEPT, INPUT
```

Entsprechung beim *Vieweg DatenbankManager*

Die Zuweisung von Daten zu Variablen im *Vieweg DatenbankManager* geschieht an verschiedenen Stellen, ohne daß der Benutzer es bemerkt.

3.3.42 SUM

Format

```
SUM Umfang Ausdruck TO Variable WHILE Bedingung FOR Bedingung
```

Beschreibung

Dieser Befehl berechnet die Summe aller Werte in einem numerischen Feld. Ist keine Bedingung angegeben, so werden alle Datensätze für die Berechnung herangezogen.

Beispiel
```
USE Adressen
SUM schuh TO NumVar
GOTO TOP
      zaehl = 1
DO WHILE .NOT. EOF()
      zaehl = zaehl + 1
      SKIP
ENDDO
? "Durchschnittsschuhgröße ist: " + STR( NumVar / zaehl )
USE
```

Andere relevante Befehle/Funktionen
```
COUNT, AVERAGE, TOTAL
```

Entsprechung beim *Vieweg DatenbankManager*

Im *Vieweg DatenbankManager* ist dieser Befehl nicht vorgesehen, da Berechnungen nicht Ziel des Programms sind.

3.3.43 TEXT

Format
```
TEXT ... ENDTEXT
```

Beschreibung

Die Zeilen, die zwischen dem reservierten Wort TEXT und ENDTEXT stehen, werden von *dBASE* einfach am Bildschirm ausgegeben, ohne als Anweisung interpretiert zu werden. Dies ist für den Bildschirmaufbau sinnvoll, bei dem Angaben gemacht werden, die für den Programmablauf von keiner Relevanz sind.

Beispiel
```
CLEAR
@ 0,0 TO 0,79 DOUBLE
TEXT
                        Hauptmenü

            1.      Datenbank öffnen
            2.      Datenbank sortieren
            3.      Neuen Index kreieren
            4.      Daten auf Text exportieren

      Geben Sie eine Zahl ein oder drücken Sie <Escape> !
```

```
ENDTEXT
@ 13,0 TO 13,79 DOUBLE
```

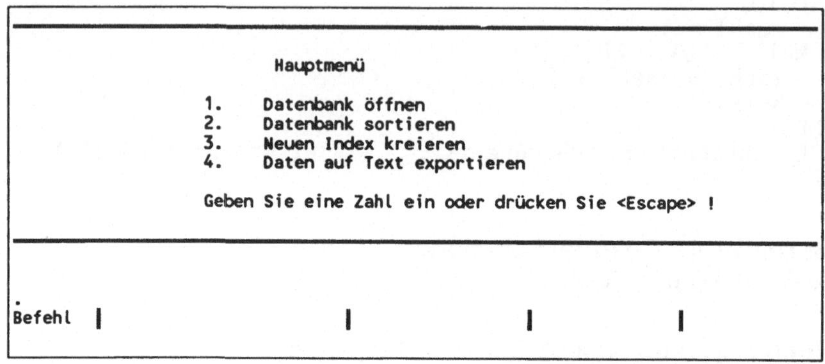

Kommentar

Die Ausgabe von Text fängt immer an der aktuellen Cursorposition an. Um
zu erreichen, daß die Ausgabe oben links am Bildschirm beginnt, geben Sie
vorher CLEAR 0,0 TO 24,79 ein, um den Bildschirm zu räumen.

Andere relevante Befehle/Funktionen

```
@ Row,Col SAY
```

Entsprechung beim *Vieweg DatenbankManager*

Die Anzeige von Text geschieht im *Vieweg DatenbankManager* ständig beim
Bildschirmaufbau. Hierfür werden ähnliche Befehle wie *dBASE* TEXT...
ENDTEXT (allerdings mit genauen Angaben zu Zeile und Spalte der Anzeige)
eingesetzt.

3.3.44 WAIT

Format

```
WAIT Aufforderung TO Variable
```

Beschreibung

Dieser Befehl wird eingesetzt, um vom Benutzer eine Tastatureingabe zu
verlangen. Meistens tritt eine solche Situation dann ein, wenn eine

Operation gerade abgeschlossen ist und der Benutzer eine Taste zum Fortfahren drücken soll.

Beispiel
```
USE Biblio
     zaehl = 1
DO WHILE .NOT. EOF()
     IF jahr <= 1960
          DELETE
          zaehl = zaehl + 1
     ENDIF
          SKIP
ENDDO
? "Datensätze gelöscht: " + STR(zaehl)
WAIT "Drücken Sie eine Taste, um fortzufahren"
```

Kommentar
Die Funktion INKEY() kann eingesetzt werden, um die gedrückte Taste auch noch auszuwerten, indem eine Zuweisung des Rückgabewertes erfolgt.

Andere relevante Befehle/Funktionen
```
INKEY()
```

Entsprechung beim *Vieweg DatenbankManager*
Ein gleich wirksamer Befehl wird im *Vieweg DatenbankManager* aktiviert, wenn die Aufforderung 'Taste drücken!', bspw. am unteren Rand eines Fensters, erscheint.

3.3.45 USE

Format
```
USE Datenbank INDEX Indexliste ALIAS Aliasname
USE ?
```

Beschreibung
Dieser Befehl öffnet eine Datenbank. Damit steht sie zur Bearbeitung bereit. Haben Sie vorher keinen SELECT-Befehl eingegeben, so wird diese Datenbank im ersten Arbeitsbereich geöffnet.

Mit der einfachen Eingabe USE kann man eine vorhandene Datenbank im
aktuellen Arbeitsbereich wieder schließen.

Beispiel
```
USE Biblio INDEX Biblio ALIAS Litera
    :
    :
USE
```

Kommentar
Die Eingabe USE ? bewirkt, daß ein Fenster auf der rechten Bildschirmseite
aufgemacht wird, von dem aus man eine zu bearbeitende Datenbank aus
einer Liste aussuchen kann.

Andere relevante Befehle/Funktionen
```
DBF(), SELECT, CLOSE
```

Entsprechung beim *Vieweg DatenbankManager*
Ein Äquivalent zum USE-Befehl wird jedesmal aktiviert, wenn man die erste
Option auf der Desktopebene im *Vieweg DatenbankManager* anwählt, um
eine Datenbank zu eröffnen.

3.3.46 ZAP

Format
```
ZAP
```

Beschreibung
Dieser Befehl löscht alle Datensätze einer Datenbank. Er entfernt die
Datensätze aus der Datenbank. Damit kann man den Befehl im Zusammenhang mit dem PACK-Befehl sehen, bei dem allerdings vorausgesetzt wird, daß
die Datensätze für das Löschen markiert sind.

Beispiel
```
COPY Biblio TO Schrott
USE Schrott
JaNein = "N"
```

```
ACCEPT "Alle Datensätze löschen?" TO JaNein
     IF UPPER(JaNein) = "J"
          ZAP               && Datensätze entfernen
     ENDIF
USE
RUN REN Schrott.dbf Shell.dbf
```

Kommentar

Da das Ergebnis eines unüberlegten ZAP-Befehls verheerend sein kann, empfiehlt es sich, immer die Bestätigung vom Benutzer, wie im obigen Programmabschnitt, zu verlangen.

Andere relevante Befehle/Funktionen

```
DELETE, DELETED(), RECALL
```

Entsprechung beim *Vieweg DatenbankManager*

Dieser Befehl ist als dritte Option (*Datensätze löschen*) im Untermenü der fünften Option des Hauptmenüs auf der Desktopebene im *Vieweg DatenbankManager* vorhanden. Nach Bestätigung durch den Benutzer werden alle Datensätze aus der ausgewählten Datenbank entfernt.

3.3.47 @ Row, Col SAY

Format

```
@ Row, Col SAY Ausdruck
```

Beschreibung

Für eine professionelle Programmierung ist die Erstellung von Bildschirmmasken sehr wichtig. Die größte Kontrolle erhält man, wenn man diese über den jetzigen Befehl realisiert. Mit ihm kann man Zeilen und Spalten definieren, an denen die Ausgabe erfolgen soll. Ferner kann man einen Ausdruck für die Ausgabe übergeben. Dieser wird vor der Anzeige von *dBASE* ausgewertet.

Beispiel

```
USE Adressen
CLEAR
```

```
@ 0,0 TO 20,79
@ 2,2 TO 18,77 DOUBLE
feld_no = 1

DO WHILE LEN(RTRIM(FIELD(feld_no))) > 0
         @ feld_no+4, 10 SAY RTRIM(FIELD(feld_no))
         feld_no = feld_no + 1
ENDDO
@ 18, 10 SAY "Anzahl der Felder: " + STR(feld_no - 1)
```

```
NACHNAME
VORNAME
STRASSE
STADT
LAND
VORWAHL
TEL_NR
BEKANNT
FREUND
SCHUH
KATEGORIE

Anzahl der Felder:          11
```

```
Befehl   |F:\litera\data\ADRESSEN |Satz 1/30        |Datei          |
```

Andere relevante Befehle/Funktionen

```
TEXT...ENDTEXT, @ Row, Col GET, READ
```

Entsprechung beim *Vieweg DatenbankManager*

Der ganze Bildschirmaufbau im *Vieweg DatenbankManager* wird über einen
ähnlichen Befehl (in *C++*) realisiert, um Text an genau festgelegten Stellen
anzuzeigen.

3.3.48 @ Row, Col GET

Format

```
@ Row, Col GET Feld/Variable PICTURE Schablone
```

Beschreibung

Der SAY-Befehl zeigt Informationen an, und der GET-Befehl holt Informationen vom Benutzer. Die Angaben nach dem Wort GET können sich auf ein Feld beziehen (bei benutzerdefinierten Bildschirmmasken) oder auf eine Variable, je nachdem, was momentan erwünscht ist. Mit dem Parameter PICTURE ist es möglich, den Typ der Daten zu charakterisieren, die vom GET-Befehl akzeptiert werden. Hier sind mehrere Optionen zulässig und dem Leser wird empfohlen, in der *dBASE*-Anleitung nachzuschauen, welche PICTURE-Schablone welchen Effekt hat.

Beispiel

```
USE Adressen
CLEAR
@ 0,0 TO 20,79
@ 2,2 TO 18,77 DOUBLE
feld_no = 1
DO WHILE LEN(RTRIM(FIELD(feld_no))) > 0
        @ feld_no+4, 10 SAY RTRIM(FIELD(feld_no))
        akt_feld = FIELD(feld_no)
        @ feld_no+4, 22 GET &akt_feld
        feld_no = feld_no + 1
ENDDO
@ 18, 10 SAY "Anzahl der Felder: " + STR(feld_no - 1)
READ
```

Kommentar

Die abgewandelte Form des Codeabschnittes für den SAY-Befehl zeigt eine typische Verwendung des GET-Befehls, die nach der Anzeige des Feldnamens auch noch den Inhalt anzeigt. Der Benutzer kann jeden Feldinhalt ändern, da für jedes Feld eine GET-Anweisung vorhanden ist. Erst nach der Schleife wird der READ-Befehl eingebaut, um die Benutzereingaben von *dBASE* übernehmen zu lassen.

Beachten Sie, daß der Name des aktuellen Feldes in der DO WHILE-Schleife ermittelt wird, indem die Funktion FIELD() mit dem aktuellen Wert der numerischen Variable feld_no aufgerufen wird. Bei der GET-Anweisung wird der Inhalt des jeweiligen Feldes per Makrosubstitution (&akt_feld) zugänglich gemacht.

Andere relevante Befehle/Funktionen

```
@ Row, Col GET, READ, INPUT
```

Entsprechung beim *Vieweg DatenbankManager*

In der Regel werden Benutzereingaben im *Vieweg DatenbankManager* über
Tasten angefordert, die bei der Aktivierung bestimmter Befehle erscheinen,
z.B. wenn man eine Suche durch eine Datenbank beginnt oder bei der
Editierung von Datensatzinhalten.

3.3.49 ?, ??

Format
```
? Ausdruck
?? Ausdruck
```

Beschreibung

Die Hauptverwendung für den jetzigen Befehl besteht darin, im interaktiven
Modus eine schnelle Anzeige zu ermöglichen, ohne auf den etwas
komplizierten @ Row,Col SAY-Befehl zugreifen zu müssen. Er erlaubt weder
Bildschirmkoordinaten als Spezifikation für die Ausgabe, noch ist eine
PICTURE-Schablone vorgesehen.

Beispiel
```
. ? 20 * 90 / 4
     450

. ? "Hallo! Es ist jetzt " + TIME()
    Hallo! Es ist jetzt 18:03:34

. ? "Heute ist der " + DTOC(DATE())
    Heute ist der 05.11.92
```

Kommentar

Der anzuzeigende Ausdruck wird von *dBASE* ausgewertet, nachdem der
Befehl über <Return> zur Ausführung abgegeben wurde. Bedenken Sie,
wenn der Ausdruck eine Zeichenkette ergeben soll, müssen alle Teile vom
Typ *character* sein (s. letztes Beispiel oben).

Andere relevante Befehle/Funktionen
```
TEXT...ENDTEXT, @ Row, Col SAY
```

Entsprechung beim *Vieweg DatenbankManager*

Eine genaue Entsprechung zu diesem Befehl ist im *Vieweg Datenbank-Manager* nicht vorhanden, da eine Bildschirmanzeige immer an vordefinierten Stellen erfolgt (analog dem @ Row, Col SAY-Befehl). Auch ist es im fertigen Programm *Vieweg DatenbankManager* nicht vorgesehen, daß der Benutzer die Darstellung am Bildschirm ändert. Dennoch kann man das Prinzip erklären, da es für denjenigen interessant sein dürfte, der mit *dBASE* seinen Programmen ein professionelles Aussehen verleihen möchte.

An der folgenden Bildschirmabbildung erkennt man, daß die Anzeige des Namens, des Typs und der Länge für jedes einzelne Feld in Spalten im linken Teil des Bildschirms erfolgt. Dies geschieht über das Äquivalent zum @ Row, Col SAY-Befehl in *C++*, das eine formatierte Ausgabe von Zeichenketten ermöglicht, ohne Berücksichtigung der momentanen Cursorposition wie beim ?-Befehl von *dBASE*; auch die Farben sind hierbei steuerbar.

```
D:\SRC\TC\VIEWEG\DATA\BIBLIO.DBF     DB: 1  Feld:  1 Sp.:   1 DS.:    12 [     30]
<▓▓▓▓▓▓▓▓▓▓▓▓▓▓▓▓▓▓▓▓▓▓▓▓▓▓▓▓▓>                                   [    |    ]
NACHNAME      C  32 Felix
VORNAME       C  16 S.
ANDERE        C  32
HRSG_1        C   8
JAHR          N   4 1982
UNTERJAHR     C   1
ABGRENZ_1     C   3
TITEL         C 128 Psycholinguistische Aspekte des Zweitspracherwerbs
ABGRENZ_2     C   3 .
AUSGABE       C  32
HRSG_2        C  48
SAMMLUNG      C  96
ORT           C  32 Tübingen
VERLAG        C  32 Narr
ZEITSCHR      C  64
BAND          C  16
SEITEN        C  20
GEBIET        C  32 Linguistik
UNTER_1       C  32 Spracherwerb
UNTER_2       C  32
FILE_NAME     C  32
KOMMENTAR     M  10
St-Bild↑ St-Bild↓ St-G=GeheZu F1=Hilfe Alt-F7=Desk. F10=Browse [Shift-Tab=Menüs]
```

Die mangelnde Flexibilität des ?-Befehls wird bei der Dateneingabe erst recht deutlich. Will man vermeiden, daß der Benutzer eine falsche Eingabe tätigt, so kann man mit dem @ Row, Col SAY...GET-Befehl (eine Erweiterung des `@ Row, Col` SAY-Befehls) erreichen, daß nur bestimmte Eingaben, z.B. Zahlen oder Großbuchstaben oder ein gültiges Datum, von *dBASE* akzeptiert wird. Ähnliche Überprüfungen werden vom *Vieweg DatenbankManager* bei Eingaben des Benutzers, z.B. der Editierung von Datenbankfeldern, durchgeführt.

3.4   Funktionen der dBASE-Sprache

In der *dBASE*-Programmiersprache, wie in anderen sogenannten prozeduralen
Sprachen auch, wird ein strenger Unterschied zwischen Befehlen und Funktionen gemacht. Ein Befehl ist eine Anweisung in Form eines Verbs in
englischer Sprache. Eine Funktion hingegen ist ein Stück Programmcode, das
in sich geschlossen und direkt ausführbar ist. Sie wird aktiviert, indem sie auf
einer Zeile des Programmcodes aufgerufen wird und gibt nach ihrer Ausführung
einen Wert zurück. Dieser Wert umfaßt vier Typen, die man von den Feld- und
Variablentypen in der *dBASE*-Umgebung kennt: (i) Zeichen, (ii) Nummer, (iii)
Datum oder (iv) logischer Wert.

Den Unterschied zwischen Befehl und Funktion kann man am besten anhand
eines konkreten Beispiels erläutern. In *dBASE* gibt es einen Befehl, um einen
Datensatz für das Löschen zu markieren. Gleichzeitig gibt es eine Funktion, die
Informationen darüber liefert, ob ein Datensatz entsprechend markiert ist.
Betrachten Sie den folgenden Codeausschnitt.

```
* Veranschaulichung von DELETE und DELETED()

        USE Biblio
        DELETE FOR jahr < 1980
        GOTO TOP
        DO WHILE .NOT. EOF()
                IF DELETED()
                        ? "Datensatz für das Löschen markiert!"
                ELSE
                        ? "Datensatz nicht markiert!"
                ENDIF
            SKIP
        ENDWHILE
```

Im obigen Beispiel wird jeder Datensatz, der für das Feld JAHR einen Wert von
weniger als 1980 aufweist, durch den *Befehl* DELETE für das Löschen markiert.
Nachdem dies geschehen ist, wird der Datensatzzeiger wieder auf den Anfang
der Datenbank positioniert (GOTO TOP) und eine Schleife initiiert, die über die
Funktion herausfindet, ob der aktuelle Datensatz für das Löschen markiert ist.

Die Funktion DELETED() ist eine getrennte Routine, die lediglich die Aufgabe
hat, darüber zu informieren, ob ein Datensatz zu löschen ist oder nicht. Sie
liefert einen logischen Wert zurück, WAHR oder FALSCH, und kann deswegen wie
eine logische Variable oder ein logisches Feld von einer IF-Anweisung evaluiert
werden.

Aus dem eben angeführten Beispiel ersehen Sie, daß Funktionen einen sehr
allgemeinen Charakter haben. Dadurch gewinnen sie an Flexibilität und können
an beliebiger Stelle in ein Programm eingefügt werden.

Um richtig ausgeführt zu werden, verlangen einige Funktionen Informationen
in Form von übergebenen Parametern. So nimmt die Funktion UPPER() einen
String als Eingabe und setzt diesen in Großschrift um. Der String wird innerhalb
der runden Klammern, die die Funktion als eine Funktion für *dBASE* kenn-
zeichnen, geschrieben. Man beachte, daß dort, wo ein String stehen kann, auch
eine Variable eingegeben werden kann. Ein String wird wie immer durch
Anführungsstriche kenntlich gemacht, während man eine Variable nur durch
ihren Namen angibt.

Strings und Variablen als Funktionsparameter

```
(i)          ? UPPER("diese sind grosse Buchstaben")
             * Ergebnis : "DIESE SIND GROSSE BUCHSTABEN"

(ii)         Test = "diese sind grosse Buchstaben"
             UPPER(Test)
             ? &Test  && Ergebnis : "DIESE SIND GROSSE BUCHSTABEN"
```

3.4.0   Sichtbarkeit von Funktionen im Vieweg DatenbankManager

Die Funktionen in *dBASE* liefern Informationen bzw. geben Werte zurück, die
bei der Programmierung notwendig sind. Im *Vieweg DatenbankManager* sind
analoge Funktionen der C++ Programmiersprache genauso vorhanden, treten
aber nicht als Funktionen in Erscheinung, sondern eher deren Effekte. Z.B. wird
eine Entsprechung zur *dBASE*-Funktion FOUND() bei Suchvorgängen eingesetzt,
bei der ein Datensatz angezeigt wird, wenn die Suche erfolgreich war. Der

Benutzer braucht nicht zu wissen, wie dies realisiert wird. Es reicht, wenn der Effekt (hier: einer Fundstelle beim Suchen) deutlich wird.

3.4.1 BOF

Format

BOF() (*beginning of file*)

Beschreibung

Diese Funktion gibt dann den logischen Wert WAHR zurück, wenn versucht wird, den Datensatzzeiger vor den Anfang der Datenbank zu positionieren. Die Funktion RECNO() liefert in diesem Fall immer noch den numerischen Wert 1.

Beispiel

```
. USE Biblio
. ? BOF()
.F.
. SKIP -1
BIBLIO: Datensatznummer        1
. ? BOF()
.T.
.
Befehl  |F:\litera\data\BIBLIO    |Satz 1/30        |Datei          |
```

Kommentar

Wenn eine Datenbank zuerst aufgemacht wird, steht der Datensatzzeiger am Anfang, und RECNO() gibt 1 zurück. Die Funktion BOF() gibt jedoch FALSCH zurück. Dies liegt daran, daß die Funktion nur dann umschaltet, wenn ein Befehl eingegeben wird, der den Zeiger noch weiter vor den Anfang der Datenbank zu bewegen versucht. Es ist natürlich nicht möglich, dies zu tun. Dennoch ist der Effekt der, daß BOF() WAHR liefert. Dies ist notwendig, um bei der Auswertung einer Kontrollbedingung einen anderen Wert zu erreichen und somit eine Schleife zu beenden, wie im folgenden Codeabschnitt zu sehen ist.

```
USE Biblio
GOTO BOTTOM
DO WHILE .NOT. BOF()
     SKIP -1
ENDDO
? BOF()          && Ergibt .T.
? RECNO()          && Ergibt 1
```

Andere relevante Befehle/Funktionen

```
EOF(), SKIP, GOTO
```

3.4.2   DATE

Format

```
DATE()
```

Beschreibung

Diese Funktion gibt das Systemdatum als Datumsstring zurück. Die tatsächliche Form des Datums hängt von der Einstellung des Parameters SET DATE ab.

Beispiel

```
. SET DATE german
. ? "Heute ist der " + DATE()
Heute ist der 07.11.92
.
Befehl  |F:\litera\data\ADRESSEN |Satz 1/30          |Datei          |
```

Kommentar

Für diese Funktion liest *dBASE* das Datum, wie es von der Computeruhr geliefert wird. Selbstverständlich muß diese richtig eingestellt sein, um das richtige Datum zu ergeben.

Andere relevante Befehle/Funktionen

```
TIME(), CTOD(), DTOC()
```

Entsprechung beim *Vieweg DatenbankManager*

Ein Datumsstring kann in ein Datumsfeld eingefügt werden, wenn man auf der Editierebene <Strg-I> drückt. Es handelt sich dabei immer um das Systemdatum, das von der Uhr des Computers geliefert wird.

3.4.3 DBF

Format

DBF() (*database file*)

Beschreibung

Diese Funktion gibt den Namen der Datenbank, die im aktuellen Arbeitsbereich geöffnet ist, zurück.

Beispiel

```
. ? DBF()
D:BIBLIO.DBF
.
Befehl  |F:\litera\data\BIBLIO   |Satz 1/30        |Datei         |
```

Kommentar

Das Laufwerk, auf dem sich die Datenbank befindet, wird auch mitangegeben.

Andere relevante Befehle/Funktionen

USE, SELECT, CLOSE

Entsprechung beim *Vieweg DatenbankManager*

Der Name wird immer mit vollem Pfad oben links im Bildschirm während der Datenbankeditierung angezeigt. Der Name kann auch im Fenster mit Informationen zur Systemumgebung (über <F9> erreichbar) gesehen werden.

3.4.4   DELETED

Format
```
DELETED()
```

Beschreibung
Diese Funktion liefert für den aktuellen Datensatz den Wert WAHR oder
FALSCH, je nachdem, ob dieser für das Löschen markiert ist. Dieser Wert
kann, wie immer bei einem logischen Wert, als Kontrollbedingung in der
Programmierung eingesetzt werden.

Beispiel

```
USE Adressen
DO WHILE .NOT. EOF()
    IF DELETED()
        EDIT
    ENDIF
ENDDO
```

Kommentar
Beim PACK-Befehl werden diejenigen Datensätze, die bei DELETED() WAHR
zurückgeben werden, aus der Datenbank entfernt.

Andere relevante Befehle/Funktionen
```
SET DELETED, DELETE, PACK, RECALL
```


3.4.5   EOF

Format
```
EOF() (end of file)
```

Beschreibung
Diese Funktion gibt dann den logischen Wert WAHR zurück, wenn versucht
wird, den Datensatzzeiger über das Ende der Datenbank hinaus zu
bewegen. Die Funktion RECNO() liefert in diesem Fall einen numerischen

Wert, der der Gesamtanzahl der Datensätze *plus 1* entspricht, d.h.
RECCOUNT() + 1.

Beispiel

```
. USE Biblio
. GOTO BOTTOM
. ? EOF()
.F.
. ? RECNO()
        30
. SKIP 1
BIBLIO: Datensatznummer     31
. ? BOF()
.T.
.
Befehl  |F:\litera\data\BIBLIO  |Satz 1/30        |Datei        |
```

Kommentar

Bewegt man sich auf das Ende einer Datenbank zu, so zeigt der Datensatzzeiger auf den letzten Datensatz, und RECNO() gibt einen Wert zurück, der
RECCOUNT() entspricht. Die Funktion EOF() gibt jedoch FALSCH zurück. Dies
liegt daran, daß die Funktion nur dann umschaltet, wenn ein Befehl
eingegeben wird, der den Zeiger noch weiter über das Ende der Datenbank
hinaus zu bewegen versucht. Es ist natürlich nicht möglich, dies zu tun.
Dennoch ist der Effekt der, daß EOF() WAHR liefert. Bei der Auswertung
einer Kontrollbedingung kann diese Tatsache nützlich sein, vor allem beim
Einsatz des SKIP-Befehls. Wird dieser eingegeben, wenn das Ende der
Datenbank schon erreicht ist, so liefert EOF() den Wert WAHR und kann
somit sinnvoll beim Programmfluß eingesetzt werden.

```
USE Biblio
DO WHILE .NOT. EOF()
     SKIP
ENDDO
? EOF()          && Ergibt .T.
? RECNO()            && Ergibt RECCOUNT() + 1
```

Andere relevante Befehle/Funktionen
```
BOF(), SKIP, GOTO
```

3.4.6   FIELD

Format
```
FIELD(Nummer)
```

Beschreibung

Diese Funktion gibt den Namen des Feldes als Zeichenkette zurück, dessen Nummer an die Funktion übergeben wird. Wird eine unzulässige Zahl als Parameter für die Funktion eingesetzt, so gibt sie einen Nullstring mit einer Länge 0 zurück. Diese Tatsache kann sinnvoll verwendet werden, um die Namen aller Felder einer Datenbank zu ermitteln. Hierbei können bei entsprechender Programmierung sowohl die Namen als auch die Gesamtanzahl gewonnen werden.

Beispiel
```
USE Adressen
    TmpStr = ""
    zaehl = 1
DO WHILE LEN(FIELD(zaehl)) > 0
    TmpStr = TmpStr + FIELD(zaehl) + ", "
    zaehl = zaehl + 1
ENDDO
    zaehl = zaehl - 1
? TmpStr
? "Felderanzahl: " + STR(zaehl)
```

Kommentar

Im obigen Beispiel werden in der Schleife die Feldnamen aneinandergereiht, so daß die Variable TmpStr am Ende alle Namen als lange Kette aufweist.

Andere relevante Befehle/Funktionen
```
DISPLAY STRUCTURE
```

3.4.7   FILE

Format
```
FILE(Dateiname)
```

Beschreibung

Diese Funktion liefert einen logischen Wert zurück, je nachdem, ob dem übergebenen Namen eine Datei im aktuellen Verzeichnis entspricht. Der Parameter muß entweder ein String in Anführungsstrichen oder der Name einer *character*-Variable sein.

Beispiel

```
. FILE("adressen.dbf")
.T.
. TmpStr = "adressen.dbf"
. ? FILE(TmpStr)
.T.
. FILE("abc.xyz")
.F.
.
Befehl  |F:\litera\data\ADRESSEN |Satz 1/30        |Datei         |
```

Kommentar

Vor Operationen, die eine Dateieingabe und -ausgabe verlangen, empfiehlt es sich, die Funktion FILE() zu benutzen, um festzustellen, ob eine Datei schon existiert, und um somit eine versehentliche Überschreibung zu vermeiden.

Andere relevante Befehle/Funktionen
DIR

3.4.8   FOUND

Format
FOUND()

Beschreibung

Diese Funktion liefert den Wert WAHR zurück, wenn sich bei einer Suche mittels LOCATE, FIND oder SEEK eine Fundstelle, die einem eingegebenen String entspricht, ergibt.

Beispiel

```
. USE Biblio
. LOCATE FOR ort = "Hamburg"
. ? FOUND()
Datensatz =        26
. EDIT
.
Befehl  |F:\litera\data\BIBLIO   |Satz 1/30         |Datei        |
```

Kommentar

Wie immer, kann der von FOUND() zurückgegebene logische Wert bei der
Programmierung verwendet werden.

Andere relevante Befehle/Funktionen
LOCATE, SEEK, FIND

3.4.9   IIF

Format
IIF(Ausdruck, Rückgabewert bei WAHR, Rückgabewert bei FALSE)

Beschreibung
Diese Funktion ist eine komprimierte Form der IF...ENDIF-
Kontrollstruktur, die zudem den Vorteil hat, daß sie einen logischen Wert
zurückgibt, je nachdem, ob die Bedingung, die als erster Teil innerhalb der
Klammer als Ausdruck zu finden ist, WAHR ergibt.

Beispiel

```
.? IIF(FILE("biblio.dbf"), .T., .N.)
.T.
.
Befehl  |F:\litera\data\ADRESSEN |Satz 1/30         |Datei        |
```

Kommentar

Bei der Programmierung kann man über eine Zuweisung den Wert von
IIF() speichern und später verwenden.

```
LogVar = IIF(FILE("biblio.dbf"), .T., .N.)
```

Andere relevante Befehle/Funktionen
```
IF...ENDIF
```

3.4.10 INKEY

Format
```
INKEY()
INKEY(0)
```

Beschreibung
Diese Funktion fängt eine Eingabe von der Tastatur auf und stellt sie als numerischen Wert für die Programmierung zur Verfügung.

Beispiel
```
TmpNum = 0
DO WHILE TmpNum = 0
    ? "Probieren Sie eine Taste aus! "
        TmpNum = INKEY()
    ? "Numerischer Wert der Taste: " + STR(TmpNum)
ENDDO
```

Kommentar
Wird INKEY(0) eingegeben, so wartet *dBASE*, bis eine Taste gedrückt wird. In diesem Falle verhält sich INKEY() wie der Befehl WAIT.

Andere relevante Befehle/Funktionen
```
WAIT, READKEY()
```

3.4.11 INT

Format
```
INT(Nummer) (integer)
```

Beschreibung
Diese Funktion wandelt eine übergebene reelle Zahl in eine Integralzahl um. Dabei werden eventuell vorhandene Dezimalstellen entfernt.

Beispiel

```
. ? INT(45.666)
        45
.
Befehl  |F:\litera\data\ADRESSEN |Satz 1/30        |Datei         |
```

Kommentar

Die umzuwandelnde Zahl wird nicht aufgerundet.

Andere relevante Befehle/Funktionen
```
VAL(), STR()
```


3.4.12 ISALPHA

Format
```
ISALPHA(String)
```

Beschreibung

Diese Funktion überprüft, ob der übergebene String aus alphabetischen
Zeichen besteht, genauer gesagt, ob der Wert des ersten Zeichens zwischen
65 (= 'A') und 90 (= 'Z') oder zwischen 97 (= 'a') und 122 (= 'z') liegt.

Beispiel

```
. ? ISALPHA("Hallo")
.T.
. ? ISALPHA("HALLO 123")
.T.
. ? ISALPHA("123")
.F.
.
Befehl  |F:\litera\data\ADRESSEN |Satz 1/30        |Datei         |
```

Kommentar

Bedenken Sie, daß nur das erste Zeichen von dieser Funktion überprüft
wird.

Andere relevante Befehle/Funktionen
    STR(), VAL()

3.4.13 ISLOWER

Format
    ISLOWER(String)

Beschreibung
Diese Funktion liefert den Wert WAHR dann zurück, wenn das erste Zeichen des übergebenen Strings zwischen 97 (= 'a') und 122 (= 'z') liegt.

Beispiel

```
. ? ISLOWER("hallo")
.T.
. ? ISLOWER("hALLO")
.T.
. ? ISLOWER("Hallo")
.F.
.
Befehl  |F:\litera\data\ADRESSEN |Satz 1/30        |Datei         |
```

Kommentar
Bedenken Sie, daß nur das erste Zeichen von dieser Funktion überprüft wird.

Andere relevante Befehle/Funktionen
    ISUPPER(), UPPER(), LOWER()

3.4.14 ISUPPER

Format
    ISUPPER(String)

Beschreibung
Diese Funktion liefert den Wert WAHR dann zurück, wenn das erste Zeichen des übergebenen Strings zwischen 97 (= 'a') und 122 (= 'z') liegt.

Beispiel

```
. ? ISUPPER("HALLO")
.T.
. ? ISUPPER("Hallo")
.T.
. ? ISUPPER("aALLO")
.F.
.
Befehl   |F:\litera\data\ADRESSEN |Satz 1/30          |Datei          |
```

Kommentar

Bedenken Sie, daß nur das erste Zeichen von dieser Funktion überprüft
wird.

Andere relevante Befehle/Funktionen
ISLOWER(), UPPER(), LOWER()

3.4.15 LEN

Format
LEN(Zeichenausdruck) (*length*)

Beschreibung

Diese Funktion gibt die Länge des übergebenen Zeichenausdrucks als Zahl
zurück. Ein Zeichenausdruck kann aus einem *literal*, einer Variable, einer
Zeichenkette, die von einer Funktion zurückgegeben wird, oder aus einem
Feld vom Typ *character* bestehen.

Beispiel

```
. ? LEN("Hallo")
.          5
. TmpVar = "Mein Programm"
. ? LEN(TmpVar)
.         13
.
Befehl   |F:\litera\data\ADRESSEN |Satz 1/30          |Datei          |
```

Kommentar

Der Test für einen Nullstring kann sehr sinnvoll sein, um bspw. zu überprüfen, ob eine Funktion oder eine Subroutine geglückt ist, da diejenigen, die einen String zurückgeben, diesen als Nullstring mit einer Länge von 0 liefern, falls der Test, den sie ausführen, fehlschlägt.

Andere relevante Befehle/Funktionen
```
STR(), SUBSTR()
```

3.4.16 LOWER

Format
```
LOWER(Zeichenausdruck)
```

Beschreibung

Diese Funktion wandelt den übergebenen Zeichenausdruck in Kleinbuchstaben um. Dies geschieht, indem zu eventuell vorhandenen Großbuchstaben die Zahl 32 addiert wird, z.B. 'A' + 32 = 'a' (s. ASCII-Tabelle im Anhang).

Beispiel
```
. ? LOWER("dBASE")
dbase
.
Befehl  |F:\litera\data\ADRESSEN |Satz 1/30        |Datei         |
```

Andere relevante Befehle/Funktionen
```
ISUPPER(), UPPER(), ISLOWER()
```

3.4.17 LTRIM

Format
```
LTRIM(String) (left trim)
```

Beschreibung

Diese Funktion entfernt eventuell vorhandene Leerzeichen am *linken* Rand eines übergebenen Strings. Sie überprüft den String, indem sie beim ersten Zeichen anfängt und alle Fälle von $32, d.h. Leerzeichen, löscht, bis sie auf das erste Zeichen stößt, das diesen Wert nicht aufweist.

Beispiel

```
USE Adressen

? TRIM(nachname) + ", " + TRIM(vorname) + " (" + TRIM(stadt) + ;
    ") : " + LTRIM(schuh) + " Schuhgröße."

* Ergibt: Balkhausen, Thomas (Bremen) : 44 Schuhgröße.
```

Kommentar

Es kommt häufig vor, daß die Leerzeichen am rechten Rand eines Feldes entfernt werden sollen. Dies hängt jedoch von der Art des Feldes ab. Während bei *character*-Feldern die auffüllenden Leerzeichen rechts im Feld zu finden sind, kommen diese bei numerischen Feldern auf der linken Seite vor, so daß die Funktion LTRIM() gebraucht wird.

Andere relevante Befehle/Funktionen

```
RTRIM(), TRIM()
```

3.4.18 LUPDATE

Format

```
LUPDATE() (last update)
```

Beschreibung

Mittels dieser Funktion kann man erfahren, zu welcher Zeit und an welchem Datum die aktuelle Datenbank zuletzt auf Platte geschrieben wurde. Diese Informationen werden von DOS geliefert. Es handelt sich um den Zeit- und Datumseintrag der Betriebssystemebene.

Beispiel

```
. USE Biblio
. ? LUPDATE()
03.10.92
.
Befehl  |F:\litera\data\BIBLIO   |Satz 1/30        |Datei         |
```

Kommentar

Der DOS-Eintrag für eine (beliebige) Datei wird aktualisiert, wenn die betreffende Datei geschlossen wird. Dies geschieht in *dBASE*, wenn man den Befehl USE ohne Parameter eingibt oder spätestens, wenn man *dBASE* verläßt und nach DOS zurückkehrt.

Andere relevante Befehle/Funktionen

DBF(), DTOC()

3.4.19 NDX

Format

NDX(Nummer) (*index*)

Beschreibung

Diese Funktion gibt den Namen der Indexdatei zurück, die der übergebenen Nummer entspricht. Es ist möglich, verschiedene Indexdateien mit einer Datenbank in Verbindung zu bringen. Welche der Indexdateien aktiv ist, hängt von dem SET ORDER TO-Befehl ab, der eine von diesen anwählt. Wird der Befehl nicht eingegeben, so ist die erste Indexdatei aktiv. Mit NDX() kann man feststellen, welche Indexdatei aus einer eventuellen Gruppe aktiv ist.

Beispiel

```
. USE Biblio INDEX Biblio
Hauptindex. BIBLIO
. ? NDX(1)
D:BIBLIO.NDX
. ? NDX(2)
.
Befehl  |F:\litera\data\BIBLIO   |Satz 1/30        |Datei         |
```

Kommentar

Die Rückgabe bei dem Funktionsaufruf NDX(2) ist ein leerer String. Diese Tatsache kann bei der Programmierung verwendet werden um festzustellen, wieviele Indexdateien mit einer Datenbank in Verbindung stehen und vielleicht mit SET ORDER TO eine neue anzuwählen.

```
USE Biblio INDEX Biblio, Vorname, Jahr
zaehl = 1
DO WHILE LEN(NDX(zaehl)) > 0      && solange es Indexdateien gibt
    zaehl = zaehl + 1
ENDDO
    zaehl = zaehl - 1             && Variable dekrementieren

SET ORDER TO zaehl     && letzte Indexdatei anwählen (jahr.ndx)
```

Andere relevante Befehle/Funktionen

```
INDEX, REINDEX, SET INDEX, SET ORDER TO
```

Entsprechung beim *Vieweg DatenbankManager*

Der Name der aktiven Indexdatei für die aktuelle Datenbank und weitere relevante Informationen hierzu (Schlüsselfeld, belegter Speicher) werden in einem Fenster angezeigt, das über <F6> auf der Editierebene erreicht werden kann.

3.4.20 READKEY

Format

```
READKEY()
```

Beschreibung

Diese Funktion gibt einen numerischen Wert zurück, der dem Tastendruck entspricht, der als letzter bei einem vorangegangenen *full-screen*-Befehl getätigt wurde. Ein *full-screen*-Befehl in *dBASE* wäre z.B. APPEND, CREATE oder EDIT. Eine Liste der READKEY()-Werte wird mit *dBASE* mitgeliefert.

Beispiel

```
USE Adressen
DO WHILE .NOT. EOF()
```

```
        EDIT
        IF READKEY() = 7     && PgDn gedrückt
             SKIP            && Nächster Datensatz
        ELSE
             EXIT            && Abbrechen
        ENDIF
ENDDO
USE
```

Kommentar

Diese Funktion kann eingesetzt werden, um festzustellen, ob der Benutzer eine Operation abgebrochen oder normal beendet hat. Gibt bspw. READKEY() einen Wert von 12 zurück, so belegt dies, daß der Benutzer den letzten *full-screen*-Befehl mit <Escape> abgebrochen hat. Liefert READKEY() hingegen 15 als Rückgabewert, so hat der Benutzer den Befehl mit <Return> beendet, was auf eine normale Beendigung hindeutet.

Andere relevante Befehle/Funktionen

```
WAIT, INKEY()
```

3.4.21 RECCOUNT

Format

```
RECCOUNT() (record count)
```

Beschreibung

Diese Funktion gibt die Anzahl der Datensätze in einer Datenbank zurück.

Beispiel

```
. USE Biblio
. ? RECCOUNT()
      30
.
Befehl  |F:\litera\data\BIBLIO   |Satz 1/30        |Datei          |
```

Kommentar

Der zurückgegebene numerische Wert von RECCOUNT() kann in einer Kontrollstruktur verwendet werden, um eine Operation so lange in einer

Schleife laufen zu lassen, bis die aktuelle Datensatznummer der des
RECCOUNT()-Wertes entspricht.

```
* Zwei mögliche Schleifen zur Erfassung aller Datensätze
GOTO TOP

* Solange EOF() nicht den Wert WAHR zurückgibt
    DO WHILE .NOT. EOF()
        :
    ENDDO

* Solange die aktuelle DS-Nr. nicht gleich der Gesamtanzahl ist
    DO WHILE RECNO() # RECCOUNT()
        :
    ENDDO
```

Andere relevante Befehle/Funktionen
RECNO(), RECSIZE()

Entsprechung beim *Vieweg DatenbankManager*
Die Anzahl der Datensätze für die aktuelle Datenbank wird oben rechts auf
der Editierebene in eckigen Klammern angezeigt.

3.4.22 RECNO

Format
RECNO() (*record number*)

Beschreibung
Diese Funktion gibt den aktuellen Datensatz als Zahl zurück.

Beispiel

```
. USE Adressen
. GOTO 10
. ? RECNO()
10
:
Befehl   |F:\litera\data\ADRESSEN |Satz 1/30        |Datei          |
```

Kommentar

Am häufigsten wird diese Funktion angewendet, wenn man feststellen will,
welche Position der Datensatzzeiger bezüglich des Anfangs oder des Endes
der Datenbank aufweist.

Andere relevante Befehle/Funktionen
```
RECCOUNT(), RECSIZE()
```

Entsprechung beim *Vieweg DatenbankManager*

Die Nummer des aktuellen Datensatzes wird oben rechts auf der Editierebene nach dem Buchstaben `DS.:` angezeigt.

3.4.23 RECSIZE

Format
```
RECSIZE() (record size)
```

Beschreibung

Diese Funktion gibt die Größe des Datensatzes einer Datenbank als Byte-
anzahl zurück.

Beispiel

```
. USE Adressen
. ? RECSIZE()
        182
.
Befehl  |F:\litera\data\ADRESSEN |Satz 1/30        |Datei         |
```

Kommentar

Wenn man `RECSIZE()` mit `RECCOUNT()` multipliziert, bekommt man eine
ungefähre Vorstellung, wie groß eine Datenbank als Datei wäre (hinzu
kommt die Größe des *header*, d.h. des Vorspanns bei der Datenbank).
Dieser Wert kann dann während der Bearbeitung errechnet werden, um
bspw. festzustellen, ob genügend Platz auf einem anderen Speichermedium
(Platte oder Diskette) für einen Kopiervorgang vorhanden ist.

Andere relevante Befehle/Funktionen
```
RECNO(), RECCOUNT()
```

Entsprechung beim *Vieweg DatenbankManager*
Die Größe eines Datensatzes für die aktuelle Datenbank wird im Fenster
mit Informationen zur Systemumgebung (über <F9> erreichbar) auf der
Editierebene angezeigt.

3.4.24 ROUND

Format
```
ROUND(Nummer1, Nummer2)
```

Beschreibung
Diese Funktion rundet die mit Nummer1 angegebene Zahl ab, um die Anzahl
von Dezimalstellen, die mit Nummer2 spezifiziert wird, zu ergeben.

Beispiel
```
. ? ROUND(44,5692, 2)
        44,57
. ? ROUND(44,5632, 2)
        44,56
.
Befehl  |F:\litera\data\ADRESSEN |Satz 1/30        |Datei           |
```

Kommentar
Werte unter 0,5 werden abgerundet, diejenigen darüber aufgerundet.

Andere relevante Befehle/Funktionen
```
AVERAGE, SUM, TOTAL
```


3.4.25 SQRT

Format
```
SQRT(Nummer) (square root)
```

Beschreibung

Diese Funktion liefert die Quadratwurzel einer übergebenen Zahl.

Beispiel

```
. ? SQRT(44)
.        6,63
.
Befehl  |F:\litera\data\ADRESSEN |Satz 1/30        |Datei        |
```

Kommentar

Um eine Zahl zu multiplizieren, verwendet man den mathematischen Operator *, z.B. 6.63 * 6.63 = 43.96 (bei der Umkehrung der Quadratwurzel wird der Originalwert von 44 nicht erreicht, da bei der ursprünglichen Errechnung eine kleine Ungenauigkeit durch Rundung eingetreten war).

Die Potenz einer Zahl kann in *dBASE* mittels des Operators ** oder ^ errechnet werden.

Andere relevante Befehle/Funktionen

AVERAGE, SUM, TOTAL

3.4.26 STR

Format

STR(Nummer, Länge, Dezimalstellen) (*string*)

Beschreibung

Diese Funktion wandelt eine Zahl in eine Zeichenkette um. Die Zahl selbst wird als erster Parameter übergeben, dann die Länge der zu erzeugenden Strings und schließlich die Anzahl der Dezimalstellen, die zu übernehmen sind.

Beispiel

```
. ? STR(1266.458, 4)
1266
. ? STR(1266.458, 7, 2)
1266,46
.
Befehl   |F:\litera\data\ADRESSEN |Satz 1/30          |Datei          |
```

Kommentar

Der Parameter Länge setzt sich aus der Anzahl der Ziffern vor der
Dezimalstelle, der Dezimalstelle und der Anzahl der Ziffern nach dem
Komma zusammen.

Andere relevante Befehle/Funktionen
```
LEN(), SUBSTR()
```

3.4.27 SUBSTR

Format
```
SUBSTR(Zeichenausdruck, Anfang, Zeichenanzahl) (substring)
```

Beschreibung

Diese Funktion gibt eine Teilzeichenkette zurück, die aus einem
übergebenen Zeichenausdruck erzeugt wird, indem die Funktion überprüft,
wo die Teilzeichenkette anfangen soll und wieviele Zeichen aufgenommen
werden sollen. Diese Funktion wird sehr häufig verwendet, um bspw. Teile
von Datenbankfeldern zugänglich zu machen, auf dem Bildschirm
anzuzeigen, auf eine Datei auszugeben, usw. Die Funktion kann ebensogut
in Bedingungen bei Kontrollstrukturen verwendet werden.

Beispiel

```
. USE Adressen
. ? SUBSTR(Nachname, 1, 8)
Balkhaus
. ? SUBSTR(Nachname, 5)
hausen
.
Befehl   |F:\litera\data\ADRESSEN |Satz 1/30          |Datei          |
```

Kommentar

Wird der Parameter Anfang nicht spezifiziert, so nimmt *dBASE* an, daß das erste Zeichen der Teilzeichenkette dem ersten Zeichen des übergebenen Zeichenausdrucks entspricht.

Andere relevante Befehle/Funktionen
LEN(), STR()

3.4.28 TIME

Format
TIME()

Beschreibung

Diese Funktion gibt die aktuelle Zeit als Zeichenkette zurück. Die Zeit wird aus der Computeruhr gelesen und setzt natürlich voraus, daß diese richtig eingestellt ist.

Beispiel

```
. ? "Die Zeit ist " + TIME() + "."
Die Zeit ist 11:23:50.
.
Befehl  |F:\litera\data\ADRESSEN |Satz 1/30          |Datei          |
```

Kommentar

Diese Funktion gibt die Zeit im 24-Stundenformat zurück.

Andere relevante Befehle/Funktionen
DATE(), DTOC(), CTOD()

Entsprechung beim *Vieweg DatenbankManager*

Die Zeit und das Datum werden im Fenster mit Informationen zur Systemumgebung (über <F9> erreichbar) auf der Editierebene angezeigt.

3.4.29 TRIM

Format
```
TRIM()
RTRIM() (right trim)
```

Beschreibung
Diese Funktion entfernt eventuell vorhandene Leerzeichen am rechten Rand eines übergebenen Strings. Sie überprüft den String, indem sie beim letzten Zeichen anfängt und alle Fälle von $32, d.h. Leerzeichen, löscht bis sie auf das erste Zeichen stößt, das diesen Wert nicht aufweist.

Beispiel
```
USE Biblio
? TRIM(nachname) + ", " + TRIM(vorname) + ", " + TRIM(andere) ;
    + " : " + TRIM(titel) + "."
* Ergibt:
* Althaus, H.P., et.al. : Lexikon der germanist. Linguistik.
```

Kommentar
Der Vorgang des *trimming* ist für die Ausgabe von Feldern (auf dem Bildschirm, auf eine Datei usw.) von zentraler Bedeutung. Dies liegt daran, daß die Felder einer Datenbank immer mit Leerzeichen gefüllt sind, um auf ihre vorgegebene Länge zu kommen, ungeachtet dessen, wie lang oder kurz der eigentliche Feldinhalt ist. Weist ein Feld einen Inhalt von 16 Zeichen auf und hat es eine vorgegebene Länge von 24, so wird das Feld in der Datenbank mit 8 Leerzeichen aufgefüllt, um 24 Zeichen zu erreichen. Diese Leerzeichen werden sinnvollerweise bei der Ausgabe des Feldes entfernt.

Andere relevante Befehle/Funktionen
```
LTRIM()
```

3.4.30 UPPER

Format
```
UPPER(Zeichenausdruck)
```

Beschreibung

Dieser Befehl wandelt den übergebenen Zeichenausdruck in Großbuchstaben um. Dies geschieht, indem von eventuell vorhandenen Kleinbuchstaben die Zahl 32 subtrahiert wird, z.B. 'a' - 32 = 'A' (s. ASCII-Tabelle im Anhang).

Beispiel

```
. ? UPPER("dbase")
DBASE
.
Befehl  |F:\litera\data\ADRESSEN |Satz 1/30          |Datei          |
```

Andere relevante Befehle/Funktionen

```
ISLOWER(), LOWER(), ISUPPER()
```

3.4.31 VAL

Format

```
VAL(Zeichenausdruck) (value)
```

Beschreibung

Diese Funktion stellt sozusagen das Gegenteil zur STR()-Funktion dar. Sie wandelt eine Zeichenkette in eine Zahl um und erlaubt somit, daß das Ergebnis für Berechnungen eingesetzt werden kann.

Beispiel

```
. VAL("123") * 123
    15129
.
Befehl  |F:\litera\data\ADRESSEN |Satz 1/30          |Datei          |
```

Kommentar

Verschiedene Umwandlungsfunktionen können miteinander kombiniert werden. Will man bspw. für eine Berechnung die Stundenangabe aus der momentanen Zeit ermitteln, kann man dies mit Hilfe der VAL() und SUBSTR()-Funktionen.

```
Stunden = VAL(SUBSTR(TIME(), 4, 2))
```

Andere relevante Befehle/Funktionen
```
STR(), INT()
```


3.5   SET-Parameter

dBASE bietet eine Reihe sogenannter SET-Parameter. Diese gehören zu den Grundlagen der Datenbankverwaltung und ermöglichen das Setzen bestimmter Hardware- und Systemparameter im voraus (oder deren Änderung während einer Arbeitssitzung). Die Gruppe der SET-Parameter wurde mit jeder neuen *dBASE*-Version erweitert. Die zahlreichen Einstelloptionen, die diese neueste Version (*dBASE IV* 1.5) bietet, beinhalten u.a. folgendes: Lautsprecher verwenden, Bildschirmfarben einstellen, Pfad legen, Festlegen der Funktionsweise der <Escape>-Taste während bestimmter Operationen sowie das Bestimmen der Funktionstastenbelegungen, der Ausgabe von Warnungsmeldungen vor der Ausführung einer Operation wie Kopieren oder Überschreiben. Andere Funktionen, die mit den SET-Parametern steuerbar sind, schalten bspw. den Drucker an, so daß eine Hardcopy erstellt werden kann, oder öffnen während des Filterns einer Datenbank bestimmte Dateien, damit die Ergebnisse in Textformat auf Festplatte abgelegt und anschließend in einem Textverarbeitungsprogramm oder einem Texteditor eingesehen werden können.

Diese verschiedenen Parameterzuweisungen, die mit dem reservierten Wort SET anfangen, bilden die Gruppe, die die Parameter der *dBASE*-Programmierumgebung steuern. Es handelt sich in jedem Fall um Belegungen auf einer globalen Ebene, die das Verhalten vieler *dBASE*-Befehle beeinflußen. Ein SET-Parameter hat einen Vorgabewert, d.h. einer, der angenommen wird, wenn das Gegenteil nicht spezifiziert ist. Die Vorgabe ist keineswegs immer OFF, so daß es sich bei jedem SET-Parameter empfiehlt, festzustellen, welche gilt. Eine SET-Parameterzuweisung kann an einer beliebigen Stelle in einem Programm geändert werden. Dies kann auch mehrmals geschehen. Ist eine Belegung einmal geändert worden, bleibt der geänderte Wert wirksam bis das *ganze* Programm und nicht nur die aktuelle Prozedur oder Funktion zu Ende gebracht wird (dies liegt an der globalen Natur der SET-Parameter).

```
* Ändern eines SET-Parameters
        USE Adressen           && Vorgabe = SET EXACT OFF!
        GOTO TOP
        LOCATE FOR nachname = "Schwarz"
        * zeigt z.B. "Schwarz, Schwarzmüller, Schwarzkopf, usw." an
            IF FOUND()
                   ? nachname
            ENDIF
        CONTINUE
        GOTO TOP


        USE Adressen
        SET EXACT ON  && Jetzt muß es eine genaue Entsprechung geben!
        GOTO TOP
        LOCATE FOR nachname = "Schwarz"
        * zeigt nur den Nachnamen "Schwarz" an
            IF FOUND()
                       ? nachname
            ENDIF
        CONTINUE
        GOTO TOP
        SET EXACT OFF && Zurück zur Vorgabe
```

Will man einen anderen Wert als die Vorgabe nur für eine kurze Zeit setzen, so muß man diese wieder einstellen, wie in der letzten Zeile des zweiten Beispiels oben zu sehen ist. Geschieht dies nicht, so bleibt der Wert ON bis zum Ende der ganzen Anwendung gültig.

3.5.1   SET

Format
```
SET
```

Beschreibung

Dieser Parameter aktiviert einen Ganzseitenmodus, bei dem man interaktiv
die Werte für die meisten der Systemparameter ändern kann. Wählt man
diesen Weg nicht, so hat man immerhin drei weitere Möglichkeiten:

1) Man setzt Systemparameter über die Konfigurationsdatei
   `CONFIG.DB`.

2) Man fügt SET-Anweisungen in eine Programmdatei ein.

3) Man ändert Systemparameter individuell vom *dot prompt* aus.

```
Funktion   Bildschirm   Tasten   Laufwerk   Datei                    18:08:22

    ALTERNATE                       Protokoll  Aus
    AUTOSAVE        Automatische Speicherung   Aus
    BELL                            Signalton  Ein
    CARRY                           Übernehmen Aus
    CATALOG                         Katalog
    CENTURY                         Jahrhundert Aus
    CONFIRM                         Bestätigung Aus
    CURRENCY SIGN                   Währungssymbol RIGHT
    DATE ORDER                      Datumsformat DMY
    DATE SEPARATOR    Datumstrennzeichen       .
    DECIMALS                        Dezimalstellen {2}
    DELETED                         Löschmarken  Aus
    DELIMITERS                      Feldbegrenzer Aus
    DEVELOPMENT                     Erstellungszeit Ein
    DEVICE                          Ausgabeeinheit SCREEN
    ENCRYPTION                      Verschlüsselung Ein
    ESCAPE                          Abbruch      Ein
    EXACT                           Identisch    Aus
    EXCLUSIVE                       Exklusiv     Aus

Befehl  |F:\litera\data\BIBLIO   |Opt 1/42        |Datei          |        Ins
             Anwählen: ↑↓    Ausführen: ←┘    Menü verlassen: ESC
            Festlegen der Parameter für die dBASE IV-Standardeinstellung
```

Andere relevante Befehle/Funktionen
```
DISPLAY STATUS
```

Entsprechung beim *Vieweg DatenbankManager*

Diese Funktion ist nicht vorhanden, da der Benutzer über die Konfiguration ähnlicher Parameter an anderen Stellen entscheidet, die ihm in Form von Aufforderungen in einem Fenster angezeigt werden.

3.5.2 SET ALTERNATE

Format

```
SET ALTERNATE TO Dateiname
SET ALTERNATE ON/OFF
```

Vorgabewert

```
OFF
```

Beschreibung

Mit diesem Parameter wird eine ASCII-Textdatei aufgemacht, die den Inhalt von Datenbankfeldern aufnehmen soll. Die Felder können mit Leerzeichen aufgefüllt oder mit Feldbegrenzern markiert werden. Ansonsten kann zusätzlicher Text je nach Bedarf in der Datei abgespeichert werden.

Beispiel

```
USE Adressen
SET ALTERNATE TO ausgabe.txt
SET ALTERNATE ON
SET SPACE ON
     akt_feld = ""
DO WHILE .NOT. EOF()
     DO WHILE LEN(RTRIM(FIELD(feld_no))) > 0
          akt_feld = FIELD(feld_no)
          ? &akt_feld
     ENDDO
          SKIP
ENDDO
SET ALTERNATE OFF
SET SPACE OFF
USE
```

Kommentar

Mit TO Datei legt man die Datei fest, die die Daten auffängt. Erst mit der Anweisung SET ALTERNATE ON fängt *dBASE* an, Daten in die Datei zu exportieren. Achten Sie darauf, daß Sie die Datei mit SET ALTERNATE OFF wieder schließen.

Andere relevante Befehle/Funktionen
```
COPY TO Datei DELIMITED
```

Entsprechung beim *Vieweg DatenbankManager*
Die erste Option des Untermenüs bei der Desktopmenüoption *Export, Import* bietet Ihnen die Möglichkeit, den Inhalt einer Datenbank auf eine Textdatei zu exportieren.

3.5.3   SET AUTOSAVE TO

Format
```
SET AUTOSAVE/OFF
```

Vorgabewert
```
OFF
```

Beschreibung
In der Regel wird eine Datenbank dann geschlossen, wenn die Applikation aufhört, in der sie bearbeitet wird. Man kann auch zwischendurch die Datenbank im aktuellen Arbeitsbereich durch Eingabe des Befehls USE ohne Parameter schließen. Erst mit der Schließung einer Datenbank werden die Änderungen einer Arbeitssitzung gesichert. Mit Hilfe der vorliegenden Parameterzuweisung ist es jedoch möglich, Änderungen, die zwischendurch gemacht werden, dauerhaft auf Platte zu speichern.

Andere relevante Befehle/Funktionen
```
CLOSE ALTERNATE
```

Entsprechung beim *Vieweg DatenbankManager*
Beim *Vieweg DatenbankManager* werden Änderungen in einer Datenbank dann abgespeichert, wenn der Benutzer durch Drücken von < Alt-F7 > zur Desktopebene zurückkehrt.

3.5.4   SET BELL

Format
```
SET BELL ON/OFF
```

Beschreibung

Dieser Parameter bewirkt, daß der Lautsprecher des Computers einen Ton abgibt, wenn eine der beiden folgenden Bedingungen erfüllt wird:

1)   Die Zeichenkapazität einer Eingabeschablone ist erschöpft.
2)   Ein unerwarteter Datentyp wird vom Benutzer eingegeben, z.B. eine Zahl statt eines logischen Wertes.

Vorgabewert
```
ON
```

Andere relevante Befehle/Funktionen
```
SET TALK
```

Entsprechung beim *Vieweg DatenbankManager*
Nicht vorhanden.

3.5.5   SET CARRY

Format
```
SET CARRY TO Feldliste
SET CARRY ON/OFF
```

Vorgabewert
```
ON
```

Beschreibung

Diese Parameterzuweisung verursacht, daß die Felder des aktuellen Datensatzes (oder ein Teil der Felder) in einen neuen Datensatz übertragen werden, wenn der Befehl APPEND oder INSERT aktiviert wird.

Kommentar

Wird eine Liste von Feldern als Parameter bei dieser Parameterzuweisung
angegeben, so werden nur die Inhalte dieser Felder bei den Befehlen EDIT,
APPEND und INSERT in den neuen Datensatz übertragen, vorausgesetzt, SET
CARRY ist auf ON geschaltet.

Andere relevante Befehle/Funktionen

```
APPEND, INSERT
```

Entsprechung beim *Vieweg DatenbankManager*

Will man den Inhalt des aktuellen Datensatzes in einen neuen kopieren, so
drückt man <Strg-D> statt <Strg-A> auf der Editierebene des *Vieweg
DatenbankManager*. Mit <Alt-D> kann man den Inhalt in eine zweite
Datenbank übertragen, vorausgesetzt, daß eine zweite, offene Datenbank
existiert, die die gleiche Struktur wie die erste aufweist.

3.5.6   SET CATALOG

Format

```
SET CATALOG TO Dateiname
SET CATALOG ON/OFF
```

Vorgabewert

```
OFF
```

Beschreibung

Ist der Systemparameter SET CATALOG auf ON geschaltet und wird ein
gültiger DOS-Name für Dateiname eingegeben, so werden die Namen aller
neuen Datenbankdateien in die *Catalog*-Datei eingetragen.

Kommentar

SET CATALOG TO ? veranlaßt, daß eine Liste der im aktuellen Verzeichnis
befindlichen *Catalog*-Dateien ausgegeben wird.

Entsprechung beim *Vieweg DatenbankManager*
Die erste Option des Untermenüs bei der Desktopmenüoption *Export, Import* bietet Ihnen die Möglichkeit, den Inhalt einer Datenbank auf eine Textdatei zu exportieren.

3.5.7 SET CLOCK

Format
```
SET CLOCK ON/OFF
```

Vorgabewert
```
OFF
```

Beschreibung
Dieser Parameter zeigt eine Echtzeituhr am Bildschirm während der Bearbeitung, in der Regel in der oberen rechten Ecke.

Entsprechung beim *Vieweg DatenbankManager*
Keine.

3.5.8 SET COLOR

Format
```
SET COLOR TO Farbenparameter
SET COLOR ON/OFF
```

Vorgabewert
```
OFF
```

Beschreibung
Über eine etwas komplexe Gruppe von Parametern ermöglicht diese Parameterzuweisung die Realisierung diverser Farben bei der Anzeige von Text und von Datenbankfeldern. Eine einmal eingegebene Farbkombination bleibt aktiv, bis sie aufgehoben oder durch eine andere ersetzt wird.

Kommentar

Bei monochromen Systemen besteht nur die Möglichkeit, eine helle oder
hell unterlegte bzw. eine unterstrichene Darstellung zu realisieren.

Andere relevante Befehle/Funktionen

    ISCOLOR()

Entsprechung beim *Vieweg DatenbankManager*

Nicht vorhanden.

3.5.9   SET CONFIRM

Format

    SET CONFIRM ON/OFF

Vorgabewert

    OFF

Beschreibung

Dieser Parameter bestimmt, ob der Benutzer nach Eingaben in ein Feld
<Return> drücken muß, um sich zum nächsten Feld zu bewegen.

Andere relevante Befehle/Funktionen

    EDIT

Entsprechung beim *Vieweg DatenbankManager*

Im *Vieweg DatenbankManager* können Sie sich frei in der Gruppe der
Datenbankfelder bewegen. <Return> wird erst dann gedrückt, wenn Sie
die Editierung des Datensatzes abgeschlossen haben.

3.5.10 SET CONSOLE

Format

    SET CONSOLE ON/OFF

Vorgabewert
```
ON
```

Beschreibung
Dieser Parameter bestimmt, ob Benutzereingaben auch gleichzeitig am Bildschirm angezeigt werden. Ist der Systemparameter auf `OFF` geschaltet, so geschieht dies nicht. Allerdings bleiben *dBASE*-Meldungen von diesen Belegungen unberührt. Um diese zu unterdrücken, muß man `SET TALK` auf `OFF` schalten.

Kommentar
Falls Sie Informationen auf dem Drucker ausgeben wollen, die aber nicht auf dem Bildschirm erscheinen sollen, so geben Sie `SET CONSOLE OFF` und `SET PRINT ON` ein.

Andere relevante Befehle/Funktionen
```
SET DEVICE TO PRINT
```

Entsprechung beim *Vieweg DatenbankManager*
Um maximal informativ zu sein, wird im *Vieweg DatenbankManager* immer eine Mitteilung über die momentan ausgeführte Operation ausgegeben.

3.5.11 SET DATE

Format
```
SET DATE Datumsformat
```

Vorgabewert
```
American (Deutsch bei der deutschen Version von dBASE)
```

Beschreibung
Dieser Parameter betrifft das Nationalformat, indem Angaben, die vom Typ *date* sind, angezeigt bzw. ausgegeben werden. Die häufigsten Datumsformate sind:

American	Monat/Tag/Jahr	
Britisch	Tag/Monat/Jahr	
Deutsch	Tag.Monat.Jahr	(auch Französisch)
Italienisch	Tag-Monat-Jahr	
ANSI	Jahr.Monat.Tag	

Kommentar

Das ANSI-Format hat den Vorteil, daß es immer eine richtige numerische Sortierung ergibt, ohne daß eine besondere Umwandlung des Formats nötig ist.

Andere relevante Befehle/Funktionen

```
DATE(), CTOC(), DTOC()
```

Entsprechung beim *Vieweg DatenbankManager*

Über die entsprechende Option auf dem Desktop kann man festlegen, welches Datumsformat für die Darstellung von Datumsfeldern eingesetzt wird. Die Auswahl des Nationalformats ist unabhängig vom Nationalformat für Sortieroperationen und von der indexkontrollierten Datensatzanzeige. Letztere wird in der Konfigurationsdatei vdm.ini angegeben. Hier kann man aus einer Liste von acht Werten auswählen, die Sortierfolgen für die Hauptsprachen Europas darstellen. Beachten Sie, daß die ASCII-Sortierfolge mit der englischen Sortierfolge identisch ist.

```
(Auszug aus der Konfigurationsdatei VDM.INI)

Punkt 7: Nationales Format fürs Sortieren

    Schlüssel:
    0 = Ascii
    1 = Deutsch
    2 = Französisch
    3 = Italienisch
    4 = Spanisch
    5 = Schwedisch
    6 = Dänisch
    7 = Norwegisch (gleiche Reihenfolge wie Dänisch)
```

3.5.12 SET DEBUG

Format
```
SET DEBUG ON/OFF
```

Vorgabewert
```
OFF
```

Beschreibung

Dieser Parameter lenkt die Ausgabe von Befehlen während der Abarbeitung einer Programmdatei auf den Drucker um.

Entsprechung beim *Vieweg DatenbankManager*

Keine.

3.5.13 SET DEFAULT

Format
```
SET DEFAULT TO Laufwerk
```

Vorgabewert
```
OFF
```

Beschreibung

Erlaubt es dem Benutzer, ein Laufwerk zu spezifizieren, das *dBASE* bei Schreib- und Leseoperationen benutzen soll.

Kommentar

Dieser SET-Parameter kann durch die Angabe eines vollen Pfades vor einem Dateinamen außer Kraft gesetzt werden.

Andere relevante Befehle/Funktionen
```
SET PATH TO
```

Entsprechung beim *Vieweg DatenbankManager*
Der Pfad für bestimmte Operationen wird im *Vieweg DatenbankManager*
durch das Laufwerk und das Verzeichnis vorgegeben, das zuletzt im Ver-
zeichnislistingfenster aktiv war. Es kann aber vom Desktop aus geändert
werden und wird in der vorletzten Bildschirmzeile angezeigt.

3.5.14 SET DELETED

Format
```
SET DELETED ON/OFF
```

Vorgabewert
```
OFF
```

Beschreibung
Wird dieser Parameter auf ON geschaltet, so unterdrückt *dBASE* die Anzeige
derjenigen Datensätze, die für das Löschen markiert sind. Auch eine Reihe
von Befehlen verhalten sich so, als ob die markierten Datensätze schon aus
der Datenbank entfernt wären.

Kommentar
SET DELETED ist dann sinnvoll, wenn man Datensätze von der Bearbeitung
ausschließen möchte, ohne diese tatsächlich zu löschen (mit dem PACK-
Befehl).

Andere relevante Befehle/Funktionen
```
FIND, SEEK, LOCATE, FOUND()
```

Entsprechung beim *Vieweg DatenbankManager*
Auch für das Löschen markierte Datensätze werden im *Vieweg Datenbank-
Manager* immer angezeigt.

3.5.15 SET DEVICE

Format
```
SET DEVICE TO SCREEN/PRINT/FILE
```

Vorgabewert
```
ON/OFF
```

Beschreibung
Der Befehl @ Row,Col SAY, der bekanntlich die höchste Flexibilität bei der Anzeige von Informationen während eines Programmablaufs bietet, gibt die Daten per Vorgabe auf dem Bildschirm aus. Mit der vorliegenden Parameterzuweisung ist es dennoch möglich, die Ausgabe auf den Drucker bzw. auf eine Datei umzulenken.

Andere relevante Befehle/Funktionen
```
SET CONSOLE
```

Entsprechung beim *Vieweg DatenbankManager*
Die Ausgabe auf Drucker oder Datei im *Vieweg DatenbankManager* gehört verschiedenen Ebenen an. So ist es nur dann möglich, Datensätze auf den Drucker auszugeben, wenn zuvor diese in einen Text umgewandelt wurden. Auf der Texteditierebene kann über <F8> die Druckkontrollebene aktiviert werden, von der aus man drucken kann.

3.5.16 SET ECHO

Format
```
SET ECHO ON/OFF
```

Vorgabewert
```
ON/OFF
```

Beschreibung
Dieser Parameter verursacht, daß bei der Ausführung eines Befehls aus
einer Programmdatei der Text des Befehls auch angezeigt wird.

Andere relevante Befehle/Funktionen
```
SET TALK
```

Entsprechung beim *Vieweg DatenbankManager*
Nicht vorhanden, da die Anzeige von Befehlen nicht vorgesehen ist.

3.5.17 SET ENCRYPTION

Format
```
SET ENCRYPTION ON/OFF
```

Vorgabewert
```
OFF
```

Beschreibung
Die mit Hilfe der Befehle COPY, JOIN oder TOTAL erzeugten Dateien werden
dann verschlüsselt, wenn dieser Parameter auf ON geschaltet ist. Solche
verschlüsselten Dateien können mit *dBASE*, nicht aber mit anderen
Programmen (wie dem *Vieweg DatenbankManager*) bearbeitet werden.

Andere relevante Befehle/Funktionen
```
READKEY()
```

Entsprechung beim *Vieweg DatenbankManager*
<Escape> als Storno bei der Datenverarbeitung im *Vieweg Datenbank-
Manager* ist ständig aktiv und kann aus Sicherheitsgründen nicht
ausgeschaltet werden.

3.5.18 SET ESCAPE

Format
```
SET ESCAPE ON/OFF
```

Vorgabewert
```
ON
```

Beschreibung
Dieser Parameter bestimmt, ob das Drücken der <Escape>-Taste die
Ausführung eines Programms unterbricht. Auch wenn dieser OFF ist, kann
man einen Ganzseitenmodusbefehl mittels <Escape> verlassen.
Die Meldung ∗∗∗Unterbrochen∗∗∗ erscheint nach Unterbrechung der
Programmausführung.

Andere relevante Befehle/Funktionen
```
READKEY()
```

Entsprechung beim *Vieweg DatenbankManager*
<Escape> als Storno bei der Datenverarbeitung im *Vieweg
DatenbankManager* ist ständig aktiv und kann aus Sicherheitsgründen nicht
ausgeschaltet werden.

3.5.19 SET EXACT

Format
```
SET EXACT ON/OFF
```

Vorgabewert
```
ON/OFF
```

Beschreibung
Bei der Vorgabebelegung von OFF bewirkt dieser Systemparameter, daß es
bei einem Vergleich zweier Zeichenketten genügt, wenn der zweite String

im ersten enthalten ist. Schaltet man den Parameter auf ON, so müssen beide Strings identisch sein, d.h. auch gleich lang sein.

Kommentar

Der Wert dieses Systemparameters hat einen entscheidenden Einfluß auf die *dBASE*-Befehle, die bei Suchvorgängen eingesetzt werden, d.h. bei SEEK, FIND und LOCATE.

Andere relevante Befehle/Funktionen
LOCATE, FIND, SEEK

Entsprechung beim *Vieweg DatenbankManager*
Über <Alt-S> kann man auf der Editierebene im *Vieweg Datenbank-Manager* spezifizieren, ob eine genaue Stringsuche erwünscht ist, und ob die Übereinstimmung des Suchstrings mit dem Feldinhalt schon am Anfang des Feldes einsetzen soll.

3.5.20 SET FIELDS

Format
```
SET FIELDS TO Feldliste
SET FIELDS ON/OFF
```

Vorgabewert
```
OFF
```

Beschreibung

Es kann der Fall sein, daß Sie nicht möchten, daß alle Felder einer Datenbank zugänglich sind. Mittels des vorliegenden Befehls ist es möglich, den Zugriff auf eine Auswahl der Felder zu beschränken.

Kommentar

Bedenken Sie, daß Sie die Feldliste mit SET FIELDS ON aktivieren müssen, und daß Sie diese mit SET FIELDS OFF außer Kraft setzen können.

Andere relevante Befehle/Funktionen
```
FIELD()
```

Entsprechung beim *Vieweg DatenbankManager*
Es ist im *Vieweg DatenbankManager* nicht möglich, lediglich eine Auswahl von Feldern als Reichweite für eine Operation festzulegen.

3.5.21 SET FILTER

Format
```
SET FILTER TO Bedingung (FILE Dateiname)
```

Vorgabewert
```
ON/OFF
```

Beschreibung
Um nur diejenigen Datensätze zugänglich zu machen, die einer (eventuell komplexen) Bedingung genügen, kann man einen Filter aufbauen und mittels der vorliegenden Anweisung diesen für die aktuelle Datenbank aktivieren.

Mit der bloßen Form SET FILTER TO (ohne Parameter) kann man einen eventuell aktiven Filter wieder aufheben und den Zugang zu allen Datensätzen erreichen.

Beispiel
```
SET FILTER TO land = "Germany" .AND. schuh <= 40
LIST
    :
    :
```

Kommentar
Es stellt in manchen Situationen eine erhebliche Vereinfachung dar, wenn man einen Filter setzt und dann die knappe Form mehrerer Befehle benutzt. Würde man bspw. im obigen Codeabschnitt mehrere Befehle eingeben wollen, so wäre es nicht nötig, auch einen Bedingungsteil bei jedem dieser Befehle einzugeben, da der Filter dafür sorgt, daß nur eine Auswahl von Datensätzen 'sichtbar' ist.

Andere relevante Befehle/Funktionen
```
FOR..., WHILE...
```

Entsprechung beim *Vieweg DatenbankManager*
Filter spielen beim *Vieweg DatenbankManager* für die Datenbankeditierung
eine zentrale Rolle. Sie werden mittels <Alt-F3> realisiert. Diese
Tastenkombination ist ein Kippschalter, d.h. wenn ein Filter schon aktiv ist,
wird er beim Betätigen von <Alt-F3> wieder ausgeschaltet. Die Form eines
aktiven Filters kann man über <F6> einsehen.

3.5.22 SET FORMAT

Format
```
SET FORMAT TO Datei
```

Vorgabewert
```
ON/OFF
```

Beschreibung
Eine FORMAT-Datei ist eine Programmdatei, die genaue Angaben zur
Anzeige und Eingabe von Daten am Bildschirm enthält. Sie wird von der
Festplatte geladen und dann aktiviert, wenn ein Ganzseitenbefehl wie
APPEND, EDIT oder INSERT eingegeben wird.

Kommentar
Um eine FORMAT-Datei aufzubauen, benutzt man das Befehlspaar @ Row,Col
SAY...GET. In der Regel wird mit SAY der Name des jeweiligen Feldes
angezeigt und mit GET eine Eingabeaufforderung für dieses Feld aktiviert.
Ist eine FORMAT-Datei nicht geladen, so benutzt *dBASE* ein Vorgabeformat
für den Ganzseitenmodus (z.B. beim EDIT-Befehl), bei dem der Name eines
Feldes und danach eine Eingabemöglichkeit auf je einer Zeile stehen.
Zusätzlicher Text wird nicht angezeigt. Da eine FORMAT-Datei Angaben zu
Feldern enthält, ist sie immer auf die Bearbeitung einer bestimmten
Datenbank zugeschnitten.

Andere relevante Befehle/Funktionen
```
FIELD()
```

Entsprechung beim *Vieweg DatenbankManager*
Es ist im *Vieweg DatenbankManager* nicht möglich, lediglich eine Auswahl von Feldern als Reichweite für eine Operation festzulegen.

3.5.23 SET FUNCTION

Format
```
SET FUNCTION Nummer TO String
```

Vorgabewert
```
ON/OFF
```

Beschreibung
Da *dBASE* die Möglichkeit eröffnet, Funktionstasten selbst belegen zu können, verfügt es sinnvollerweise auch über eine Funktion, die diese Belegung anzeigt.
Dieser Befehl erlaubt es einem, einen String mit einer Funktionstaste zu assoziieren. Dieser String kann einen Befehl darstellen, der dann im interaktiven Modus als Befehlseingabe am *prompt* erscheint. Die Eingabe muß mit <Return> abgeschlossen werden bzw. im String muß ein Semikolon enthalten sein, das der <Return>-Taste entspricht.

Kommentar
Es gibt eine Reihe von Vorgabebelegungen, die in *dBASE* gelten, z.B. aktiviert <F1> das Hilfesystem, <F10> schaltet in den Editiermodus um usw.

Andere relevante Befehle/Funktionen
```
READKEY()
```

Entsprechung beim *Vieweg DatenbankManager*
Die Belegungen der Funktionstasten im *Vieweg DatenbankManager* sind fest und können von Anwendern nicht geändert werden.

3.5.24 SET HISTORY

Format
```
SET HISTORY ON/OFF
```

Vorgabewert
```
ON/OFF
```

Beschreibung

Dieser Parameter legt fest, wieviele Befehle in einem internen Puffer gehalten werden. Diese können danach im interaktiven Modus über die Tasten ↑ und ↓ zurückgeholt und eventuell für eine erneute Eingabe editiert werden.

Andere relevante Befehle/Funktionen
```
LIST HISTORY
```

Entsprechung beim *Vieweg DatenbankManager*
Nicht vorhanden.

3.5.25 SET HOUR

Format
```
SET HOUR TO 12/24
```

Vorgabewert
```
OFF
```

Beschreibung

Dieser Parameter bewirkt, daß die Zeit im 12- oder 24-Stundenformat angezeigt wird.

Entsprechung beim *Vieweg DatenbankManager*
Keine.

3.5.26 SET INDEX

Format
```
SET INDEX TO Dateiliste
```

Vorgabewert
```
ON/OFF
```

Beschreibung

Eine Indexdatei kann mit einer Datenbank geöffnet werden, indem man nach dem Namen der Datenbank INDEX Datei eingibt (s. USE-Befehl weiter oben). Sie kann auch mittels SET INDEX geöffnet werden.

Kommentar

Per Vorgabe ist die erste Indexdatei in einer Liste die kontrollierende Datei. Mit Hilfe von SET ORDER TO kann man eine andere Datei aus der Liste für diese Aufgabe bestimmen.

Andere relevante Befehle/Funktionen
```
SET ORDER TO, INDEX, REINDEX
```

Entsprechung beim *Vieweg DatenbankManager*

Es ist im *Vieweg DatenbankManager* nur möglich, einen Index zu haben, der ein einziges Schlüsselfeld aufweist. Ob ein Index während der Datenbankbearbeitung aktiv sein soll, wird mittels <F5> auf der Desktopebene festgelegt.

3.5.27 SET INSTRUCT

Format
```
SET INSTRUCT ON/OFF
```

Vorgabewert
```
OFF
```

Beschreibung

Dieser Parameter schaltet *dBASE*-Meldungen für die Ganzseitenmodus-
befehle EDIT, BROWSE oder APPEND ein oder aus.

Entsprechung beim *Vieweg DatenbankManager*
Keine.

3.5.28 SET MEMOWIDTH

Format
SET MEMOWIDTH TO Nummer

Vorgabewert
OFF

Beschreibung

Dieser Parameter legt die Größe eines Memofeldes fest. Die Vorgabelänge
beträgt 50 Zeichen. Zulässig sind Werte zwischen 8 und 32000.

Entsprechung beim *Vieweg DatenbankManager*
Keine.

3.5.29 SET MESSAGE

Format
SET MESSAGE TO String

Vorgabewert
OFF

Beschreibung

Dieser Parameter erlaubt die Festlegung eines benutzerdefinierten Strings
als Meldung unterhalb der Statuszeile. Gibt der Benutzer (oder der

Programmierer) keinen besonderen String ein, so wird die Standardmeldung von *dBASE* verwendet.

Entsprechung beim *Vieweg DatenbankManager*
Keine.

3.5.30 SET NEAR

Format
```
SET NEAR ON/OFF
```

Vorgabewert
```
ON/OFF
```

Beschreibung
Sollte eine Suche durch eine Indexdatei mittels FIND oder SEEK fehlschlagen, so kann man mit dem vorliegenden Befehl erreichen, daß der Zeiger auf den Datensatz neu positioniert wird, für den sich im Schlüsselfeld der Indexdatei die nächstliegende Entsprechung zum Suchbegriff befindet.

Kommentar
Dieser Parameter hat keinen Einfluß auf den LOCATE-Befehl, da dieser nicht mit einer Indexdatei arbeitet. Die Suche nach ungefähren Entsprechungen zu einem Suchbegriff würde bei einer linearen Suche durch eine Datenbank zuviel Zeit in Anspruch nehmen.

Andere relevante Befehle/Funktionen
```
FIELD()
```

Entsprechung beim *Vieweg DatenbankManager*
Es ist im *Vieweg DatenbankManager* nicht möglich, lediglich eine Auswahl von Feldern als Reichweite für eine Operation festzulegen.

3.5.31 SET ORDER

Format
```
SET ORDER TO Nummer
```

Vorgabewert
```
ON/OFF
```

Beschreibung

Mit Hilfe des `SET INDEX TO`-Befehls oder durch einen zusätzlichen Parameter mit dem `USE`-Befehl (s. weiter oben) kann man eine Reihe von Indexdateien öffnen. Die offenen Dateien werden bei Veränderungen im Inhalt von Datensätzen ständig aktualisiert. Will man jedoch die Indexdatei ändern, die die Kontrolle über Datensatzanzeige und Suchverfahren bei der aktuellen Datenbank hat, so muß man die vorliegende Anweisung einsetzen.

Andere relevante Befehle/Funktionen
```
SET INDEX TO
```

Entsprechung beim *Vieweg DatenbankManager*

Nicht vorhanden, da im *Vieweg DatenbankManager* nur ein Index pro Datenbank erlaubt ist.

3.5.32 SET PATH

Format
```
SET PATH TO Pfadliste
```

Vorgabewert
```
ON/OFF
```

Beschreibung

Dieser Systemparameter ist ähnlich der DOS-Pfadvariable. Er legt fest, in welchen Verzeichnissen *dBASE* suchen darf, wenn eine bestimmte Datei nicht im aktuellen Verzeichnis gefunden werden kann.

Kommentar

Die Verzeichnisangaben müssen wie auf der DOS-Ebene eingegeben werden, d.h. durch einen Backslash (einen nach links gerichteten Schrägstrich) getrennt werden. Einzelne Angaben werden durch Kommata abgesetzt.

Andere relevante Befehle/Funktionen

```
SET DEFAULT TO
```

Entsprechung beim *Vieweg DatenbankManager*

Nicht vorhanden. S. Anmerkungen zum Befehl SET DEFAULT TO.

3.5.33 SET POINT

Format

```
SET POINT TO Zeichen
```

Vorgabewert

```
OFF
```

Beschreibung

Dieser Parameter legt das Zeichen fest, das eine Dezimalstelle bei einer komplexen Zahl bezeichnet, z.B. ',' oder '.'.

Entsprechung beim *Vieweg DatenbankManager*

Keine.

3.5.34 SET PRECISION

Format

```
SET PRECISION TO Nummer
```

Vorgabewert

```
OFF
```

Beschreibung

Dieser Parameter legt die Zahl der Stellen fest, die die Rechengenauigkeit bei Kalkulationen angibt. Vorgabe: 16; Spannweite: 10-20.

Entsprechung beim *Vieweg DatenbankManager*

Keine.

3.5.35 SET PRINT

Format
```
SET PRINT ON/OFF
```

Vorgabewert
```
OFF
```

Beschreibung

Mit dem vorliegenden Befehl kann man bewirken, daß ein Großteil der Informationen, die auf dem Bildschirm erscheinen, auch auf dem Drucker ausgegeben werden. Dies betrifft bspw. *dBASE*-Meldungen: Befehle, die im interaktiven Modus eingegeben werden, und die nicht-koordinierte Ausgabe mittels ? und ?? werden bei `SET PRINT ON` auch gedruckt.

Kommentar

Drucker können in *dBASE* relativ umfassend gesteuert werden. Abgesehen von grundlegenden Funktionen, wie dem An- und Ausschalten des Druckers, kann der Druckkopf absolut positioniert werden (dies setzt allerdings nicht-proportionale Schrittweite mit festen Zeichenabständen voraus) und die Eingabe bestimmter Werte für die Ränder erfolgen.

Wenn die Ausgabe an den Drucker über einen anderen Port als den ersten parallelen Port erfolgt, muß diese durch ein externes Programm oder den entsprechenden DOS-Befehl (`MODE`) umgeleitet werden.

Eine der wesentlichen Weiterentwicklungen von *dBASE IV* gegenüber seinen Vorgängern ist die erweiterte Druckersteuerung, die das Senden von Formatierungsdaten aus *dBASE* an einen bestimmten Drucker ermöglicht.

Andere relevante Befehle/Funktionen
```
SET DEVICE TO
```

Entsprechung beim *Vieweg DatenbankManager*
Der Drucker kann nur von der Texteditierebene aus im *Vieweg DatenbankManager* aktiviert werden. Datensatzinhalte müssen daher zuerst in Text übertragen werden, damit man diesen mittels <F8> auf den Drucker ausgeben kann.

3.5.36 SET RELATION

Format
```
SET RELATION TO Feldname INTO Datenbank
SET RELATION TO RECNO() INTO Datenbank
```

Vorgabewert
```
ON/OFF
```

Beschreibung
Relationalität ist der raison d'être hochentwickelter Datenbanksysteme. Sie stellt eine systemspezifische Eigenschaft dar, die durch manuelle Eingaben in keiner Weise erzielt werden könnte. Stellen Sie sich vor, Sie hätten zwei Karteikästen vor sich und wären in der Lage, gleichzeitig in beiden (oder mehreren) zu suchen, zu sortieren und zu filtern, und das in einer von Ihnen frei definierbaren Weise, so hätten Sie ein plastisches Beispiel von Relationalität auf der Ebene von Karteikarten.
Die Verbindung zweier offener Datenbanken, bei denen sich deren Datensatzzeiger parallel zueinander bewegen, nennt man relationale Verarbeitung. Diese wird über den vorliegenden Befehl realisiert. Die Verbindung basiert entweder auf einem gemeinsamen Indexfeld in beiden Datenbanken oder auf einer Koppelung der Datensatzzeiger, d.h. wenn der Zeiger in einer Datenbank bewegt wird, positioniert sich der Zeiger der anderen Datenbank auf den Datensatz mit der gleichen Nummer um. Somit kann man verwandte, aber getrennte Datenbanken parallel verarbeiten, bspw. eine Kundendatei (als Adressendatenbank) und eine Bestellkartei. In einem

solchen Fall würde die zweite Datenbank andere Informationen enthalten, aber (mindestens) ein gemeinsames Feld, wahrscheinlich eins für eine Angabe wie 'Kundennummer'.

Andere relevante Befehle/Funktionen
```
RECNO(), SET INDEX TO
```

Entsprechung beim *Vieweg DatenbankManager*
Nicht vorhanden.

3.5.37 SET SAFETY

Format
```
SET SAFETY ON/OFF
```

Vorgabewert
```
ON
```

Beschreibung
Dieser Parameter bestimmt, ob Sie von *dBASE* vor dem Überschreiben einer bestehenden Datei gewarnt werden.

Andere relevante Befehle/Funktionen
```
COPY TO, ZAP
```

Entsprechung beim *Vieweg DatenbankManager*
Aus Sicherheitsgründen ist der entsprechende Parameter im *Vieweg DatenbankManager* immer aktiv.

3.5.38 SET SCOREBOARD

Format
```
SET SCOREBOARD ON/OFF
```

Vorgabewert
ON

Beschreibung
Dieser Parameter kontrolliert, ob Meldungen von *dBASE* in der oberen rechten Ecke des Bildschirms ausgegeben werden.

Andere relevante Befehle/Funktionen
SET MESSAGE, SET STATUS

Entsprechung beim *Vieweg DatenbankManager*
Nicht vorhanden.

3.5.39 SET SPACE

Format
SET SPACE ON/OFF

Vorgabewert
OFF

Beschreibung
Dieser Parameter bestimmt, ob bei der Verwendung des ?,??-Befehls automatisch ein Leerzeichen bei der Ausgabe von Feldnamen benutzt wird.

Entsprechung beim *Vieweg DatenbankManager*
Keine.

3.5.40 SET STATUS

Format
SET STATUS ON/OFF

Vorgabewert
ON/OFF

Beschreibung

Dieser Parameter schaltet die Statuszeile am unteren Rand des Bildschirms ein oder aus. Diese Möglichkeit ist notwendig, falls Sie einen eigenen Bildschirmaufbau erreichen möchten. Um dies zu realisieren, müssen Sie am Anfang Ihrer Programmdatei den STATUS und den SCOREBOARD auf OFF schalten. Sie sollten auch SET TALK und SET CONSOLE ausschalten.

Andere relevante Befehle/Funktionen
SET MESSAGE, SET SCOREBOARD

Entsprechung beim *Vieweg DatenbankManager*
Nicht vorhanden.

3.5.41 SET STEP

Format
SET STEP ON/OFF

Vorgabewert
OFF

Beschreibung

Dieser Parameter hält nach jeder Zeile eines Programms an und wartet auf einen Tastendruck des Benutzers.

Entsprechung beim *Vieweg DatenbankManager*
Keine.

3.5.42 SET TALK

Format
SET TALK ON/OFF

Vorgabewert
ON/OFF

Beschreibung

Dieser Parameter legt fest, ob bei vielen *dBASE*-Befehlen Meldungen am Bildschirm über den Ausgang von Operationen, die durch den Befehl eingeleitet wurden, angezeigt werden sollen.

Andere relevante Befehle/Funktionen

```
SET SAFETY, SET MESSAGE
```

Entsprechung beim *Vieweg DatenbankManager*

Bei allen Operationen werden Informationen über den Ablauf und das Ergebnis einer Operation ausgegeben.

3.5.43 SET TRAP

Format

```
SET TRAP ON/OFF
```

Vorgabewert

```
OFF
```

Beschreibung

Dieser Parameter führt dazu, daß bei einem Fehler in einem Programm ein Testmodus eingeschaltet wird.

Entsprechung beim *Vieweg DatenbankManager*

Keine.

3.5.44 SET TYPEAHEAD

Format

```
SET TYPEAHEAD TO Nummer
```

Vorgabewert

20

Beschreibung

Dieser Parameter legt fest, wieviele Zeichen, die auf eine Verarbeitung warten, in den Tastaturpuffer aufgenommen werden sollen. Spannweite; 0 - 32000.

Entsprechung beim *Vieweg DatenbankManager*

Keine.

3.5.45 SET UNIQUE

Format
```
SET UNIQUE ON/OFF
```

Vorgabewert
```
ON/OFF
```

Beschreibung

Das Herausfiltern doppelt vorhandener Datensätze ist ein häufiges Anliegen in der Datenbankverwaltung. Normalerweise gibt es keinen Befehl, der automatisch doppelt vorhandene Datensätze aus einer Datenbank entfernt, obwohl dies eine wünschenswerte Funktion darstellt. Insbesondere gilt dies für kontinuierlich wachsende Datenbanken, bei denen die Gefahr der wiederholten Eingabe bereits vorhandener Daten stets präsent ist.

Mit dem vorliegenden Befehl ist es möglich, in einer Indexdatei doppelt vorhandene Einträge des Schlüsselfeldes zu unterdrücken. Dies bedeutet nicht, daß Datensatzduplikate vermieden werden können, denn der vorliegende Befehl betrifft nur eine Indexdatei und überprüft nicht die Datenbank selbst. Dennoch stellt er eine Möglichkeit dar, das leidige Problem der Datenduplizierung etwas in den Griff zu bekommen.

Andere relevante Befehle/Funktionen
```
SET INDEX TO, INDEX
```

Entsprechung beim *Vieweg DatenbankManager*

Nicht vorhanden. Dennoch kann man mittels *MergeDb* oder *CompDb* Doubletten in einer Datenbank entfernen. Beim ersten Programm geschieht dies automatisch und beim letzten erfolgt das Herausfiltern im interaktiven Modus, in dem der Benutzer spezifiziert, welche Datensätze aus welchen Datenbanken zu löschen bzw. zu übernehmen sind.

Glossar der Fachbegriffe

Vorbemerkung. Nach den unten aufgeführten Begriffen findet sich die englische Entsprechung in den Fällen, in denen diese keine wörtliche Übersetzung des deutschen Terminus darstellt.

Abbrechen (*abort*) Eine Programmausführung gänzlich beenden, eine Operation unwiderruflich abbrechen.

Abfragesprache (*query language*) Der Teil eines Datenbankverwaltungssystems, der aus der Datenbank Informationen ableitet. Sie besteht aus einer Reihe von Suchalgorithmen, d.h. Regeln, die die Namen von Feldern und deren Inhalte als gültige Eingaben annehmen. Die Mächtigkeit einer Abfragesprache hängt von der Vielfalt der Eingabearten ab, d.h. ob bspw. nach einer Zeichenfolge innerhalb eines Feldes gesucht werden kann, welche Arten von Bedingungsausdruck formuliert werden können usw.

Abgegrenzt (*delimited*) Felder einer Datenbank in der Form einer Textdatei müssen einen für das verwaltende System erkennbaren Anfang und ein Ende aufweisen. Die Zeichen, die zu deren Markierung verwendet werden, nennt man Feldbegrenzer. Normalerweise wird für eine Datei mit Feldbegrenzern angenommen, daß es sich um eine von einer Datenbank abgeleitete Textdatei handelt, in der bestimmte alphanumerische Zeichen (z.B. |) zur Markierung des Beginns und des Endes eines Feldes der (Quellen-)Datenbank verwendet wurden.

Achtes Bit Das an äußerster linker Position befindliche Bit in einem Byte. Sofern ein System nur 7-Bit-Daten bearbeiten kann, ist das achte Bit als Null gesetzt oder überhaupt nicht vorhanden. Der PC kann natürlich acht Bit breite Dateneinheiten verarbeiten, so daß mit jedem Byte 256 Zeichen dargestellt werden können (infolgedessen der IBM-Zeichensatz aus 256 Zeichen besteht).

Für Drucker wie für Programme existiert ein Befehl, der das achte Bit anspricht bzw. ignoriert (d.h. den Wert des Bits der äußersten linken Position gleich Null oder Eins setzt).

Aktualisieren (*update*) (i) Allgemein bezeichnet dieser Begriff die Tatsache, daß Software-Hersteller ihre Kunden mit der neuesten Version eines vorher erworbenen Produkts zum reduzierten Preis beliefern, sofern nachgewiesen werden kann, daß es sich um registrierte Kunden handelt. (ii) Der Begriff bezeichnet die in einer Arbeitssitzung bearbeitete Version einer Datei, in der nunmehr alle zuletzt vorgenommenen Änderungen durch den Benutzer gesichert sind. Normalerweise bezieht sich dies auf eine Datei auf Festplatte/Diskette, in der alle während des Editierens erfolgten Änderungen (eventuell automatisch) gesichert werden.

Alphanumerisch (*alphanumeric*) Bezieht sich auf Datentypen, die sowohl aus Buchstaben als auch aus Ziffern bestehen können. Für Ziffern gilt hier allerdings, daß diese nicht als Zahlen im üblichen Sinne - etwa um Berechnungen durchzuführen - behandelt werden, sondern lediglich als ASCII-Zeichen mit bestimmten Werten.

Alphanumerische Taste Bezeichnet alle Tasten, die sich im großen, mittleren Block der Tastatur befinden. Die Bezeichnung 'alphanumerisch' soll hier all jene Tasten umfassen, die der Eingabe von Zeichen des Alphabets, Ziffern oder diakritischen Zeichen wie Satzzeichen, Klammern usw. dienen. Diese Tasten sind von den Funktionstasten, die sich in einer Reihe oberhalb der alphanumerischen Tasten befinden, vom Block der Cursortasten und dem numerischen Tastenblock, der sich auf der rechten Seite befindet, zu unterscheiden.

Alt-Taste Eine der zusätzlichen Tasten der PC-Tastatur. Normalerweise befindet sich diese links unterhalb der alphanumerischen Tasten. Dieser Taste ist keine Funktion zugeordnet, jedoch wird sie zusammen mit anderen Tasten verwendet, um bspw. Befehle in einem Programm aufzurufen, oder um Makros zu starten. Neuere Tastaturen weisen zwei <Alt>-Tasten auf, wobei die zweite zur Darstellung von ASCII-Zeichen verwendet wird, die auf den alphanumerischen Tasten nicht verfügbar sind (z.B. fremdsprachliche Zeichen).

Alternativname (*Alias*) Eine Bezeichnung, die der Benutzer eines Datenbankverwaltungssystems den in verschiedenen Arbeitsbereichen geöffneten Datenbanken zuweisen kann. Für die Alternativnamen existieren in der *dBASE*-Umgebung bestimmte Voreinstellungen, nämlich die Anfangsbuchstaben A bis J. Dies ist nötig, um Datenbanken, die in anderen Arbeitsbereichen als dem aktuellen bearbeitet werden, ansprechen zu können.

Anfügen (*append*) Ein Befehl, der das Anfügen zusätzlicher Datensätze am tatsächlichen Ende einer Datenbank bewirkt. Die angefügten Datensätze sind natürlich zunächst leer. Sofern eine Indexdatei aktiviert wurde, werden die neuen Datensätze (gesteuert von der Indexdatei) am Anfang der Datenbank angezeigt, da deren Schlüsselfeld zunächst einmal leer ist und Leerzeichen ($32) vor allen weiteren Zeichen im ASCII-Zeichensatz vorkommen.

Ansprechen (*log in*, 'einloggen') Ein weitgefaßter Begriff, der normalerweise das Festlegen einer Geräteeinheit als die aktuell zu verwendende bezeichnet, bspw. die Festlegung des Laufwerks C: als das, auf dem sämtliche Schreib-Lese-Operationen erfolgen sollen.

Anwendung(-sprogramm) (*application (software)*) Jede Art von Software, die auf einem Computer als sofort zu startendes Programm direkt verwendet werden kann. Dies sind bspw. Textverarbeitungsprogramme oder Datenbankverwaltungsprogramme wie der *Vieweg DatenbankManager*. Sie stellen das Gegenteil zu Entwicklungsumgebungen, wie z.B. Programmiersprachen, dar.

Arbeitsbereich (*work area*) Ein Bereich des Arbeitsspeichers, in dem eine Datei geladen ist, die der Benutzer editieren möchte. In einigen Programmen stehen, abhängig von der Möglichkeit, mehrere Dateien gleichzeitig geöffnet zu haben, verschiedene Arbeitsbereiche zur Verfügung. Siehe hierzu auch **Select**.

Arbeitsspeicher (*system memory*) Der vom CPU direkt adressierbare Speicher im Computer. Die häufigsten Werte für PCs sind 512K oder 640K (alle darunterliegenden Werte sind überholt). Unter der DOS-Version 5.0 beträgt der maximal verfügbare Umfang an Hauptspeicher, der direkt genutzt werden kann, immer noch 640K.

Arbeitsstation (*workstation*) Dieser Ausdruck bezeichnet einen Computer, der in seiner Leistungsfähigkeit deutlich über der des PCs liegt, jedoch in physischer Größe und den Verarbeitungsmöglichkeiten unter der eines Großrechners (engl. *mainframe*) liegt.

ASCII-Textdatei Eine Datei ohne Formatierungsinformationen, die infolgedessen von jedem Texteditor gelesen werden kann. Die Mehrzahl der Textverarbeitungsprogramme verfügt über einen Modus, der ASCII-Textdateien lesen und schreiben kann, also sämtliche Formatierungsdaten wie Seiten-Layout, Bildschirmattribute usw., die normalerweise in die zu druckenden Textdateien eingefügt werden, ignoriert.

Asynchrone Kommunikation Eine von vielen Möglichkeiten der Datenübertragung. Das Merkmal asynchroner Steuerung besteht darin, daß die Zeitspanne, die zwischen der Übertragung zweier Zeichen in einer Leitung verstreicht, nicht entscheidend ist.

Aufgabenbezogene Software (*dedicated software*) Jede Art von Software, die der Ausführung einer bestimmten Aufgabe gewidmet ist. Bezeichnet man also bspw. ein Textverarbeitungsprogramm als aufgabenbezogene Software, so meint man damit in der Regel ein Programm, das nur der Erstellung/ Bearbeitung/Speicherung usw. von Texten dienen soll, für sich selbst steht und kein Bestandteil einer weiteren Umgebung ist.

Ausgabeformular (*report form*) Unter einem Ausgabeformular versteht man eine Ausgabeschablone für Daten, die einer Datenbank entstammen. Es sorgt für die Ausgabe von Daten in einer bestimmten Form an Bildschirm, Textdatei oder Drucker bzw. einer Kombination aus diesen. Gute Datenbankverwaltungsprogramme verfügen über eine Option zur Erstellung von Ausgabeformularen, die über die Form des Ausdrucks von Daten oder deren Export in eine Textverarbeitung entscheiden. Die Bildschirmausgabe dient zumeist nur der Überprüfung dessen, was zum Drucker geschickt oder in einer Textdatei abgelegt werden soll.

Autoexec.bat Die Bezeichnung für eine bestimmte Stapelverarbeitungsdatei, die beim Hochladen des Systems nach der Beendigung des Selbsttests und dem

Laden von DOS abgearbeitet wird. Sie enthält Befehle, mit denen Programme aufgerufen werden, die vor Beginn der eigentlichen Arbeitssitzung geladen werden sollen, wie z.B. ein Tastaturtreiber für den deutschen Zeichensatz, der die Darstellung der Umlaute ermöglicht. In der autoexec.bat kann auch der Suchpfad für die Festplatte(n) mittels der DOS-Pfadvariable gesetzt werden.

Baumstruktur (*tree structure*)   Beschreibt die Art, in der man sich die Verzeichnisstruktur einer Festplatte/Diskette bildhaft vorstellen kann. Zunächst findet sich stets ein Stammverzeichnis (das im Falle des Laufwerks C: die versteckten bzw. Systemdateien enthält), das sich dann fortlaufend in Unterverzeichnisse verzweigt, die - ähnlich der Äste und Zweige eines Baumes - immer feiner werdende Strukturen aufweisen.

Befehle im Ganzseitenmodus (*full-screen commands*)   Befehle, die den gesamten Bildschirm miteinbeziehen, im Gegensatz zu solchen, die nur aus einer Eingabe auf der Befehlszeile bestehen, und nach deren Ausführung den Benutzer auch wieder dorthin gelangen lassen. Beispiele hierfür sind EDIT und CREATE in *dBASE*.

Befehlsstruktur (*command structure*)   Beschreibt die Art, in der Daten von der Tastatur eingegeben und vom Programm ausgeführt werden. Die Befehlsstrukturen beinhalten sowohl menügesteuerte Befehle, als auch solche, die durch das Betätigen von Funktionstasten ausgelöst werden. Im *Vieweg Datenbank-Manager* sind beide Befehlstypen vertreten.

Befehlszeilenparameter (*switch*)   Eine zusätzliche, näher bestimmende Eingabe eines DOS-Befehls (oder Programms), die dessen Wirkungsweise genauer spezifiziert. Bspw. kann dem Befehl format (*formatieren*) der Zusatz /s angefügt werden, wodurch festgelegt wird, daß auf eine neu formatierte Diskette auch alle Systemdateien übertragen werden.

Benutzerdefiniert (*user-defined, customized*)   Jede Version eines Programms/ einer Datei, das/die vom Benutzer erstellt, verändert oder in irgendeiner Weise konfiguriert wurde. Somit spricht man also von einer benutzerdefinierten Version eines Programms, wenn dieses vom Anwender seinen eigenen Wünschen und Anforderungen angepaßt wurde. Ein benutzerdefiniertes Bildschirmlayout bspw. liegt dann vor, wenn es vom Anwender in einer Weise erstellt wurde, die nicht ab Werk so vorlag. Hochentwickelte Anwendersoftware, wie *dBASE*, hält eine Vielzahl von Möglichkeiten bereit, mit deren Hilfe der Benutzer ein Programm seinen Wünschen entsprechend modifizieren kann.

Benutzerspezifiziert (*user-determined*) Gegenteil von systembedingt. Bezeichnet jeden Bestandteil eines Programms, der vom Benutzer selbst bestimmt/ eingerichtet werden kann. Dies geschieht häufig während der Setup-Prozedur beim Starten eines Programms. *dBASE* etwa verfügt über eine Datei namens config.db, die benutzerdefinierte Informationen enthält und modifiziert werden kann.

Benutzerfreundlich (*user-friendly*) Bezieht sich auf den Grad der Verständlichkeit, mit dem sich ein Gerät oder eine Software von einem (nicht eingeweihten) Benutzer bedienen läßt.

Benutzeroberfläche (*desktop*) Eine bildhafte Umschreibung der Benutzerschnittstelle, von der aus Dateien geladen oder verschiedene andere Programmoperationen durchgeführt werden. Dateien können in der Regel von der Benutzeroberfläche aus nicht editiert werden. Im *Vieweg DatenbankManager* wird mit diesem Ausdruck jene Programmebene bezeichnet, an der Sie sich nach Laden des Programms zuerst befinden.

Benutzerumgebung (*shell*) Ein bildhafter Ausdruck für eine Umgebung oder ein Programm, das seinerseits wieder mehrere Programmtypen beinhaltet, die von der obersten Ebene der Umgebung aufgerufen werden können, oder von der weitere andere Programme gestartet werden können. Der Vorteil einer Benutzeroberfläche liegt in der Tatsache, daß die dort verfügbaren Optionen in komfortabler, benutzerfreundlicher Weise bereitstehen und den eigenen Wünschen entsprechend angepaßt werden können.

Benutzerschnittstelle (*user interface*) Dieser Ausdruck bezeichnet die Weise, in der sich ein Programm dem Benutzer auf dem Bildschirm darstellt, die Befehle, die es zur Verfügung stellt, und allgemein gesprochen die Ebene, auf der der Benutzer mit dem Programm kommunizieren kann.

Berechnet (*calculated*) Bezieht sich auf eine bestimmte, in einem Feld enthaltene Ziffer, die das Ergebnis einer arithmetischen Operation ist, die aus den numerischen Einträgen eines anderen Feldes/anderer Felder gewonnen wurde.

Betriebssystem (*operating system*) Eine Reihe von Programmdateien, die beim Starten vom Computer geladen werden und jenen Teil der Software darstellen, der die Informationen enthält, die der Computer benötigt, um überhaupt funktionieren und Operationen durchführen zu können. Hierzu gehört das Laden anderer Programme, das Lesen und Schreiben von Dateien, die Eingabe von Befehlen über die Tastatur usw. Beachten Sie in diesem Zusammenhang, daß das Betriebssystem selbst bereits einen Teil der verfügbaren Arbeitsspeicherkapazität beansprucht, so daß Ihnen bei einem System mit 640K etwas unter 600K für ausführbare Programme bleiben.

Binär Das Adjektiv, das auf die Verwendung des dualen Zahlensystems, dessen Basiseinheit die Zahl zwei (von 0 bis 1) ist, hinweist. Dies steht im Gegensatz zum dezimalen Zahlensystem mit der Basiseinheit 10 (von 1 bis 10) und zum hexadezimalen System mit der Basiseinheit 16 (von 0 bis 9 und A bis F)). Im binären Zahlensystem existieren nur zwei mögliche Werte, 0 und 1, s. nächsten Eintrag.

Bit Eine Datengröße, die einen von zwei möglichen Werten annehmen kann, 0 oder 1, die von der jeweiligen Spannung (+ oder -) oder einer Schwellenspannung (z.B. über oder unter 5 Volt) abhängt. Bei Überschreiten letztgenannter wird einem Bit der Wert 1 zugewiesen. Bleibt der Spannungsabstand unter einem eingestellten Wert, erhält ein Bit den Wert 0. Bit stellt auch die Abkürzung für *binary digit* dar.

Blatteinzug (*paper feed*) Einer von mehreren mechanischen Bestandteilen eines Druckers, die der Papierzuführung dienen. Bekannt sind vor allem die Traktorführung für Endlospapier und der Einzelblatteinzug, der Blätter eines bestimmten, standardisierten Formats einzeln nacheinander zur Druckwalze hin einzieht.

Blattvorschub (*eject*)   Ein Programmbefehl in *dBASE*, der den Drucker anweist, das aktuelle Blatt auszuwerfen und den Druckkopf am oberen Rand des folgenden Blatts zu positionieren.

Blattvorschub (*form feed*)   Ein Druckerbefehl (ASCII-Code $12), wodurch die im Drucker befindliche Seite zum oberen Rand der nächsten Seite, unabhängig von der gegenwärtigen Druckkopfposition, weitertransportiert wird.

Breitdruck (*enlarged mode*)   Er bezeichnet das Drucken der Zeichen mit doppelter Schrittweite.

Browse (zeilenweise Anzeige von Datensätzen)   Ein Befehl eines Datenbankverwaltungsprogramms. Dabei können mehrere Datensätze gleichzeitig auf dem Bildschirm eingesehen werden (für gewöhnlich so viele, wie außer den Systemmeldungen auf dem Bildschirm Platz finden). Ein Datensatz nimmt hierbei gerade eine Bildschirmzeile in Anspruch. In diesem Anzeigemodus können Datensätze auch bearbeitet werden.

Btree   Eine Abkürzung für "balanced tree". Der Begriff bezieht sich auf eine Suchtechnik in Datenbankverwaltungsprogrammen (bzw. auf jede Art strukturierter Daten, wie z.B. Zahlentabellen). Hierbei startet die Suchroutine vom angenommenen Mittelpunkt einer Datenbank, wobei deren Rest in (annäherungsweise) gleichmäßige Verzweigungen - normalerweise in alphabetischer Reihenfolge - unterteilt wird, um den zu durchsuchenden Bereich fortgesetzt einzugrenzen, bis die gesuchte Information gefunden wurde. Stellt den Gegensatz zu "linearem Suchen" dar.

Buffers and Files   Eine der beim Startvorgang von DOS ausgeführten Anweisungen, die in der Datei `config.sys` abgelegt sind. Hierbei wird festgelegt, wieviele Speicherbereiche für Zwischenspeicher und Dateiverwaltung, auf die von DOS zu einem bestimmten Zeitpunkt zugegriffen werden kann, reserviert werden sollen. Viele Programme erfordern die Reservierung einer Mindestanzahl von Speicherblöcken für Zwischenspeicher und Dateiverwaltung, um mit maximaler Effizienz arbeiten zu können.

Byte Eine Serie von acht nach geordneter Reihenfolge miteinander verbundener Bits, die eine bestimmte Zahl repräsentieren. Das an äußerster linker Position stehende Bit stellt in numerischem Sinn das wichtigste Bit, das an äußerster rechter Position stehende entsprechend das am wenigsten wichtige Bit dar. Der gesamte Aufbau des PCs basiert auf dieser Datenstruktur. Fast alle Operationen des PCs beinhalten Serien von Bytes, wobei gelegentlich auch auf einzelne Bits zugegriffen werden kann.

C Eine Programmiersprache, die am Anfang der Siebziger-Jahre von D.Ritchie entwickelt wurde und ursprünglich für das Betriebssystem Unix (das auch teilweise in C geschrieben wurde) konzipiert war. C wurde umfassend für die Entwicklung von PC-Software herangezogen, da es ausgesprochen kompakte und wirkungsvolle Programme erzeugt und die Einbeziehung der Hardware, für die das jeweilige Programm entwickelt wird, erlaubt.

C++ Eine weitere Entwicklung der C-Sprache. Die neue Version ist eine sogenannte objektorientierte Programmiersprache, die größere Flexibilität in dem modularen Aufbau von Programmen bietet und besseren Austausch und effizientere Kommunikation zwischen den einzelnen Modulen eines Programms gestattet.

Chronologisch Bezeichnet zeitabhängige Systemoperationen. Typische Beispiele hierfür sind die Systemanzeigen von Datum und Uhrzeit. In der *dBASE*-Umgebung - wie auch bei anderen hochentwickelten Datenbankverwaltungssystemen - können Felder (sog. Datumsfelder) chronologische Einträge aufweisen, so daß Bearbeitungsroutinen (z.B. Datensatzfilter) auf der Basis von Datumsfeldern durchgeführt werden können.

Code In einer (ASCII-)Textdatei enthaltene Anweisungen (Befehle, Variablennamen, Konstanten usw.), die eine Programmiersprache so umsetzen kann, daß daraus ein lauffähiges Programm entsteht. Die Anweisungen müssen mit den Syntaxregeln der Programmiersprache übereinstimmen, für die sie geschrieben wurden. Ist dies nicht der Fall, wird kein Programm generiert. Stattdessen erhält man Fehlermeldungen während der Umsetzung des Codes.

Computeraufbau, Architektur (*architecture*) Bezieht sich auf den Gesamt-aufbau eines Computers, schließt Hard- und Software ein und umfaßt auch das Betriebssystem. Der Begriff der Architektur schließt allerdings nicht die Anwenderprogramme ein, die für einen bestimmten Computer geschrieben werden. Der Aufbau des PCs besticht durch die Offenheit des Systems, d.h. dem Vorhandensein von Erweiterungssteckplätzen, die je nach Wunsch dem Anschluß von Peripheriekarten und dadurch auch von Peripheriegeräten dienen.

Config.sys Eine Abkürzung des Begriffs *configuration of system* (= System-konfiguration, s. unten). Hiermit wird die Datei bezeichnet, die während des Startvorgangs von DOS gelesen wird und dafür sorgt, daß die dort spezifizierten Geräteeinheiten, wie etwa ein RAM-Disk, der ANSI-Treiber usw. installiert werden.

Control-Z Ein vordefiniertes Spezialzeichen der Betriebssystemebene, das das Ende einer ASCII-Datei signalisiert. Dieses Zeichen befindet sich am Ende aller von einem Datenbankverwaltungssystem generierten Textdateien.

Datei(en) benennen Der Vorgang, bei dem einer Datei ein Name zugewiesen wird. Beim ersten Sichern einer Datei während der Ausführung eines Programmes muß diese eine Bezeichnung erhalten. Dies kann auch auf der DOS-Ebene geschehen, wobei die gewählte Bezeichnung aus bis zu acht Buch-staben oder Zahlen mit einer optionalen Extension von weiteren drei Zeichen (Buchstaben oder Zahlen) bestehen kann. Hingegen kann nicht jede Art von Satzzeichen für einen Dateinamen verwendet werden. Oftmals wird den Dateien vom jeweils verwendeten Programm eine spezifische Extension zugewiesen. So weisen z.B. alle *Word*-Dateien die Extensionen `.doc` (für die englische Programmversion) oder `.txt` (für die deutsche Programmvariante) auf. *dBASE*-Dateien besitzen die Extension `.dbf`.

Datei, File Eine von einem Programm produzierte Folge von Bytes, die auf Festplatte/Diskette gesichert sind, und auf die von einem geeigneten Programm, normalerweise zu Zwecken des Editierens, zugegriffen werden kann. Eine Datei hat einen Anfang und ein Ende. Ein entsprechender Eintrag auf der Festplatte/ Diskette gibt Auskunft über das Vorhandensein der Datei. Angaben in der Dateizuordnungstabelle teilen dem System mit, in welcher Weise die Datei physisch über die Festplatte/Diskette verteilt ist. Beachten Sie in diesem Zusammenhang, daß eine Datendatei von einem Programm (Datenbankverwaltung, Textverarbeitung oder Tabellenkalkulation usw.) direkt erstellt wird.

Dateianfang (*beginning of file*) Eine Funktion der Datenbankentwicklungs- und Anwendungssprache, die dann WAHR ergibt, wenn man versucht, den Positionsanzeiger vor den Anfang der aktuellen Datenbank zu setzen.

Dateiende (*end of file*) Eine Funktion, die in Datenbankverwaltungsprogrammen dann den Wert WAHR ergibt, wenn versucht wird, den Positionsanzeiger hinter dem letzten Datensatz der aktuellen Datenbank zu positionieren. Unterscheiden Sie bitte unbedingt zwischen Dateianfang und Dateiende: Durch den letzten Befehl wird der Positionsanzeiger an eine Stelle nach dem letzten Datensatz bewegt, wo natürlich keine Daten mehr angezeigt werden können. Nur dann wird der Wert WAHR vom Datenbanksystem zurückgegeben.

Dateischutz Ein Vorgang, mit dessen Ausführung der Zugriff auf Dateien von der Erfüllung einer bestimmten Bedingung abhängig ist. Es kann bspw. die Eingabe eines Passworts verlangt werden, oder festgelegt werden, daß auf eine Datei nur in einer bestimmten Weise zugegriffen werden kann, z.B. nur zu Zwecken des Lesens von Daten. Für das Arbeiten im Netzverbund ist das Schützen von Dateien eine notwendige Voraussetzung. Für den lokalen Betrieb kann es als zusätzliche Option auftreten.

Dateitypen Ausgehend von einer weiten Auffassung des Begriffs 'Datei' unterscheidet man folgende Dateiarten: (i) `.exe`- oder `.com`-Dateien, die ladbare Programme darstellen, (ii) Überlagerungsdateien (*overlays*), die Bestandteile des Programms darstellen und nur dann in den Systemspeicher geladen werden, wenn es unbedingt erforderlich ist (aus Gründen der Speicherökonomie), (iii) verschiedene andere Dateien, die zum Programm gehören (wie z.B. Initialisierungsdateien) und (iv) Dateien, die von einem Programm erzeugt werden (Datendateien). Letztere können weitere Unterteilungen erfahren, wie dies etwa für *dBASE* der Fall ist, wo mehrere Dateiarten unterschieden werden, wie z.B. `.dbf`-Dateien (die tatsächliche Datenbank), `.ndx`-Dateien (Indizes), `.fmt` (Formatdateien), `.txt`- Dateien (Text mit Feldbegrenzungen) usw.

Datenbank (*database*) Eine geordnete, tabellenartige Folge von Daten, die in Datensätze und Felder unterteilt sind. Diese Anordnung wird immer dann gewählt, wenn Operationen, die auf diesen Daten basieren, durchgeführt werden sollen, wie z.B. das Durchsuchen, das Sortieren in einer bestimmten Reihenfolge oder das Setzen von Relationen zwischen ähnlichen Strukturen von Daten. Für den Computer stellt eine Datenbank an sich nichts anderes als eine Datei dar, dessen Daten einem bestimmten Prinzip folgend aufgezeichnet wurden. In einem Textverarbeitungsprogramm werden Informationen in einer Folge von Zeilen unterschiedlicher Länge aufgezeichnet. In einer Datenbank hingegen sind die dort enthaltenen Informationen in Abschnitten mit Begrenzungen aufgezeichnet, die in der Bildschirmdarstellung jeweils einem Feld entsprechen, wobei jeder dieser Abschnitte wiederum einen Datensatz darstellt. Das Aufzeichnen von Daten in Datensätzen hat den Vorteil, daß die dort vorhandenen Einträge in ungleich flexiblerer Weise gehandhabt werden können, als bspw. in einer Textverarbeitung. Das oben geschilderte Prinzip wird auch für Tabellenkalkulationen verwendet, lediglich mit dem einen Unterschied, daß in diesem Programmtypus vorwiegend numerische Daten verarbeitet werden.

Datenbankmanipulationssprache (*database manipulation language*) Eine bestimmte Form von Programmiersprache, dessen vorrangige Aufgabe die Bearbeitung/Veränderung von Datenbanken ist. Diese sind zumeist Metasprachen allgemein gebräuchlicherer Sprachen. Der Vorteil dieser besteht darin, daß alle Elementarbefehle (wie etwa das Öffnen von Datenbanken, Durchsuchen oder Setzen von Relationen) schon vorbereitet sind. Der Programmierer muß nunmehr lediglich die Aufrufe von Standardfunktionen in den Quelltext einbauen. Der Nachteil liegt im Entfallen anderer Möglichkeiten, die eine Programmiersprache ansonsten bietet, obwohl es auch hier Wege gibt, diese Restriktion zu umgehen.

Datenbankverwaltungssystem (*database management system*) Ein Programm (vom Typ eines Anwendungs- oder Entwicklungsprogramms), das zur Erstellung und Verwaltung von Datenbanken vorgesehen ist. Es kann darüber hinaus über eine Reihe von weiteren Eigenschaften verfügen, die für die Ausführung dieser Aufgaben streng genommen nicht unbedingt erforderlich sind, wie z.B. die Bereitstellung einer Programmiersprache oder einer kleinen Textverarbeitung, die aber insgesamt betrachtet dessen Flexibilität hinsichtlich seiner Operationen und seiner Konfiguration im Verbund mit anderen Programmen erhöht. Ein Mindestumfang an Merkmalen ist bei der Mehrzahl dieser Programme zu finden, z.B. (i) die strukturierte Darstellung von Daten aus Datenbanken, (ii) die Möglichkeit des Durchsuchens und Sortierens von Datensätzen sowie für sogenannte relationale Systeme und (iii) das Setzen einer Relation zwischen mindestens zwei Datenbanken, so daß deren Datensatzzeiger in einer bestimmten Relation zueinander bewegt werden.

Dateneingabe (*data input*) Sorgt für die Eingabe in bzw. das Weiterleiten von Daten an den Computer. Man unterscheidet mehrere Arten der Dateneingabe: (i) direkte Eingabe von der Tastatur, (ii) von einer Datei, deren Daten eingelesen werden und (iii) mittels einer Übertragungsleitung (z.B. ein Netzwerk). Für Programmentwickler ist stark kontrollierte, aber dennoch leicht verständliche Dateneingabe durch den Benutzer von besonderer Bedeutung.

Datensatz (*record*) Eine Strukturebene innerhalb einer Datenbank, die mehrere, einmalig vorkommende Felder aufweist. Man kann sich einen Datensatz wie eine einzelne Karteikarte einer Kartei vorstellen, wobei die gesamte Datenbank mit einem Karteikasten vergleichbar wäre.

Datensätze entfernen (*pack*) Ein Befehl der *dBASE*-Umgebung, der alle markierten Datensätze löscht. Im *Vieweg DatenbankManager* nur aufrufbar, wenn die aktuelle Bearbeitung einer Datenbank beendet ist und man sich auf dem Desktop befindet.

Datensätze löschen (*zap*) Hiermit werden in der *dBASE*-Umgebung alle Datensätze einer Datenbank gelöscht, die Struktur der Datenbank jedoch erhalten. Dieser Begriff findet in vielen Programmen Anwendung, wobei dort soviel wie "alles löschen" gemeint ist. Auch im *Vieweg DatenbankManager* steht dieser Befehl zur Verfügung, sollte allerdings mit äußerster Vorsicht angewandt werden, da einmal gelöschte Datensätze unter keinen Umständen mehr hergestellt werden können.

Datensatzzeiger (*record pointer*) Ein Teil eines Datenbankverwaltungsprogramms plaziert einen internen Zeiger an der Stelle des aktuellen Datensatzes und zeigt somit die gegenwärtige Position innerhalb der Datenbank an.

Der hier angezeigte, aktuelle Datensatz wird im Ganzseitenmodus auf dem Bildschirm ausgegeben, im Browsemodus durch den hell leuchtenden Markierungs-
balken hervorgehoben. Wenn zwei oder mehr Datenbanken relational geladen
wurden, bewegen sich deren Datensatzzeiger synchron.

Datenstruktur Beschreibt die Art, in der Daten vom Computer kodiert werden.
Die Datenstruktur betrifft den Benutzer im allgemeinen nicht. Manchmal
werden Sie aber eher zufällig feststellen, daß etwaige Ähnlichkeiten in der Art
der Bildschirmanzeige keineswegs Rückschlüsse auf die Datenstruktur zulassen,
etwa dann, wenn Sie versuchen, eine Datenbankdatei in einer Textverarbeitung
zu lesen.

Datenverschlüsselung (*data encryption*)   Bezieht sich auf eine Form der
Datensicherung, die das Lesen dieser Daten durch ein Programm unmöglich
machen, sofern nicht zusätzliche Angaben zu deren Entschlüsselung (etwa
Eingabe eines Passworts) gemacht werden.

Datum (*date*)   Ein in der *dBASE*-Umgebung gebräuchlicher Feldtyp. Er enthält
ein Datum in einem bestimmten nationalen Datumsformat, also z.B. 12/01/88
oder 01.12.88, und erlaubt die Ausführung bestimmer umgebungsspezifischer
Operationen, wie Suchen, Sortieren usw.

Digital Eine Bezeichnung aus der Datenverarbeitung, mit der eine bestimmte
Einheit auf einer Skala mit mehreren festen Werteangaben (z.B. Volt)
bezeichnet wird. Der Vorteil digitalisierter Aufzeichnung gegenüber analoger
Aufzeichnung besteht darin, daß ein gegebenes Signal von anderen, die im
Signalträger ggf. enthalten sein mögen, isoliert werden kann (bspw. akustische
Signale einer Telefonleitung) und somit keinen Interferenzen unterliegt. Ein
weiterer offensichtlicher Vorteil dieser Systeme besteht in der Tatsache, daß
digitalisierte Signale vom Computer direkt verarbeitet werden können, ohne erst
konvertiert werden zu müssen.

Diskette Ein Speichermedium in Form einer dünnen Scheibe mit magneti-
sierbarer Oberfläche (mit variierender Beschichtungsdichte). Disketten existieren
in drei Größen: 8" (mittlerweile veraltet); 5¼" (frühere Standardgröße für PCs);
3½" (bei neueren PCs und dem Apple Macintosh zu finden). Beachten Sie in

diesem Zusammenhang, daß 5¼"-Disketten eine Speicherkapazität von 360K oder 720K für 40 bzw. 80 Spuren haben können. Für den AT werden besondere Disketten hoher Beschichtungsdichte und einer Speicherkapazität von 1.2 MB (auf 96 Spuren) verwendet. Disketten mit einer Speicherkapazität von 360K, die von einem PC beschrieben wurden, können auch von einem AT gelesen werden, obwohl die Umkehrung nicht unbedingt gilt. 3½"-Disketten gibt es wiederum in zwei unterschiedlichen Größen: (i) 720K (Standardgröße, nicht nur für PCs verwendbar) und (ii) 1.44 MB, die bspw. für neuere Geräte von IBM und anderen Herstellern verwendet wird.

Diskette formatieren Bevor ein beliebiges Speichermedium (Festplatte, Diskette oder Magnetband) verwendet werden kann, muß es für die Aufnahme von Daten vorbereitet werden. Das heißt, daß die zu magnetisierende Oberfläche zunächst in Sektoren und Spuren, in die anschließend Daten geschrieben werden, eingeteilt werden muß. Der Versuch, eine unformatierte Diskette zu beschreiben, wird unter DOS mit einer Fehlermeldung quittiert. Der Unterschied in der Speicherkapazität formatierter und nicht formatierter Speichermedien beträgt normalerweise 30%.

Diskorientiert Dieser Ausdruck bezeichnet datenverarbeitende Systeme (wie z.B. Datenbankverwaltungssysteme), die nur einen kleinen Teil der benötigten Daten tatsächlich in den Hauptspeicher laden und den Rest auf der Festplatte/ Diskette belassen. Der Vorteil besteht darin, daß die Größe der verarbeiteten Dateien keinerlei Begrenzung unterliegt. Gegenteilig arbeitende Systeme nennt man speicherorientiert.

DOS Abkürzung für *disk operating system*. Bezieht sich entweder auf PC-DOS oder MS-DOS.

DOS-Eingabeaufforderung (*DOS prompt*) Nach Einschalten eines PCs gelangen Sie normalerweise auf die Ebene des Betriebssystems (es sei denn, Sie verlangen in der `autoexec.bat` das automatische Laden eines Programms), wo sich zunächst nur ein Buchstabe, gefolgt von einem rechts ausgerichteten Pfeil mit daneben stehendem Cursor, befindet. Dies ist der sogenannte DOS-*prompt*. Der Buchstabe bezeichnet das aktuelle Laufwerk. Sie können die Form, in der der DOS-*prompt* erscheinen soll, nach Belieben verändern. So bewirkt bspw. die

Eingabe des Befehls prompt = $p gg, daß vor dem Pfeil das Unterverzeichnis des Laufwerks angezeigt wird. Dies empfiehlt sich bei Verwendung einer Festplatte für die Feststellung Ihrer gegenwärtigen Position.

DOS-Textdatei Bezeichnet eine Datei, die keine Formatierungen eines bestimmten Anwendungsprogramms enthält, sondern nur DOS-lesbaren, rein alphanumerischen Text. S. auch ASCII-Datei.

Druckerbefehle (*printer codes*) Bezieht sich auf einige ASCII-Codes, die unterhalb $32 liegen, und vom Drucker als Befehle statt als Text interpretiert werden. ASCII $14 wird bspw. von allen Druckern, die im Epson ESC P-Modus arbeiten als Befehl "drucke Breitschrift bis zum nächsten Wagenrücklauf" interpretiert und nicht als ASCII-Zeichen $14 des IBM-Zeichensatzes ausgegeben, d.h. als Symbol aus zwei Musiknoten.

Editieren, bearbeiten Allgemein wird darunter das Ändern von Textstücken verstanden. Für Datenbankverwaltungssysteme bezeichnet dieser Begriff außerdem das Ändern bereits vorhandener Feldeinträge in Datensätzen, im Gegensatz zu deren Löschen oder Anfügen.

Editiermodus (*edit mode*) Einer von zwei Modi, der während der Bearbeitung einer Datenbank aktiv sein kann. Bei diesem Modus ist es möglich, den Inhalt eines Datensatzes zu verändern, indem man Zeichen eingibt bzw. löscht. S. auch Listenmodus.

Eingabetaste (*Return, Enter key*) Die am häufigsten verwendete Taste der Tastatur. Auf den ursprünglichen PC-Tastaturen war diese nicht größer als die anderen Tasten. Für die AT-Tastaturen wurde diese Taste vergrößert. Sie erhält ihre Bedeutung durch das Bestätigen von Befehlsvorschlägen vom System und durch die (bejahende) Bestätigung von Eingaben durch den Benutzer. Die Bezeichnung <Return>-Taste ist mit <Eingabe>-Taste gleichbedeutend.

Eingebautes Programmieren (*in-built programming*) Eine Option, die von hochentwickelten Programmen wie *dBASE* für das Schreiben eigener Anwendungen und somit zur Erweiterung der Vielseitigkeit des Primärprogramms bereitgestellt wird.

Entwicklungssoftware (*development software*) Programme, deren hauptsächliche Verwendung in der Entwicklung neuer Programme besteht. Der Unterschied zu reinen Anwendungsprogrammen kann im Falle von Datenbankverwaltungssystemen, mit denen man Applikationen generieren kann, fließend sein.

Entwurfsmodus (*draft mode*) Ein Druckerbefehl, der den Drucker zum Drucken unter Verwendung einer geringeren Anzahl von Nadeln anweist, so daß hier die Bearbeitungsgeschwindigkeit gegenüber dem sogenannten Schönschreibmodus erhöht wird.

Epson ECS P-Standard Ein Befehlssatz für Drucker, der aufgrund des weltweiten Ansehens von Epson (einer japanischen Firma, die Matrixnadeldrucker einführte) zu einem Standard für Matrixdrucker geworden ist. Er beinhaltet Befehle für das Setzen von Formatierungsattributen (kursiv ein/aus, fett ein/aus), Layout (Zeilen pro Seite, Zeilenabstand, etc.) und Schriftarten (Pica, Elite, Breitschrift, etc.)

Ersetzbarer Parameter (*replaceable parameter*) Ein Symbol, das durch ein Prozent-Zeichen (%) und eine Ziffer dargestellt wird und unter DOS in eine Batchdatei als Platzhalter für einen Befehlszeilenparameter eingefügt werden kann.

Ersetzen (*replace*) Ein Befehl der *dBASE*-Umgebung, der das Ersetzen von Feldeinträgen mit benutzerspezifizierten Angaben ermöglicht. Dies kann auch unter einer vorher festgelegten Bedingung erfolgen, so daß die Einträge nicht global ersetzt werden.

Erzeugen (*create*) Innerhalb der Umgebung eines Datenbankprogramms verwendeter Begriff zur Erstellung einer neuen Datenbank, mit oder ohne Vorlage einer bereits bestehenden Datenbank. In beiden Fällen enthält die neue Datenbank allerdings noch keine Datensätze.

Escape-Taste Eine Taste, die sich in der linken, oberen Ecke der Tastatur befindet. Normalerweise kommt ihr die Funktion der Umkehrung eines Befehls oder dessen Rückruf in letzter Sekunde zu (der sie ihren Namen verdankt: engl.

escape 'entkommen'). Darüber hinaus hat sie auch die Funktion, ein Programm um eine Ebene zurückzubewegen, wie etwa im *Vieweg DatenbankManager* beim Abbruch einer angewählten Option.

Etikett (*label*) Eine in Datenbankverwaltungssystemen häufig vorkommende Funktion, die die Erstellung und den direkten Ausdruck von Etiketten ermöglicht, d.h. es ist nicht erforderlich, hierzu ein Textverarbeitungsprogramm zu laden. Normalerweise entspricht ein Datensatz einem Etikett.

Etikettenausgabeformular (*label form*) Ein Befehl der *dBASE*-Umgebung, der eine Datei öffnet, die Etikettenausgabeformulare erstellt, und hierfür die Einträge eines Datensatzes der aktuell geöffneten Datenbank heranzieht.

Erweiterung (*extension*) Bezeichnet die drei Buchstaben, die dem Namen einer Datei folgen, wie z.B. `.bat` oder `.com`. Anwendungsprogramme weisen oft Erweiterungen für deren Datendateien auf, die den Dateityp bestimmen, wie z.B. bei *Word*- Dateien, die Erweiterungen in `.txt` besitzen.

Exklusiv (Sperren einer Datei) Ein Schlüsselbegriff aus der *dBASE*-Umgebung, der einen Befehl auslöst, mit dem sichergestellt wird, daß beim Öffnen einer Datenbank die hierfür erforderliche Datei dem Zugriff aller anderen Benutzer eines Netzes entzogen wird.

Export (*export, gateway*) Bezeichnet eine Programmeigenschaft, mit dessen Hilfe Formate eines anderen Programmtyps und/oder Betriebssystems gelesen (und normalerweise auch geschrieben) werden können. Solche Operationen sind im *Vieweg DatenbankManager* in einer separaten Optionsgruppe zusammengefaßt.

Exportieren Daten von einem Programm zu einem anderen Programm unterschiedlicher Art schicken. Da normalerweise die Weiterbearbeitung von Dateien in Programmen einer anderen Art nicht ohne weiteres möglich ist, müssen spezielle Optionen zum Exportieren bzw. Importieren von Dateien zur Verfügung stehen. Im *Vieweg DatenbankManager* bedeutet der Begriff 'exportieren' stets das Konvertieren von Datenbanken in Textdateien.

Feld Ein Bereich innerhalb eines Datensatzes, in dem bestimmte Informationen gespeichert sind. Diese werden von den anderen Informationen, die in einen Datensatz ggf. eingegeben werden, getrennt verwaltet. Typische Beispiele für Felder einer bibliographischen Datenbank etwa sind "Nachname", "Vorname", "Titel" oder "Herausgeber".

Feldname Die Bezeichnung für ein Feld in einer Datenbank. Sie kann bis zu 10 Zeichen enthalten und kann aus Buchstaben, Ziffern und einem *underscore* (_) bestehen. Das Zeichen muß jedoch ein Buchstabe sein. Umlaute und *ß* sind nicht in Feldnamen zugelassen und müssen stattdessen aufgelöst werden, z.B. *Größe* würde man als GROESSE schreiben. Auf einen Feldnamen wird während der Durchführung von Dateioperationen Bezug genommen. Im *Vieweg DatenbankManager* werden dem Benutzer öfters die Feldnamen in einem Fenster angezeigt, aus dem einer für die auszuführende Option gewählt werden kann.

Feldtypen Die Felder einer Datenbank können Informationen enthalten, die nach Typen klassifiziert sind. Gebräuchliche Feldtypen der *dBASE*-Umgebung sind (i) alphanumerische (*character*) Felder, (ii) numerische Felder (*numeric*), (iii) Datumsfelder (*date*), (iv) logische Felder (*logical*) oder (v) Memofelder (*memo*).

Fenstertechnik (*windowing*) Ein Vorgang, bei dem Rechtecke an der Bildschirmfläche eingeblendet werden, die gewisse Informationen enthalten oder den Benutzer zu einer Eingabe auffordern. Der Vorteil der Fenstertechnik liegt in ihrer optischen Wirksamkeit.

Festplatte, Winchesterplatte (*hard disk*) Ein Speichermedium, das aus mehreren, in einem versiegelten Gehäuse befindlichen Platten besteht. Die Plattenoberflächen sind ausgesprochen ebenmäßig, und die Zahl der Umdrehungen ist hoch (mehrere Tausend pro Minute, im Gegensatz zur Diskette, die 300 - 360 U/min. aufweist), so daß eine größere Aufzeichnungkapazität und ein schnellerer Zugriff ermöglicht werden.

Filterbedingung Bezieht sich auf den Ausschluß von Datensätzen, die eine bestimmte, benutzerdefinierte Bedingung nicht erfüllen. Gefilterte Datensätze werden auf dem Bildschirm nicht angezeigt, auch wenn sie in der Datenbank weiterhin vorhanden sind. Darüber hinaus kann die gefilterte Datenbank als neue Datei separat gesichert werden. Sehen Sie hierzu die entsprechenden Funktionen im *Vieweg DatenbankManager*.

Formatierungsdaten Die Angaben, die bestimmte Formatierungsbefehle eines Programms bezüglich eines Dokuments darstellen. Diese Daten können aus einer Textdatei normalerweise entfernt werden, woraus dann eine DOS-Textdatei (ASCII-Datei) resultiert, die von jedem anderen Programm gelesen werden kann, ohne konvertiert werden zu müssen.

Füllende Leerzeichen (*trailing blanks*) Hiermit sind die Leerzeichen eines Datensatzfeldes gemeint, mit deren Hilfe ein Feld vervollständigt wird, wenn der eigentliche Eintrag kürzer als die mögliche Feldlänge ist. Nehmen wir an, ein Feld besitzt eine Länge von 30 Zeichen und der Feldeintrag ist nur 17 Zeichen lang, so würden sich 13 Leerzeichen rechts hinter dem Feldeintrag befinden.

Funktionstaste (*function key*) Eine der zwölf, in einer Reihe oben auf der Tastatur plazierten Tasten eines PCs. Diese Tasten sind nicht alphanumerischer Art, sondern dienen der Ausführung bestimmter Programmbefehle. Welcher Art diese Befehle sind, hängt ganz von der Art des verwendeten Programms ab. Für diesen Bereich existieren kaum Standardbelegungen.

Ganzseitenmodus (*full-screen mode*). In der *dBASE*-Umgebung bezieht sich dieser Ausdruck auf die Befehle, die eine Anzeige über den ganzen Bildschirm bewirken und die interaktiv in Verbindung mit dem Benutzer treten, um bspw. Daten für Datenbankfelder anzufordern, s. den *edit*-Befehl. Solche Befehle werden von denjenigen *dBASE*-Befehlen getrennt, die meist auf einer Zeile eingeben werden (in der Regel vom *prompt* aus) und die nicht unbedingt Angaben vom Benutzer verlangen.

Gehe zu (*goto*) Ein Befehl der *dBASE*-Umgebung, der den Positionsanzeiger zu einem anderen Datensatz bewegt, dessen Position vom Benutzer in Form einer Zahl eingegeben wird. Der Bildschirm wird neu aufgebaut und die Einträge des gewählten Datensatzes angezeigt.

Gelöscht (*deleted*) Eine Standardfunktion der *dBASE*-Umgebung, die den Wert WAHR oder FALSCH annehmen kann, je nachdem, ob ein Datensatz für das Löschen markiert ist oder nicht.

Graphisch Eine Bezeichnung, die sich auf die Darstellungsart von Informationen am Bildschirm bezieht. Entweder werden ASCII-Zeichen aus einem Chip im Computer hierfür benutzt, oder jedes Zeichen wird aus einer Reihe von Punkten getrennt aufgebaut. Manche Textverarbeitungsprogramme arbeiten bspw. im Graphikmodus, weshalb auch die Anzeige der Buchstaben in Breit-, Fett- oder Kursivschrift möglich ist. Datenbankverwaltungssysteme erlauben fast ausnahmslos keine Bildschirmdarstellung im Graphikmodus.

Groß- und Kleinschreibung beachten (*case sensitive*) Bezeichnet den Fall, daß die Eingabe von Groß- und Kleinbuchstaben vom Programm unterschiedlich ausgewertet wird. Häufig wird nur bei der Eingabe bestimmter Datentypen die Groß- und Kleinschreibung beachtet (wie bei der Suche von Zeichenfolgen mit dem *Vieweg DatenbankManager* z.B.).

Großbuchstaben, Großschreibung (*upper-case*) Buchstaben, die als Kapitale erscheinen und deren numerische Werte zwischen 65 und 90 liegen. Die ASCII-Werte der Großbuchstaben liegen 32 Stellen unter jenen der Kleinbuchstaben.

Großrechner (*mainframe*) Bezeichnung für ein Großrechnersystem, das sich häufig in Firmen, Universitäten, Ministerien, Auskunftsbüros usw. befindet.

Hardware Alle physisch festen Bestandteile eines Computers. Das Gegenteil zu Software, zu der die Programme, das Betriebssystem usw. gehören. Der Ausdruck *firmware* bezieht sich auf nicht-flüchtige, verschlüsselte Daten in Chips, die aber bei Bedarf gelöscht werden können.

Hardwaresteuerung (*hardware control*) Bezeichnet eine Programmeigenschaft, die eine direkte Steuerung von festen Bestandteilen eines Computers erlaubt. Beispiele hierfür sind etwa die Festlegung eines bestimmten Bildschirmanzeigemodus, das Anwählen physisch vorhandener Laufwerke, Zugriff auf Speichererweiterung, Druckersteuerung, usw.

Haushalten (*housekeeping*)   Operationen, deren Ziel die Gewährleistung ordnungsgemäßer Funktionsweise des Computers, übersichtlicher Anordnung der Dateien, nicht jedoch die Lösung eines bestimmten Problems ist.

Hervorhebung (*highlighting*)   Auswahl von Befehlen, Dateien, usw. in einer menügesteuerten Befehlsumgebung. Eine der verfügbaren Optionen wird auf diese Weise invers dargestellt. Durch Betätigen einer Pfeiltaste kann der Leuchtbalken in einer Auswahlliste auf- und abbewegt werden. Das Drücken der <Eingabe>-Taste zieht die Ausführung eines Befehls bzw. das Aufrufen einer Option nach sich, die bzw. das durch den Leuchtbalken hervorgehoben wurde.

Hexadezimal   Zahlensystem, basierend auf der Zahl 16. Die Ziffern werden mit 0 bis 9 und A bis F notiert. Im Hexadezimalsystem können 256 verschiedene Zahlen jeweils durch zwei Ziffern notiert werden, also von 00 (= dezimal 0) bis FF (= dezimal 255).

Hexadezimale Notation   Eine Darstellungsweise von Zahlen und Zeichen (etwa diejenigen des IBM-Zeichensatzes) als Hexadezimalzahlen. Das ASCII-Zeichen $27 (= <Esc>) kann auch als 1B geschrieben werden. Oftmals sind den Benutzerhandbüchern von Computern und Druckern Tabellen zur dezimalen und hexadezimalen Schreibweise beigefügt, so daß hier Befehle der jeweilig aktuellen Schreibweise transponiert werden können. Speicheradressen werden häufig hexadezimal geschrieben.

Hintergrundverarbeitung (*background processing*) Operationen, die im Hintergrund ablaufen, ohne daß der Anwender auf der Benutzeroberfläche über deren Ablauf informiert wird. Eine typische Hintergrundverarbeitung stellt das Drucken eines Textes dar, während gleichzeitig ein anderer auf dem Bildschirm bearbeitet wird.

Horizontales Rollen   Der Vorgang des horizontalen Blätterns über den rechten Bildschirmrand hinaus. Dies bewirkt eine horizontale Verschiebung des Textes nach rechts, so daß die dortigen Einträge/Daten ebenfalls eingesehen werden können.

IBM-Zeichensatz Ein Satz von 256 Zeichen, die vom Zeichengenerator einer PC-Bildschirmkarte erzeugt werden. Drucker der mittleren bis gehobenen Klasse reproduzieren zumindest die Zeichen 32 bis 254 dieses Zeichensatzes, von denen nur ein Bruchteil alphanumerischer Natur ist.

Importieren Daten in ein Programm einlesen, die zuvor in einem anderen Programm (unterschiedlicher Art) bearbeitet wurden. Normalerweise existiert hierfür eine gesonderte Option, die die Daten in ein (vom Zielprogramm) lesbares Format konvertiert. Im *Vieweg DatenbankManager* geschieht dies mit Hilfe der Optionsgruppe *Export, Import*.

Indizieren Bezieht sich in der *dBASE*-Umgebung auf einen Vorgang, bei dem ein Feld/Felder als Schlüsselfeld ausgewählt wird/werden, um eine spezielle Art von Textdatei zu erstellen, die dann einer Datenbank zugewiesen wird, und mit deren Hilfe das Sortieren und Finden von Daten wesentlich schneller erfolgt als gegenüber deren Bearbeitung ohne Index. Mit Hilfe von Indexdateien kann auch die Reihenfolge, in der Datensätze angezeigt werden sollen, festgelegt werden, so daß selbst für den Fall, daß diese physisch nicht in alphabetischer Reihenfolge in der Datenbank enthalten sind, sie unter Verwendung einer Indexdatei alphabetisch aufeinanderfolgend erscheinen.

Installieren Der Vorgang des Einrichtens von Programmen, deren Benutzung der Anwender auf seinem System beabsichtigt. Im Lieferumfang vieler Programmpakete sind Installierungsdateien enthalten, nach deren schrittweiser Anleitung der Benutzer ein Programm seinen Wünschen entsprechend installieren kann.

Integrierte Software (*integrated software*) Programmpakete, die verschiedene Softwarearten umfassen. Weite Verbreitung hat mittlerweile die Einbindung von Textverarbeitung, Datenbankverwaltung und Tabellenkalkulation in PC-Programmpakete gefunden. In vielen Fällen ist Graphik- und Telekommunikationssoftware auch enthalten.

Interaktion Der Vorgang, bei dem das System in Form von diversen Rückmeldungen und Eingabeaufforderungen mit dem Benutzer kommuniziert. Diese können bejahend oder ablehnend bestätigt werden, worauf ggf. weitere Eingabeaufforderungen folgen, usw.

Interpretieren   Quellentext eines Programms zeilenweise übersetzen und ausführen. Langsamer als das Kompilieren von Quellentext, aber vorteilhaft für das Auffinden von Programmierungsfehlern. *dBASE* ist ein interpretierendes System und eignet sich daher in besonderem Maße für die Entwicklung von Applikationen. Darüber hinaus steht dem Programmierer das gesamte Spektrum der verwendeten Programmiersprache zur Verfügung. Eine kompilierte Anwendung wie der *Vieweg DatenbankManager* kann dem Benutzer keine Programmierungsmerkmale mehr zur Verfügung stellen, stattdessen ist hier der Benutzer vorab gehalten, Entscheidungen darüber zu treffen, welche Option(en) voraussichtlich benötigt werden. Obwohl dies als Einschränkung empfunden werden mag, liegt der Vorteil in der Tatsache, daß bestimmte Programmierungsfunktionen zur Modifikation des Programms viel einfacher anwéndbar sind als direkt in einer interpretativen Umgebung wie *dBASE* zu programmieren.

Job, Stapelverarbeitung   Allgemein versteht man hierunter eine Reihe von Aufgaben, die der Benutzer dem Computer zur Ausführung zuweist. Ein Beispiel eines Jobs stellt etwa der Seriendruck von Dokumenten mit Hilfe eines Zwischenspeichers oder die Vorbereitung einer Serie von Aufgaben dar, die ein Großrechner ausführen soll, sobald hierfür Verarbeitungszeit zur Verfügung steht.

Katalog (*catalogue*)   Eine Datei der *dBASE*-Umgebung, die Informationen über Datenbanken, die in einer Arbeitsitzung bearbeitet oder erstellt wurden, enthält.

Kilobyte   1000 Byte(s). Binär ausgedrückt entsprechen einem Kilobyte 1024 Byte(s), da 10 hoch 3 der Zahl 2 hoch 10 = 1024 entspricht. Ein Kilobyte wird häufig als Maßeinheit zur Beschreibung der Größe einer Diskette, Festplatte oder eines Programms verwendet.

Kippschalter (*toggle*)   Ein Umschalter, der einen Zustand in sein Gegenteil umkehrt, bspw. etwas an- bzw. ausschaltet.

Kleinschreibung, -buchstaben (*lower-case*) Buchstaben, die nicht als Kapitale erscheinen. Im ASCII-Code befinden sich die Kleinbuchstaben 32 Plätze oberhalb der Großbuchstaben (zwischen 97 und 122), so daß für eine Umwandlung von Klein- in Großbuchstaben lediglich das Abziehen des Werts 32 vom jeweiligen ASCII-Code nötig ist.

Kompilieren (*compile*) Die Umwandlung von Quellentext in Objektcode. Der Vorteil des Kompilierens gegenüber der Verwendung eines Interpreters besteht darin, daß der Quellentext als Ganzes in Maschinensprache umgesetzt wird. Dies erhöht die Verarbeitungsgeschwindigkeit dieser Daten in Ihrem System. Für die Korrektur von Programmtext empfiehlt sich hingegen eher die Verwendung eines Interpreters, da hier Fehler schneller aufgefunden werden können, indem das Programm an der betreffenden Stelle des Quellentextes die weitere Ausführung abbricht.

Komprimierter Druck (*condensed mode*) Ein Druckbefehl, der Buchstaben enger zusammengerückt ausgibt. Typisch hierfür ist eine Schrittschaltung von 15 oder 16,6 Zeichen/Zoll.

Konfiguration Bezeichnet die Konstellation, in der verschiedene Bestandteile der Hardware oder auch Hard- und Software zusammenarbeiten. Dank der Offenheit, die der Aufbau des PCs bietet, ist diese frei bestimmbar. So können Sie bspw. den Umfang an verfügbarem Speicher, einen Tastaturtreiber, verschiedene Monitore usw. konfigurieren.

Konsole Ein Begriff aus der Anfangszeit der Datenverarbeitung, mit dem die Tastatur (und/oder der Bildschirm) bezeichnet wurde.

Konstante. Eine Angabe, dessen Wert in einem Programm nicht veränderbar ist, z.B. eine Zahl oder ein Feldname.

Kopieren (i) Mit diesem DOS-Befehl werden Dateien hin- und herkopiert, bspw. von einer Position auf der Festplatte/Diskette zu einer anderen, von Festplatte auf Diskette und umgekehrt usw. (ii) Eine Funktion in Datenbankprogrammen, die die Übertragung von Datensätzen in ihrer ursprünglichen oder textuellen Form und deren Einfügen in eine andere Datenbank bzw. auch das

Kopieren einer vollständigen Datenbank in eine andere ermöglicht. Dies kann auch unter Einbeziehung einer Bedingung geschehen, so daß nur bestimmte Datensätze, die eine Bedingung erfüllen, kopiert werden. Sollten Sie keine Zieldatenbank spezifiziert haben, so wird für die Ausführung des copy-Befehls eine neue erstellt. Die neu erstellte Datenbank weist die gleiche Struktur wie die Quelldatenbank auf.

Korrespondenzqualität (*letter quality mode*)   Eine Druckart, bei der auf Matrixdruckern ein besonders guter Ausdruck realisiert wird. Dies verlangsamt freilich die Druckgeschwindigkeit, da für das Abbilden der Buchstaben mehr Punkte erforderlich sind als im Entwurfsmodus. Auch weisen die in Schönschrift gedruckten Buchstaben zumeist Serifen auf (kleine, abschließende Querstriche an oberem und unterem Ende eines Buchstabens).

Korrigieren, ändern (*patch*) Die Änderung eines Programms, mit dessen Hilfe eine bestimmte Wirkung erzielt werden soll. Der Ausdruck `patch` (dt. 'flicken') impliziert, daß (i) die Änderung geringfügig ist, (ii) diese Änderung vom Programmhersteller nicht intendiert ist.

Laserdrucker Ein nicht-mechanischer Drucker, der äußerst schnell arbeitet und ein qualitativ hochwertiges Druckbild liefert. Er verfügt normalerweise über einen eigenen großen RAM-Speicher (mit 512 KB, 1 oder 2 MB für eine breite Auswahl ladbarer Zeichensätze) und vielseitige Graphikfähigkeit.

Leerzeichen (*blank*) Eine Leerstelle wird vom Computer als ASCII-Zeichen mit dem Wert $32 interpretiert. Es gilt, sich dieser Tatsache bei der Bearbeitung von Texten oder Eingabe von DOS-Befehlen stets bewußt zu sein. Eine der häufigsten Fehlerquellen besteht darin, das Trennen von Parametern durch Leerzeichen zu vergessen.

Leerzeichen entfernen (*trim*) Der Vorgang des Entfernens von füllenden und/ oder vorangestellten Leerzeichen aus den Feldern einer Datenbank, bevor diese in Form einer Textdatei an eine Textverarbeitung geschickt oder vom Benutzer im Datenbankverwaltungsprogramm bearbeitet wird.

Lineare Suche Im Gegensatz zur *btree*-Technik werden bei der linearen Suche die Datensätze einer Datenbank in der Reihenfolge ihrer physischen Anordnung durchsucht. In der *dBASE*-Umgebung wird diese Suchart für den *locate*-Befehl gebraucht, wobei alle Felder einer Datenbank durchsucht werden können und nicht nur solche, die Schlüsselfelder einer Indexdatei darstellen.

Liste zeigen (*list*) Ein Befehl der *dBASE*-Umgebung, der lediglich die Auflistung aller in einer Datenbank befindlichen Datensätze auf Bildschirm und/oder Drucker bewirkt. Für aufwendige Anwendungsprogramme empfiehlt sich die Ausführung dieses Befehls nicht sonderlich, da der Befehl zu grob ist. Im *Vieweg DatenbankManager* wurde der *list*-Befehl durch eine *browse*-Funktion ersetzt, die ein etwas flexibleres Auflisten der Datensätze der aktuellen Datenbank ermöglicht.

Listenmodus (*list mode*) Einer von zwei Modi, der während der Bearbeitung einer Datenbank aktiv sein kann. Bei diesem Modus ist es möglich, sich von Datensatz zu Datensatz zu bewegen oder zum Anfang oder Ende der Datenbank zu springen. S. auch Editiermodus.

Literal Eine Zeichenkette, die direkt verarbeitet und nicht weiter von der Programmiersprache interpretiert wird, d.h. sie wird weder als der Name einer Variable noch als der eines Feldes betrachtet.

Logisch Ein Feldtyp einer Datenbank, der nur die Einträge WAHR oder FALSCH aufweisen kann. Diese Felder erweisen sich als ausgesprochen nützlich für die Durchführung bestimmter Bearbeitungsroutinen wie dem Anfügen von Datensätzen einer Datenbank an eine andere. So ist es bspw. möglich, nur jene Datensätze anzufügen, die einen der beiden möglichen Werte aufweisen.

Logo Ein Symbol, das der Wiedererkennung eines Programms als das einer bestimmten Firma dient und häufig nach dem Aufruf eines Programms als erstes auf dem Bildschirm erscheint.

Lokales Netzwerk (*local area network*) Ein Netzwerktyp, für den die einzelnen Arbeitsstationen räumlich relativ eng verbunden sind, sich z.B. im gleichen Gebäude befinden.

Lokalisieren (*locate*) Ein Befehl der *dBASE*-Umgebung, der die Wahl eines zu durchsuchenden Feldes vom Benutzer erfordert (im *Vieweg Datenbank-Manager* geschieht dies mit Hilfe einer Auswahlliste). Anschließend wird eine lineare Suchroutine ausgeführt, die das gewählte Feld für jeden Datensatz einzeln durchsucht. Nachteilig ist diese Suchfunktion aufgrund ihrer geringen Geschwindigkeit. Der Vorteil andererseits liegt in der Möglichkeit, auch Felder außerhalb des als Schlüsselfeld spezifizierten Feldes einer aktiven Indexdatei zu durchsuchen.

Löschmarkierung setzen (*tagging*) Bezeichnet in der *dBASE*-Umgebung einen Vorgang, der Datensätze, die gelöscht werden sollen, markiert. Das Löschen selbst wird anschließend nach Aufrufen des *pack*-Befehls durchgeführt.

Makro Eine Gruppe aneinandergefügter Befehle, die in einer Datei abgelegt und mit Hilfe eines Tastendrucks oder einer Kombination aus zwei Tastendrucken aktiviert werden können. Makros können mit Tastenkombinationen aufgerufen werden, die jene Programmfunktionen auslösen, für die sie eigentlich geschrieben sind. Zwischen den Herstellern herrscht eine gewisse Übereinkunft, daß Makros mit Hilfe von <Alt> und einer weiteren Taste aufgerufen werden.

Maske, Eingabeschablone (*mask*) Ein Ausdruck, der sich auf das Aussehen des Bildschirms für die Dateneingabe in einem Datenbankverwaltungssystem bezieht. Eingabeschablonen können vom Benutzer nach seinen Wünschen erstellt oder modifiziert werden. Zu diesem Zweck verfügt die Mehrzahl der Datenbankverwaltungssysteme über maskengenerierende Optionen. Bedenken Sie jedoch in diesem Zusammenhang, daß die Eingabeschablone nicht über die Struktur einer Datenbank entscheidet.

Maske, Dateischablone (*template*) (i) Ein Datengerüst, das bestimmten Parametern Werte zuweist, ansonsten aber keinerlei Daten enthält. (ii) Ein Begriff der DOS-Umgebung, der eine bestimmte Art von Platzhalter bezeichnet, dem das Betriebssystem tatsächlich vorhandene Dateien zuzuweisen versucht, vgl. etwa `*.*` oder `my???.txt`.

Matrixdrucker, Nadeldrucker (*dot matrix printer*) Ein Druckertyp, der Zeichen durch eine Anordnung von Punkten auf dem Papier darstellt, die die Form von

Buchstaben haben. Dieser Druckertyp überragt Drucker mit festen Zeichensätzen, wie etwa Typenraddrucker, an Vielseitigkeit bei weitem. Sofern dieser über 24 Nadeln verfügt, sind die Punkte auf dem Papier so eng gesetzt, daß sie bei flüchtigem Hinsehen als solche nicht zu erkennen sind.

Maus Ein elektronisches Zeigegerät, das ein wenig dem Äußeren einer Maus ähnelt und auf dessen Unterseite sich eine kleine Kugel befindet. Diese Kugel schickt per Kabel ein Signal zum Computer, sobald die Maus bewegt wird, worauf auf dem Bildschirm ein kleiner Pfeil bewegt wird, mit dessen Hilfe z.B. Menüs aktiviert werden können.

Megabyte Gibt die Anzahl von einer Million Byte bzw. 1024 mal 1024 Byte in binärer Notation wieder (s. auch Kilobyte) und wird im Zusammenhang mit leistungsfähigen Speichermedien, wie etwa Festplatten, verwendet und mit MB abgekürzt.

Mehrbenutzerplatz, -system (*multi-user*) Hiermit wird ein System oder Programm bezeichnet, das das gleichzeitige Operieren durch mehrere Benutzer ermöglicht, wobei hier der Begriff 'gleichzeitig' relativ ist: Mehrere Funktionen werden in so schneller Abfolge ausgeführt, daß der Eindruck von Gleichzeitigkeit erweckt wird. Mehrbenutzersysteme bieten nicht nur außerordentliche Verarbeitungsgeschwindigkeit, sondern erfordern auch bestimmte Verarbeitungsstrukturen, die den Anforderungen der gleichzeitigen Ein- und Ausgabe von mehreren Geräteeinheiten und der Verwaltung von Daten in getrennten, aber zueinander gehörenden Dateien gerecht werden können.

Mehrfeldindizes (*multi-field indexes*) Hier werden Indexdateien bezeichnet, für die mehrere Felder als Schlüsselfelder spezifiziert werden können. Dies erweist sich für Such- und Sortierroutinen, die auf zwei Feldern basieren sollen, von Vorteil. Nehmen wir die Verwendung solch einer Indexdatei für das Arbeiten mit einer bibliographischen Datenbank an, so bietet sich die Möglichkeit, die Felder "Nachname" und "Jahr" als Schlüsselfelder festzulegen. Hieraus resultiert wiederum die Möglichkeit, die Indexdatei nicht hinsichtlich nur eines Inhaltes wie "Bloomfield", sondern auch auf das Vorhandensein von "Bloomfield" + "1933" zu durchsuchen.

Memofeld   Ein in der *dBASE*-Umgebung gebräuchlicher Feldtyp. Hier wird Text in freier Form eingegeben. Die Länge des Textes ist auf 64K begrenzt. Ein Memofeld wird nicht in der eigentlichen Datenbankdatei gespeichert, sondern in einer zusätzlichen Datei mit der Extension .dbt (= "database text"). Sollte diese Datei (versehentlich) gelöscht werden, wird die zugehörige Datenbank oft unbrauchbar.

Menügesteuert (*menu-driven*)   Bezieht sich auf eine von zwei möglichen Befehlsstrukturen. Bei diesem Typ öffnet sich ein Fenster, das eine Liste von Optionen enthält. Die gewünschte Funktion wird aktiviert, indem ein Leuchtbalken an die entsprechende Stelle bewegt und < Eingabe > gedrückt wird. Das Gegenteil zur menügesteuerten Befehlsstruktur besteht in der alphanumerischen Befehlsstruktur. Viele Programme erlauben eine Auswahl zwischen beiden Befehlsstrukturen.

Menüleiste (*menu bar*)   Obere Bildschirmreihe, die die Bezeichnungen von Befehlsgruppen enthält, die eingegeben (oder per Mausklick angezeigt bzw. aktiviert) werden können, worauf ein Menü aufgemacht und die einzelnen Befehle der vorher sichtbaren Befehlsgruppe anzeigt werden. Diese Art der Befehlsanzeige und dessen Aufruf findet sich auch im *Vieweg Datenbank-Manager*.

Mikrocomputer Kleincomputer, der normalerweise von einer einzelnen Person besessen und benutzt wird. Der Begriff findet sich häufig im Jargon als Bezeichnung für Computerarten, die kleiner (und weniger leistungsfähig) als ein Großrechner sind.

Mittlerer Wert (*average*)   Ein Ausdruck aus der Entwicklungs- und Anwendungssprache von Datenbankverwaltungssystemen, der die Eigenschaft dieser Systeme bezeichnet, einen mittleren Wert für ein numerisches Feld einer Datenbank zu berechnen.

Monitor, Bildschirm Die Geräteeinheit, die für die optische Darstellung von Informationen vorgesehen ist, d.h. eine optische Schnittstelle zwischen System und Benutzer. Monitore variieren nach Größe (12", 14" oder mehr) und Fähigkeit der mehrfarbigen Darstellung, wobei für Monochrombildschirme, die mehrere Farben nicht darstellen, die Farbe grün, bernsteingelb, weiß oder schwarz auf weißem Hintergrund zur Verfügung stehen. Neuerdings erfreuen sich Bildschirme, die DIN-A4-hoch sind, großer Beliebtheit. Es hängt jedoch von der Art der jeweils verwendeten Software ab, ob deren Anzeigemöglichkeit(en) voll genutzt werden können, da Programme die Darstellung von mehr als 25 Zeilen pro Bildschirmseite unterstützen müssen.

Multitasking Bedeutet das nahezu simultane Verarbeiten mehrerer Aufgaben durch die Zentraleinheit (CPU), so daß der Anschein erweckt wird, mehrere Operationen könnten gleichzeitig ausgeführt werden.

Navigieren (*navigate*) Ein Jargonausdruck, der das Hin- und Herbewegen zwischen Ebenen eines Programms bezeichnet.

Netzwerkbetrieb (*networking*) Grundsätzlich versteht man darunter das Miteinanderverbinden von zwei oder mehreren Computern. In Netzwerken können mehrere PCs miteinander oder mit einem Großrechner verbunden sein. Für den ersten Fall spricht man von sogenannten "lokalen Netzen" (engl. *local area network*), wobei sich die miteinander verbundenen Computer meist im gleichen Gebäude befinden. Unerläßliche Vorraussetzung für das Funktionieren des Neztwerkbetriebs ist allerdings, daß die angeschlossenen Stationen von mehreren Benutzern gleichzeitig angesprochen werden können. Für PCs wird dies durch Installation einer zusätzlichen Steckkarte erreicht, die die erforderliche Verbindung zwischen den Rechnern bereitstellt. Viele Programme, wie etwa *dBASE*, sind schon per se netzwerkfähig.

Numerisch Ein Feldtyp eines Datenbankverwaltungssystems. Basierend auf den darin enthaltenen Zahlen können arithmetische Operationen durchgeführt werden, was für die Zahlen der alphanumerischen Felder nicht gilt.

Oberer ASCII-Bereich Der Bereich des IBM-Zeichensatzes von $128 bis $255, der fremdsprachliche Zeichen, graphische Blocksymbole und eine Anzahl griechischer und wissenschaftlicher Symbole enthält.

Offline, nicht betriebsbereit Beschreibt den Zustand einer Geräteeinheit, die gegenwärtig nicht zum Empfang oder der Verarbeitung von Daten bereit ist. Bezieht sich hauptsächlich auf Drucker oder andere Peripheriegeräte.

Online, betriebsbereit Zustand einer Geräteeinheit, die betriebsbereit und somit zum Empfang und der Verarbeitung von Daten bereit ist.

Operator. Ein Symbol, das meist zwei Konstanten oder Ausdrücke verbindet und das bewirkt, das eine Operation ausgeführt wird, bei der diese als Operanden fungieren. Operatoren können *logisch*, *relational* oder *mathematisch* sein.

Parallel Beschreibt die Art, in der Daten vom Computer zum Drucker gesendet werden, wobei mehrere Informationen parallel übertragen werden können. Für diese Form der Datenübermittlung existiert eine spezielle Schnittstelle, die sich normalerweise in der Nähe des Bildschirmanschlusses Ihres Computers befindet. Gegensatz zu seriell.

Parameter, Platzhalter In einer sehr weitläufig gefaßten Definition könnte man einen Parameter als zusätzliche Information beschreiben, die an eine Funktion oder ein Programm weitergereicht wird. Beim *Vieweg DatenbankManager* können der DOS-Befehlszeile mehrere Parameter beigefügt werden, z.B. die Bezeichnung einer unmittelbar zu ladenden Datenbank oder eine Anweisung, die nach Starten des Programms veranlaßt, daß eine Datenbank sortiert wird.

Passwort, Kennwort Ein Wort, das zwar von der Tastatur aus eingegeben wird, auf dem Bildschirm hingegen nicht sichtbar ist und dessen Eingabe für den Zugriff auf ein System, ein Programm oder eine Datei erforderlich gemacht werden kann.

PC Eine Abkürzung für Personal Computer. Findet heutzutage Verwendung für jede Art von Computer, dessen Kernstück ein 8088-Prozessor von Intel ist (oder einer seiner Nachfolger) und bezieht sich auf Hard- und auf Software.

Perforation überspringen (*perforation skip*) Ein Druckerbefehl oder eine Programmfunktion, die eine bestimmte Anzahl von Zeilenvorschüben auslöst, so daß die Druckwalze eine Seite Endlospapier über die Perforation bis zum Beginn der nächsten Seite weitertransportiert.

Peripherie Ein Begriff, der jede Art von Gerät bezeichnet, die nicht von unmittelbarer Bedeutung für die Funktionstüchtigkeit des Computers ist.

Pfad setzen (*set path*) Ein DOS-Befehl (path=...), der für Dateien einen Suchpfad zu Unterverzeichnissen legt. Danach durchsucht DOS zunächst stets das aktuelle Verzeichnis und anschließend die im Suchpfad festgelegten (Unter-)Verzeichnisse in der Reihenfolge ihres Erscheinens. In der Regel wird der Suchpfad in der Datei autoexec.bat spezifiziert.

picture sublanguage (Befehlsatz für Display und Eingabe) Ein Zusatz zum Befehlspaar @ SAY...GET..., dem eine Reihe von Funktionen und Eingabeschablonen zugeordnet ist, die vom Benutzer eingegebene Daten steuern und falls notwendig filtern, bevor diese auf dem Bildschirm angezeigt werden. So beschränkt bspw. die Symbolanweisung @A alle Eingaben auf alphanumerische Zeichen, während die Eingabemaske ! nur Großbuchstaben liest und anzeigt, andere Zeichen hingegen nicht beeinflußt.

PostScript Eine vielseitige Befehlssprache, dessen Zweck die Ausgabe von Text auf qualitativ hochwertigen Druckern (in der Regel Laserdrucker) ist. Einige Textverarbeitungsprogramme (wie *Word* und *WordPerfect*) unterstützen die Ausgabe von Text mit in dieser Sprache festgelegten Formatierungsbefehlen.

Programmabsturz (*hanging*) Beschreibt eine Situation, in der keine weiteren Tastatureingaben mehr zur Zentraleinheit übermittelt werden. Einziger Ausweg: System neu booten (per Warm- oder Kaltstart).

Programmodus (*programme mode*) In *dBASE* gibt es zwei Möglichkeiten, ein Programm zu betreiben. Die erste wird als der direkte Befehlsmodus bezeichnet, die zweite als Programmodus. Für erstere wird jeder vom Benutzer eingegebene Befehl ausgeführt, sofern die Syntax korrekt ist. Im Programmodus werden eine Reihe genauestens definierter Befehle, die zur Ausführung einer bestimmten

Aufgabe vorgesehen sind, von der Festplatte/Diskette eingelesen und ausgeführt. Anschließend kehrt der Benutzer zum Prompt zurück.

Protokoll Eine Reihe von Anweisungen, die den Datenfluß in einer Übertragungsleitung regeln.

Pulldownmenü Ein Menü, das unter einer Menüleiste geöffnet wird. Dies kann entweder durch Eingabe des Anfangsbuchstabens des ersten Wortes in der Menüleiste oder durch Bewegen des Mauszeigers und Anklicken des entsprechenden Begriffs geschehen.

RAM, Speicher mit wahlfreiem Zugriff Eine Abkürzung für *random access memory* im Gegensatz zu *read only memory* (ROM). Hiermit ist eine Art von Speicher gemeint, aus dem nach Belieben gelesen werden kann, und in den jederzeit Daten geschrieben werden können. Der Arbeitsspeicher eines Computers ist immer ein RAM, wohingegen das BIOS eines Computers ROM ist.

Rechenoperation (*arithmetical operation*) Alle vom Computer ausgeführten Vorgänge sind an sich arithmetische Operationen, wenngleich dies auf der Benutzeroberfläche nicht immer sichtbar wird. So würden Sie bspw. bei der Kursiv-Formatierung von Text kaum auf den Gedanken kommen, dies als arithmetische Operation zu betrachten, für den Computer ist es aber tatsächlich eine solche Operation. Aufgrunddessen ist der Begriff 'arithmetische Operation' nur solchen Fällen vorbehalten, bei denen diese vom Benutzer auch nachvollziehbar sind, z.B. für die Addition, Multiplikation usw.

Reichweite (*scope*) Legt Art und Umfang der Bearbeitung von Datensätzen für eine Vielzahl von Befehlen der *dBASE*-Umgebung fest.

Reindizieren Das Aktualisieren einer Indexdatei, so daß diese mit der zugehörigen Datenbank wieder übereinstimmt. Die Durchführung dieser Operation ist ausgesprochen wichtig, wenn sichergestellt werden soll, daß die Reihenfolge der Anzeige korrekt sein soll.

Reserviertes Wort. Ein Wort, das eine Anweisung der *dBASE*-Programmier-sprache darstellt. Aus diesem Grunde darf es nicht anderweitig verwendet werden, z.B. als Feldname oder als Variablenname.

Rollen, blättern (*scrolling*) Bezeichnet die Möglichkeit der Bearbeitung von Daten über den Bildschirmrand hinaus: Nachdem der Cursor am Zeilenende einer Bildschirmseite angelangt ist, wird der Text von rechts nach links bewegt, so daß weitere Zeichen bis zum tatsächlichen Ende eines Feldes, das von der Struktur der Datenbank bestimmt ist, eingegeben werden können.

ROM, Fest(wert)speicher Eine Abkürzung für *read only memory*. Der Begriff bezieht sich auf einen Typ von Chip, bei dem die Daten, im Gegensatz zu RAM, nur gelesen, nicht jedoch verändert oder überschrieben werden können.

RS-232 C Ein Standard der Datenübertragung am seriellen Port des Computers.

Rückmeldung (*echo*) Rückmeldungen des Computers während einer Opera-tion, deren Ausgabe auf dem Bildschirm oder Drucker erfolgen kann. Sowohl für DOS wie auch für eine Vielzahl weiterer Programme kann *echo* an- und ausgestellt werden.

Schließen (*close*) In technischer Hinsicht wird dieser Ausdruck verwendet, um den Prozeß zu beschreiben, der das Sichern aller an einer Datei vorge-nommenen Änderungen umfaßt, die sich noch im Arbeitsspeicher (d.h. in einem DOS-Puffer) befinden. Der Vorgang kann auch das Entfernen von temporären Dateien bedeuten, die von der Software u.U. zu Zwecken des Zwischen-speicherns erstellt wurden. Das unsachgemäße Verlassen eines Programms (wie etwa durch Warm- oder Kaltstart) bedeutet somit zwangsläufig, daß alle im Arbeitsspeicher befindlichen Daten unwiederbringlich verloren gehen. Für einige ältere Programme gilt sogar, daß die zuvor bearbeitete Version einer Datei von der Diskette/Festplatte aus nicht mehr zugänglich ist, wenn das Programm erneut gestartet wird.

Schlüsselfeld (*keyfield*) Die Steuerung eines Befehls (wie SEEK oder FIND in der *dBASE*-Umgebung) durch eine Indexdatei basiert stets auf einem oder mehreren Feldern der Datenbank, die vom Benutzer während der Erstellung der Indexdatei spezifiziert werden. Die Anzeige der Datensätze erfolgt dann von diesem Feld ausgehend in meist alphabetischer Reihenfolge. Sofern Sie eine Datenbank auf Basis eines anderen Feldes durchsuchen wollen, müssen Sie den *locate*-Befehl verwenden, der eine lineare Suchoperation auslöst.

Schnittstelle (*interface*) Der gemeinsame Berührungspunkt von mehreren Geräten, Systemen, Teilsystemen oder Benutzer und System. Der Begriff bezeichnet auch einen Bestandteil der Hardware, der den Datenaustausch zwischen zwei Geräten, bspw. Computer und Drucker, regelt.

Schnittstelle (*port*) Eine Ausgabebuchse eines Computers. Man versteht hierunter sowohl die Hardware, die tatsächliche, physische Buchse, als auch die Software als Ausgabeziel, z.B. lpt1, com1, usw. DOS bietet in der Regel die Anwahl von drei parallelen und drei seriellen Schnittstellen an, was für normale Anwendungen bei weitem ausreicht. Die parallele Schnittstelle ist normalerweise dem Drucker vorbehalten und kann direkt an die Hauptplatine des Computers oder an die Graphikkarte angeschlossen werden. Die serielle Schnittstelle ist für bestimmte Druckertypen und zu Kommunikationszwecken vorgesehen. Die Mehrzahl der PCs verfügt über beide Schnittstellenarten.

Schriftart, Font Ein fester oder Software-Zeichensatz, der die Buchstaben des Alphabets, die Zahlen 0 bis 9, verschiedene Satzzeichen und normalerweise eine Reihe diakritischer Zeichen enthält, die allesamt in einheitlicher Weise gestaltet sind. Beispiele sind die Zeichensätze Times Roman, Helvetica, Courier und Letter Gothic.

Schrittschaltung (*pitch*) Gibt die Anzahl der pro Zoll gedruckten Zeichen wieder. Häufigste Zeichendichten sind Pica (= 10 Zeichen/Zoll) und Elite (= 12 Zeichen/Zoll). Die Mehrzahl der Drucker verfügt auch über Breit- und Schmalschrift. Schrittschaltung bezieht sich normalerweise nicht auf die Zeichenhöhe. Um horizontale wie vertikale Zeichengröße anzugeben, verwendet man den Begriff Punktdichte, wie es für die Schriftarten eines Laserdruckers etwa der Fall ist.

SDF-Format Dieser Begriff bezeichnet eine Form der Datensicherung von Datenbanken als Textdateien. In solchen Dateien beansprucht jede Textzeile so viele Zeichen, wie der tatsächlichen Länge aller Felder entsprechen. Sollten die Einträge eines Feldes dessen Länge unterschreiten, wird die Textzeile mit Leerzeichen aufgefüllt, damit das folgende Feld in der vorgesehenen Spalte anfängt. Somit entspricht letztendlich jede Textzeile der tatsächlichen Länge aller Felder des jeweiligen Datensatzes der Quelldatenbank. SDF ist eine Abkürzung für *system data format*.

Selektieren (*select*) Mit diesem Befehl der *dBASE*-Umgebung können Sie einen der Arbeitsbereiche anwählen, in denen Datenbanken geöffnet werden können. Während der Editierung einer Datenbank können Sie zwischen verschiedenen Arbeitsbereichen hin- und herschalten (im *Vieweg Datenbank-Manager* stehen Ihnen zwei Arbeitsbereiche zur Verfügung).

Seriell (*serial*) Eine Art der Datenübertragung, bei der Daten hintereinander im Gegensatz zu paralleler Übermittlung gesendet oder empfangen werden.

Set-Befehle (*set commands*) Dieser Begriff umfaßt eine Gruppe von Befehlen der *dBASE*-Umgebung, mit deren Hilfe eine Vielzahl von Faktoren, die die Hardware betreffen, festgelegt werden. So wird bspw. vorab determiniert, ob für das Überschreiben von Dateien eine Bestätigung an das System durch den Benutzer erforderlich ist, ob Operationen, die die Festplatte oder die Diskette einschließen, auf dem Bildschirm ausgegeben werden sollen usw.

Setup (*setup*) Eine Anzahl von Parametern, denen beim Starten eines Programms bestimmte Werte zugewiesen werden, die ihrerseits eine Reihe von Optionen in der einen oder anderen Weise festlegen. Häufig können die Einstellungen für die Startoptionen auf Diskette oder Festplatte gesichert werden, so daß jene nicht zu Beginn jeder Arbeitssitzung neu eingegeben werden müssen. Die Werte verschiedener Parameter werden in der Regel in einer Datei abgespeichert, die beim Laden des jeweiligen Programms gelesen wird. Diese Datei trägt immer eine charakteristische Extension wie `.ini`. (s. nächsten Eintrag).

Setupdatei Die Datei, in der die Einstellungen für die Setupoptionen für ein bestimmtes Programm abgelegt werden. Diese wird dann vom zugehörigen Programm während des Ladens miteingelesen (vgl. die Datei vdm.ini beim *Vieweg DatenbankManager*, in der den Setupoptionen zugewiesene Werte abgelegt sind und beim Laden des Programms den hierfür vorgesehenen Variablen zugewiesen werden).

Sichern, speichern (*saving*) Der Vorgang der Übertragung einer Datei aus dem (flüchtigen) Arbeitsspeicher auf ein Festspeichermedium (Festplatte/ Diskette), wo diese so lange gespeichert bleibt, bis sie durch eine neue Datei überschrieben oder sogar gelöscht wird.

Software Alle Daten oder Programme, die nur in Form (flüchtiger) magnetischer Muster auf einer Festplatte/Diskette verfügbar sind und in den Arbeitsspeicher geladen werden müssen, bevor mit diesen gearbeitet werden kann.

Sortieren Der Vorgang des Anordnens von Daten, die normalerweise in Form von Datensätzen eingegeben wurden, in einer bestimmten Reihenfolge, wie etwa aufsteigender alphabetischer Reihenfolge.

Sortierreihenfolge In Datenbankverwaltungssystemen unterscheidet man zwei Sortierreihenfolgen: (i) aufsteigend, von A bis Z und (ii) absteigend von Z bis A. Hinzu kommt die Berücksichtigung von Klein- und Großschreibung oder deren bewußte Ignorierung.

Sortierung Eine der wichtigsten Funktionen, wenn nicht die wichtigste Funktion, eines Datenbankverwaltungssystem. Basierend auf einem als Schlüsselfeld ausgewiesenen Feld reiht die Sortierfunktion die Datensätze einer Datenbank in alphabetischer, numerischer oder chronologischer Reihenfolge aneinander. In *dBASE* wird mit Ausführen dieser Option stets eine neue Datei erstellt.

Soundex Ein Suchalgorithmus für Datenbanken mit englischsprachigen Einträgen, mit dessen Hilfe nach Wörtern (in Datensatzfeldern) gesucht wird, die mit einem vom Benutzer eingegebenen (phonetischen) Klangbild weitgehend identisch sind.

Speicherorientiert (*memory oriented*) Bezeichnet eine Art der Datenverwaltung, bei der Dateien vollständig in den Arbeitsspeicher geladen werden müssen. Aus diesem Grund ist die Obergrenze für die Größe der bearbeitbaren Dateien erwartungsgemäß niedrig, obwohl Möglichkeiten des Übertrags, wie etwa das Zusammenführen mehrerer zueinandergehöriger Teildateien, normalerweise vorhanden sind.

Speicherresident Als speicherresident werden diejenigen Programme bezeichnet, die im Arbeitsspeicher bleiben, nachdem sie geladen wurden, selbst wenn deren Ausführung abgebrochen wurde. Durch Betätigen eines bestimmten Tastenschlüssels können diese Programme dann erneut aktiviert, d.h. aus dem Hintergrund nach vorne geholt werden, bis sie durch Beenden des Programms wieder in den Hintergrund verschoben werden.

Sperren (*lock*) Diese Funktion der *dBASE*-Umgebung ermöglicht das Sperren einer Datei im Netzwerkbetrieb, so daß sie vor Änderungen durch andere Benutzer geschützt wird. Sofern Sie eine Datei sperren, beschränkt sich der Zugriff für alle anderen Benutzer auf das Lesen dieser Datei.

SQL Eine vielseitige Abfragesprache, die bei der Verwaltung von Datenbanken, meist auf Großrechnern, verwendet wird. Ihre Anwendung ist relativ unkompliziert und stellt viele weiterentwickelte Eigenschaften von Datenbankverwaltungsprogrammen zur Verfügung. Die neueste Version von *dBASE* (IV) weist eine SQL-Schnittstelle auf. Die Abkürzung steht für *structured query language* (dt. strukturierte Abfragesprache).

Stammverzeichnis (*root directory*) Das Hauptverzeichnis einer Festplatte/ Diskette, das sich auf einer Ebene oberhalb aller Unterverzeichnissse befindet. Es wird am DOS-Prompt durch einen umgekehrten Schrägstrich '\' markiert.

Stapelverarbeitungsdatei (*batch file*) Eine bestimmte Dateiart, die eine Folge von DOS-Befehlen oder Programmaufrufen enthält und die durch Eingabe des Filenamens auf der Ebene des Betriebssystems gestartet wird.

Statuszeile (*status bar*) Eine am oberen oder unteren Bildschirmrand befindliche Leiste, anhand derer bestimmte Systeminformationen, wie benutzte
Dateien, aktuelles Laufwerk usw. angezeigt werden können.

Steckplatz (*slot*) Eine lange Buchse auf der Hauptplatine des PCs, in die eine
Erweiterungskarte gesteckt werden kann. Die Buchse enthält Kontakte, die mit
dem parallelen Bus des Computers verbunden sind, so daß die Peripheriekarte
an das Bussystem des Computers angeschlossen ist. Beachten Sie hier, daß die
Steckplätze eines PCs kürzer sind als jene eines AT (aufgrund der Tatsache, daß
der parallele Bus des PCs schmaler ist als der des ATs). Aufgrunddessen passen
Peripheriekarten eines PCs nicht immer in die Steckplätze eines ATs. Zwei
dieser Erweiterungsschächte des ATs stimmen allerdings mit der Größe der
eines PCs überein, infolgedessen können dort Erweiterungskarten, die an sich
für die Verwendung in PCs intendiert sind, eingesetzt werden.

Steuerungstaste (*Control-key*) Eine Taste, die sich links und rechts unterhalb
des mittleren, alphanumerischen Tastenblocks befindet. Diese Hilfstaste hat
keine eigene Funktion. In Verbindung mit anderen (alphanumerischen) Tasten
können aber Programmfunktionen ausgelöst werden. Auf der Ebene des
Betriebssystems kommen vielen Tastenkombinationen aus <Strg>-Taste und
Buchstabe(n) spezielle Funktionen zu. Informieren Sie sich über eine Zu-
sammenstellung dieser mit Hilfe Ihres DOS-Handbuchs.

Strukturdatenbank (*structure database*) Eine bestimmte Art von Datenbank,
dessen einzelne Datensätze Angaben zu Art und Anordnung der Felder einer
Quelldatenbank beinhalten, aus der die Strukturdatenbank erstellt wurde.
Infolgedessen weist eine Strukturdatenbank genauso viele Felder auf, wie in den
Datensätzen der Quelldatenbank enthalten sind. Im *Vieweg DatenbankManager*
können Strukturdatenbanken erstellt, editiert, allerdings nicht zur Erstellung
neuer Datenbanken herangezogen werden, da diese auf direktem Wege innerhalb des *Vieweg DatenbankManagers* erzeugt werden können.

Substring Wie aus dem Namen hervorgeht, handelt es sich hier nur um
partielle Zeichenfolgen. Im Zusammenhang mit Datenbankverwaltungssystemen
wird der Begriff normalerweise für Zeichenfolgen verwendet, die kürzer als ein
Feld sind, und zur Ausführung von Suchoptionen eingesetzt werden. Sofern Sie

bspw. nach der Teilzeichenfolge "Neu" im Feld NACHNAME einer Datenbank suchen, würden (ganze) Zeichenfolgen wie "Neumann", "Neumaier" usw. zurückgegeben.

Suchen (*seek*) Ein Befehl der *dBASE*-Umgebung, mit dessen Hilfe eine Datenbank unter Verwendung einer Indexdatei durchsucht wird. Das Durchsuchen einer Datenbank, das ohne Zuhilfenahme einer Indexdatei geschieht, wird mit dem *locate*-Befehl realisiert.

Summieren (*sum*) Ein Befehl der *dBASE*-Umgebung, der alle Einträge eines numerischen Feldes einer Datenbank zusammenzählt und die Gesamtsumme ausgibt.

Systembedingt (*system determined*) Gegenteil zu benutzerdefinierbar. Jeder Bestandteil eines Programms, der von bestimmten Eigenschaften des Computers abhängt.

Systemsicherung (*backup system, tape streamer*) Eine Art der Datensicherung, bei der alle Daten der Festplatte auf ein Magnetband übertragen werden, dessen einziger Zweck das Bereitstellen einer Sicherungskopie der Festplatte ist. Diese Daten sind normalerweise nur dann lesbar, wenn Sie auf eine Festplatte zurückkopiert wurden.

Systemstart (*boot*) Der Vorgang des Systemstarts nach Einschalten des Computers. Der Ausdruck stellt eine Abkürzung für *bootstrap loading* dar. Es gibt zwei Arten des Systemstarts: (i) Kaltstart, der voraussetzt, daß der Computer ausgeschaltet war, (ii) Warmstart (oder *reset*), der die Zentraleinheit einfach zurücksetzt und so die anfängliche Startroutine auslöst, wenngleich hier der Arbeitsspeicher nicht getestet wird, wie das beim Kaltstart der Fall ist. Um einen Warmstart auszulösen, müssen Sie eine fest vorgegebene Tastenkombination eingeben, die nur mit beiden Händen möglich ist, so daß deren versehentliche Eingabe so gut wie ausgeschlossen ist. Für den PC besteht diese Tastenkombination aus dem gleichzeitigen Betätigen der Tasten <Strg-Alt +Del>. Für manche Situationen nach Programmabsturz genügt ein Warmstart allerdings nicht. Der Grund hierfür liegt im allgemeinen darin, daß Tastatureingaben nicht mehr verarbeitet werden können.

Tabelle Ein Synonym für Datenbank. Vorteilhaft erscheint bei der Verwendung dieses Begriffs, daß er die Ähnlichkeit in der Struktur und Verwaltung von Daten in Datenbankverwaltungssystemen und Tabellenkalkulationen betont. In der *structured query language* (SQL) wird dieser Ausdruck verwendet, um Datenbanken zu bezeichnen.

Tabellenkalkulation(sprogramm) (*spreadsheet*) Ein Datenbanktypus, der hauptsächlich der Bearbeitung von Zahlen dient. Die Benutzeroberfläche einer Tabellenkalkulation unterscheidet sich normalerweise von jener einer herkömmlichen Datenbank. Der Bildschirm ist hier in Zeilen und Spalten eingeteilt, die einzelne Zellen enthalten, in die Zahlen eingegeben werden können (diese Zellen sind durch Eingabe von Zeilen- und Spaltenkoordinaten zugänglich). Folglich beinhalten die Operationen, die auf der Basis dieser Zellen ausgeführt werden, typische mathematische Berechnungen, obwohl auch Zeichenfolgen in begrenztem Umfang bearbeitet werden können. Es ist wichtig zu wissen, daß eine Zelle die kleinste Struktureinheit einer Tabellenkalkulation darstellt. Dies steht im Gegensatz zu gewöhnlichen Datenbanken, deren kleinste Informationseinheit in Datensätzen angeordnete Felder sind. Man könnte die Analogie so verstehen, daß eine Zelle einer Tabellenkalkulation einem Datensatz mit nur einem numerischen Feld gleichkommt. Operationen wie Suchen oder Sortieren stehen in Tabellenkalkulationen normalerweise ebenso zur Verfügung.

Tastatur (*keyboard*) Bezeichnet die flache, austauschbare Konsole mit 83 bis 102 Tasten, die mittels eines DIN-Kabels mit dem Computer verbunden ist und der Eingabe von Befehlen und Text dient. Unter den nach Größe variierenden Tastaturen gibt es solche, deren Tasten Funktionen frei zugeordnet werden können.

Tastaturlayout (*keyboard layout*) Für PCs existieren heute verschiedene Tastaturlayouts. Anfangs gab es nur eines, das für den ursprünglichen PC entworfen wurde. Ein anderes wurde von IBM für den AT eingeführt. 1986 folgte ein weiteres, das für die neuesten Versionen des PC-XT und PC-AT entwickelt worden war. Andere Hersteller greifen bisweilen auf unterschiedliche Layouts für bestimmte Tastaturen zurück. Der von den Tasten generierte Abtastcode (engl. *scancode*) darf hingegen keinesfalls unterschiedlich sein, selbst wenn die Tasten auf der Tastatur andersartig angeordnet oder unterschiedlich groß sein sollten.

Tastaturtreiber (*keyboard driver*) Ein kleines Programm der DOS-Ebene, das resident geladen wird, und fremdsprachliche Zeichen, die im englischen Alphabet nicht enthalten sind, zur Verfügung stellt, z.B. die Umlaute und β des Deutschen.

Telekommunikation, Datenfernübertragung Ein Bereich der Datenverarbeitung, bei dem Daten über große Entfernungen, entweder über Telefonleitungen, Satellit oder ein anderes Medium, übertragen werden.

Temporäre Datei Dieser Ausdruck bezeichnet jede Datei, die im Laufe einer Operation vorübergehend erstellt wird, um mit Beendigung des Vorgangs gelöscht zu werden.

Terminal Eine Geräteeinheit (Tastatur und Bildschirm), die an einen Großrechner angeschlossen ist. Eine Benutzerstation kann Rechnerintelligenz verschiedenen Umfangs aufweisen, je nachdem, ob sie etwa über einen eigenen Drucker, Speichermöglichkeiten (Festplatte) usw. verfügt.

Textverarbeitung(sprogramm) (*word processor*) Neben Datenbankverwaltungssystemen einer der am häufigsten verwendeten Programmtypen. Man kann ohne weiteres behaupten, daß jeder Computeranwender Erfahrungen mit Textverarbeitungen hat, da diese die herkömmliche Schreibmaschine direkt ersetzen. Die hier verarbeiteten Daten sind zeilenweise strukturiert, wobei die Zeilen eine unterschiedliche Länge aufweisen und durch einen Wagenrücklauf (und/oder Zeilenvorschub) abgeschlossen sind. Die Bearbeitungsmöglichkeiten gegenüber Datenbanksystemen sind hinsichtlich mancher Funktionen beschränkt, da Textdateien, im Gegensatz zu den Datensätzen und den Feldern einer Datenbank, keine regelmäßige, interne Struktur aufweisen.

Tintenstrahldrucker (*inkjet*) Eine Druckerart, dessen Druckkopf mit einer Reihe winziger Düsen versehen ist, von denen jede einzelne feinste Tintentröpfchen in festgelegter Abfolge auf das Papier spritzt, und deren Anordnung schließlich die Abbildung der Buchstaben wiedergibt. Diese Drucker arbeiten fast vollständig geräuschlos, da es sich um nicht-mechanische, berührungsfreie Druckvorgänge handelt.

Tool Ein allgemein gebräuchlicher Begriff aus der Computerfachsprache, der etwa soviel bedeutet wie Hilfsprogramm (engl. *utility*), womit wiederum ein kleines Programm bezeichnet wird, dessen Nutzen in der Ausführung einer mehr oder weniger klar umrissenen Aufgabe besteht.

Überlauf (*overflow*) Ein allgemein gebräuchlicher Begriff für das Überschreiten einer bestimmten Schaltschwelle. In der Datenverarbeitung bezeichnet man damit das Ergebnis einer arithmetischen Berechnung, das größer ist als der zulässige Wert einer Variable. Bei der Verwaltung einer Festplatte wird mit diesem Begriff Bezug auf einen Vorgang genommen, bei dem Teile einer Datei, die den verfügbaren Umfang an Arbeitsspeicher überschreiten, auf Festplatte/ Diskette geschrieben werden.

Überspringen (*skip*) Mit diesem *dBASE*-Befehl wird der Datensatzzeiger zum Wechseln auf den nächsten Datensatz veranlaßt.

Umgebung (*environment*) Ein Begriff, der auf Betriebssysteme wie Anwendungssoftware gleichermaßen zutrifft, wenn diese eine Einheit hinsichtlich der Befehlsstruktur, der Dateiverwaltung usw. bilden. Eine Umgebung besteht normalerweise aus Betriebssystem, Datenbankverwaltung und häufig auch Textverarbeitung. Ein Beispiel für eine Großrechner-Umgebung ist Unix mit all seinen bekannten Sekundärprodukten. Eine graphische Umgebung für PCs bietet Microsoft *Windows*.

Umschalttaste (*Shift-key*) Eine der Hilfstasten, die bewirkt, daß alle Buchstaben groß geschrieben und alle Zahlen in Form der auf der jeweiligen Taste darüberstehenden Zeichen realisiert werden. Beachten Sie in diesem Zusammenhang den Unterschied zwischen der < Shift >- und der < CapsLock >- Taste: Letztere wirkt sich auf die Eingabe der Zeichen bis zu erneuter Betätigung aus, während erstere (bei älteren Tastaturtypen) permanent gedrückt werden muß, damit die Zeichen in oben beschriebener Weise ausgegeben werden. Letztere wirkt sich darüber hinaus im Gegensatz zu ersterer nur auf die veränderte Eingabe der Buchstaben, nicht jedoch auf die Zahlen aus. Die

<Shift>-Taste kann in Kombination mit einer Funktionstaste verwendet werden, wodurch zehn weitere Programmbefehle ermöglicht werden. Im *Vieweg DatenbankManager* sind allen zehn Kombinationen aus <Shift> und einer Funktionstaste Befehle zugewiesen.

Unterer ASCII-Bereich Die (ASCII-) Zeichen von $0 bis $127. Sie beinhalten Druckersteuercodes ($0 - $31), alphanumerische Zeichen ($32 - $126) und das Löschsymbol ($127). Der untere ASCII-Bereich ist, im Gegensatz zum oberen, im wesentlichen normiert. Systeme, in denen nur auf den unteren ASCII-Bereich zugegriffen werden kann, werden als 7-bit-Systeme bezeichnet, da das achte Bit zur Erkennung der übrigen 128 Zeichen nicht angesprochen werden kann.

Unterverzeichnis (*subdirectory*) Ein Bereich unter dem Stammverzeichnis einer Festplatte. Mehrere Unterverzeichnisse sind in der Regel zu finden; diese können wiederum in einem hierarchischen Verhältnis zueinander stehen.

Variable Streng genommen ist hiermit ein Speicherbereich gemeint, in dem bestimmte Information abgelegt werden können. Diese können numerischer oder alphanumerischer Natur sein. Eine Variable weist immer einen Namen und einen Inhalt auf. Sie kann als temporärer Behälter benutzt werden, um bspw. Ergebnisse einer Operation aufzufangen. Diese können dann verarbeitet werden, z.B. auf dem Bildschirm angezeigt, auf eine Platte gesichert oder als erneute Eingabe für eine weitere Operation eingesetzt werden.
Die diversen Programmiersprachen unterscheiden verschiedene Variablenklassen, d.h. daß in einigen - wie etwa Pascal - logische bzw. Boolesche Variablen zulässig sind. Andere Programmiersprachen wiederum - wie etwa C - trennen sorgfältig Inhalt und Speicheradresse einer Variablen. Aus praktischen Gründen sind Variablen für das Programmieren unerläßlich, da sie vielfältige Verarbeitungsmöglichkeiten zulassen, wie die Eingabe und Speicherung von Daten durch den Benutzer, das Sichern temporärer Informationen während eines Programmablaufs usw.

Verbinden (*join*) Ein Befehl aus der *dBASE*-Umgebung, der das Zusammenfügen von zwei bereits existierenden Datenbanken zu einer neuen bewirkt. Unter den verschiedenen, hier möglichen Operationen wurde für den *Vieweg DatenbankManager* festgelegt, daß das Zusammenfügen von Datenbanken über einen Import von Datensätzen aus einer Datenbank in eine schon angewählte Datenbank geschieht.

Versteckte Dateien, Systemdateien (*hidden files*) Dateien, die bei der Ausgabe des Verzeichnisinhalts auf der DOS-Ebene normalerweise nicht auf dem Bildschirm angezeigt werden (obwohl Dateimanager den Zugriff auf diese häufig erlauben). Diese werden als Systemdateien bezeichnet und sind Teil des Betriebssystems oder häufig eines Programms, das einen Kopierschutz aufweist. Systemdateien können nicht ohne weiteres kopiert werden. Um diese auf Festplatte/Diskette zu übertragen, muß der Parameter /s (beim Formatieren) oder der DOS-Systembefehl, sys und die neu formatierte Platte/Diskette als Ziel eingegeben werden. Systemdateien bilden zusammen mit der Datei command.com den Kern des Betriebssytems.

Wagenrücklauf (*carriage return*) (i) Ein Druckerbefehl (ASCII-Code $13), der den Druckkopf an den linken Rand einer Seite zurücksetzt. (ii) Ein Befehl, der den Cursor zum linken Rand der folgenden Zeile bewegt. Ein verwandter Befehl lautet *line feed* (d.h. Zeilenvorschub) (ASCII $10), der den Cursor streng genommen eine Zeile nach unten verschiebt, ohne diesen an den linken Rand zurückzusetzen.

Weicher Zeilenumbruch (*soft carriage return*) Ein Zeichen (häufig $141, d.h. $13 + 128), das das Zeilenende innerhalb eines Textes anzeigt, ohne daß dies zwingenderweise die Fortsetzung der Zeile am linken Rand der nächsten Bildschirmreihe zur Folge hätte.

Wiederherstellen (*rollback*) Ein Befehl der *dBASE*-Umgebung, der die Wiederherstellung von Daten einer Operation ermöglicht, die nicht vollständig oder fehlerhaft durchgeführt wurde. Diese Funktion dient dem Zweck, Datenmaterial, auf das für die Ausführung von bestimmten Operationen zugegriffen wird, nicht vor dessen vollständiger, erfolgreicher Bearbeitung zu verlieren.

Wildcards Ein Synonym für Zeichen, die nicht näher bestimmt werden und denen dann (normalerweise auf der DOS-Ebene) vorhandene Dateinamen zugewiesen werden. Für das Betriebssytem existieren zwei wild cards, ? und *. Erstere steht als Platzhalter für ein Zeichen, letztere für mehrere Zeichen. Die

Verwendung dieser Platzhalter erweist sich als äußerst nützlich, um den Wirkungsbereich eines Befehls auszudehnen: Bspw. führt die Eingabe `dir *.txt` zur Anzeige aller im aktuellen Verzeichnis vorhandenen Dateien mit der Extension `.txt`, ungeachtet des vorangehenden Namens. Ein anderes Beispiel wäre die Eingabe `copy brief?.doc a:\`, wodurch alle Dateien auf Laufwerk `a:` kopiert würden, deren Namen mit der Zeichenfolge `brief` beginnt und ein weiteres Zeichen, etwa eine Zahl oder einen zusätzlichen Buchstaben, enthält.

Winchester-Platte   Die ursprüngliche Bezeichnung für eine Festplatte, die einer anfänglich verwendeten Code-Bezeichnung für diese Geräteeinheit entstammt, als sie von IBM zu Beginn der Siebziger-Jahre entwickelt wurde. Der Vorgang der Datenaufzeichnung ist im wesentlichen vergleichbar mit der Sicherung von Daten auf Diskette: eine dünne Beschichtung magnetisierbaren Materials auf einem Trägermedium wird so magnetisiert, daß sie mit der Struktur der einzugebenden Daten übereinstimmt.

Wörterbuchdatenbank (*dictionary database*)   Eine spezielle Art von Datenbank, die Informationen zu anderen Datenbanken und dazugehörigen Dateien enthält. Sie kann zur Überwachung komplizierter Anwendungsprogramme verwendet und ggf. zu Rate gezogen werden. Ähnelt in etwa dem Katalog in der *dBASE*-Umgebung.

Zeichen (*character*)   (i) Ein Ausdruck für ein Zeichen, das zur Darstellung auf dem Bildschirm verwendet wird und ursprünglich dem aus 128 Symbolen bestehenden ASCII-Zeichensatz entnommen ist. Der IBM-PC-Zeichensatz enthält 256 Zeichen, wobei die letzten 128 PC-spezifisch sind und allgemein unter dem Begriff "oberer ASCII-Bereich" bekannt sind. (ii) Ein Begriff zur Bezeichnung eines bestimmten Datentyps, der in Datenbankumgebungen oder Programmiersprachen verarbeitet wird. Der Datentyp *character* bezieht sich auf alle Symbole des ASCII-Zeichensatzes.

Zeilenvorschub (*line feed*)   Ein Druckerbefehl (ASCII-Code $10), der die Druckwalze um den im kontrollierenden Programm eingestellten Zeilenabstand weiterbewegt, somit also bspw. um 1/6 Zoll, wenn 6 Zeilen/Zoll eingestellt wurden.

Zelle (*cell*) Struktureinheit einer Tabellenkalkulation. Eine Zelle erscheint als hell hervorgehobener Balken an einem Punkt einer Spalte/Zeile (ausgehend von der linken oberen Ecke des Bildschirms). Eine Zelle kann numerische Daten enthalten, und es können auf Zellengruppen basierende arithmetische Operationen durchgeführt werden. Zellelemente können auch alphanumerische Zeichen enthalten, um zu gewährleisten, daß in Tabellenkalkulationen ein Minimum an Text, bspw. für Überschriften, Spaltenbeschreibungen usw. einbezogen werden kann.

Zentraleinheit (*central processing unit*) Das eigentliche Herz des Computers. Die Zentraleinheit eines Computers wird oftmals Mikroprozessor oder einfach Prozessor genannt. Dieser sitzt im Hauptchip der Grundplatine und vereint sämtliche Bestandteile, die die für das Funktionieren des Computers notwendigen Operationen ausführen. Als Mindestausstattung muß je ein Bestandteil zur Ausführung arithmetischer und logischer Operationen (ALU = *arithmetic and logic unit*), zur Steuerung (CU = *control unit*) und zur Bereitstellung von Primärspeicher vorhanden sein. Letzterer unterscheidet sich vom Arbeitsspeicher in Form von Chips, die nach Banken geordnet sind und die sich an anderer Stelle der Grundplatine befinden.

Zugriff (*access*) Die Möglichkeit des Zugriffs auf Daten, die sich auf einem bestimmten Speichermedium, z.B. einer Festplatte, befinden. Dieser wird in der Regel von einem Programm, das bestimmte Datentypen verarbeitet, vorgegeben. Es können auch verschiedene Zugriffsebenen festgelegt werden. Dies erhält vor allem für das Arbeiten in Netzwerken, wo Dateien und Programme von unterschiedlichen Stationen verwaltet werden, zusätzliche Bedeutung.

Zurückholen (*restore*) (i) Ein DOS-Befehl, der auf Diskette gesicherte Daten einer Festplatte wieder zurückkopiert, (ii) ein Befehl der *dBASE*-Umgebung, der eine Datei mit Variablen öffnet und die dort enthaltenen Werte (der Variablen) zugänglich macht. Im *Vieweg DatenbankManager* werden Werte aus einer früheren Arbeitssitzung zurückgeholt, indem das Programm beim Starten die Setupdatei vdm.ini liest und daraus entsprechende Werte gewinnt.

Zurücknehmen, widerrufen (*recall, undo*) Eine grundlegende Funktion jeder guten Software, die die Aufhebung eines Löschbefehls ermöglicht. Zuweilen können durch diese Funktion auch mehrere verschiedene Löschbefehle rückgängig gemacht werden. Ein Befehl der *dBASE*-Umgebung, der *recall* lautet, ermöglicht das Entfernen aller Löschmarkierungen, die während der Bearbeitung einer Datenbank eventuell gesetzt wurden. Eine analoge Funktion steht im *Vieweg DatenbankManager* zur Verfügung, in dem man während der Editierung <Strg-W> (*Löschmarkierung entfernen*) drückt.

Zusammenführen (*merge*) Eine Operation, bei der Informationen aus einer Datenbank extrahiert und an vorbestimmten Stellen eines Textes eingefügt werden. Das einleuchtendste Beispiel ist hier der Serienbrief, für den Adresse und Name der einzelnen Empfänger in einen vorgefertigten Brieftext eingefügt und mit der jeweiligen Adresse ausgedruckt werden, so daß der Eindruck entsteht, jeder Brief wäre einzeln verfaßt worden.

Zusatztaste (*Auxiliary key*) Ein Ausdruck, der eine Taste ohne eigene Funktion bezeichnet, so daß dessen alleinige Betätigung noch keine Wirkung hervorruft. Sie wird daher nur in Kombination mit einer weiteren, normalerweise alphanumerischen Taste betätigt. Die <Shift>-, <Strg>- und <Alt>-Tasten, die in Kombination mit den Funktionstasten im *Vieweg DatenbankManager* betätigt werden, sind Beispiele für Zusatztasten.

Zwischenspeicher (i) (*buffer*) Ein Bereich des Arbeitsspeichers, in dem Daten zwischengespeichert werden, die nicht sofort bearbeitet werden können, wie z.B. Eingaben von der Tastatur, die nicht sofort zur Zentraleinheit weitergeleitet werden können. Der gleiche Ausdruck bezeichnet auch einen RAM-Bereich des Druckers (Speicher mit wahlfreiem Zugriff), in dem Daten so lange verbleiben, bis diese vom Drucker verarbeitet werden können. (ii) (*clipboard*) Ein Begriff aus der Textverarbeitung, der die Zwischenspeicherung von Text bezeichnet, der einer Datei entnommen wird, um anschließend in eine andere Datei oder eine andere Stelle der gleichen Datei eingefügt zu werden. Datenbanken können auch Clipboards aufweisen, die das Kopieren von Feldeinträgen zwischen Datensätzen ermöglichen (auch im *Vieweg DatenbankManager* vorhanden).

$ (*dollar symbol*) Das Symbol $ dient in der Datenverarbeitung verschiedenen Zwecken. (i) $ wird häufig verwendet, um anzuzeigen, daß die folgende Zahl als dezimaler Ausdruck interpretiert werden soll. Somit entspricht also $34 nicht der hexadezimalen Zahl 34 (= $52). Der Rückgriff auf dieses Zeichen ist erforderlich, da ansonsten hexadezimale Zahlen, deren Notation ohne Buchstaben erfolgt (wie die eben angeführte Zahl) nicht sofort als solche erkennbar wären. Alternativ findet sich auch bisweilen ein nachgestelltes H, somit also etwa 34H. (ii) In der *dBASE-* Umgebung findet sich das Dollarzeichen, um anzuzeigen, daß es sich um einen Teil einer Zeichenkette (*substring*) handelt, wie dies häufig für Bedingungsausdrücke oder die Ausgabe am Bildschirm oder in eine Datei der Fall ist.

\ (*backslash*) Der umgekehrte Schrägstrich ist eines der am häufigsten verwendeten diakritischen Zeichen des ASCII-Zeichensatzes. Auf der DOS-Ebene zeigt dieser an, daß die folgenden Zeichen für ein Verzeichnis anstelle eines Dateinamens stehen.

_ (*underscore*) Die Unterlinie hat eine wichtige Funktion als Äquivalent zu einem Leerzeichen an den Stellen, wo ein solches nicht zulässig ist. Will man bspw. eine Datei my db nennen, so muß my_db eingegeben werden, da ein Dateiname nie eine Leerstelle aufweisen darf.

Anhang

Der ASCII-Zeichensatz

(Unterer Bereich, 0-127)

	0	1	2	3	4	5	6	7	8	9
0	NUL	SOH	STX	ETX	EOT	ENQ	ACK	BEL	BS	HT
1	LF	VT	FF	CR	SO	SI	DLE	DC1	DC2	DC3
2	DC4	NAK	SYN	ETB	CAN	EM	SUB	ESC	FS	GS
3	RS	US	SP	!	"	#	$	%	&	'
4	(	)	*	+	,	-	.	/	0	1
5	2	3	4	5	6	7	8	9	:	;
6	<	=	>	?	@	A	B	C	D	E
7	F	G	H	I	J	K	L	M	N	O
8	P	Q	R	S	T	U	V	W	X	Y
9	Z	[	\	]	^	_	`	a	b	c
10	d	e	f	g	h	i	j	k	l	m
11	n	o	p	q	r	s	t	u	v	w
12	x	y	z	{	|	}	~	DEL		

Abkürzungen:

```
(  ^  @  ;  $0   )   NUL   =   null
(  ^  A  ;  $1   )   SOH   =   start of heading
(  ^  B  ;  $2   )   STX   =   start of text
(  ^  C  ;  $3   )   ETX   =   end of text
(  ^  D  ;  $4   )   EOT   =   end of transmission
(  ^  E  ;  $5   )   ENQ   =   enquiry
(  ^  F  ;  $6   )   ACK   =   acknowledge
(  ^  G  ;  $7   )   BEL   =   bell
(  ^  H  ;  $8   )   BS    =   backspace
(  ^  I  ;  $9   )   HT    =   horizontal tabulation
(  ^  J  ;  $10  )   LF    =   line feed
(  ^  K  ;  $11  )   VT    =   vertical tabulation
(  ^  L  ;  $12  )   FF    =   form feed
(  ^  M  ;  $13  )   CR    =   carriage return
```

```
( ^ N ; $14 )  SO  =  shift out
( ^ O ; $15 )  SI  =  shift in
( ^ P ; $16 )  DLE =  data link escape
( ^ Q ; $17 )  DC1 =  device control one
( ^ R ; $18 )  DC2 =  device control two
( ^ S ; $19 )  DC3 =  device control three
( ^ T ; $20 )  DC4 =  device control four
( ^ U ; $21 )  NAK =  negative acknowledge
( ^ V ; $22 )  SYN =  synchronous idle
( ^ W ; $23 )  ETB =  end of transmission block
( ^ X ; $24 )  CAN =  cancel
( ^ Y ; $25 )  EM  =  end of medium
( ^ Z ; $26 )  SUB =  substitute
( ^ [ ; $27 )  ESC =  escape
( ^ \ ; $28 )  FS  =  form separator
( ^ ] ; $29 )  GS  =  group separator
( ^ ^ ; $30 )  RS  =  record separator
( ^ _ ; $31 )  US  =  unit separator
(       $32 )  SP  =  space
(       $127)  DEL =  delete
```

(Oberer Bereich, 128-255)

	0	1	2	3	4	5	6	7	8	9
12									Ç	ü
13	é	â	ä	à	å	ç	ê	ë	è	ï
14	î	ì	Ä	Å	É	æ	Æ	ô	ö	ò
15	û	ù	ÿ	Ö	Ü	¢	£	¥	₧	ƒ
16	á	í	ó	ú	ñ	Ñ	ª	º	¿	⌐
17	¬	½	¼	¡	«	»	░	▒	▓	│
18	┤	╡	╢	╖	╕	╣	║	╗	╝	╜
19	╛	┐	└	┴	┬	├	─	┼	╞	╟
20	╚	╔	╩	╦	╠	═	╬	╧	╨	╤
21	╥	╙	╘	╒	╓	╫	╪	┘	┌	█
22	▄	▌	▐	▀	α	ß	Γ	π	Σ	σ
23	µ	τ	Φ	Θ	Ω	δ	∞	φ	ε	∩
24	≡	±	≥	≤	⌠	⌡	÷	≈	°	·
25	·	√	η	²	■					

ASCII-Tabelle

0	20	40	60	80	A0	C0	E0	Hex
0	32	64 @	96 `	128 Ç	160 á	192 └	224 α	0
1	33 !	65 A	97 a	129 ü	161 í	193 ┴	225 ß	1
2	34 "	66 B	98 b	130 é	162 ó	194 ┬	226 Γ	2
3 ♥	35 #	67 C	99 c	131 â	163 ú	195 ├	227 π	3
4 ♦	36 $	68 D	100 d	132 ä	164 ñ	196 ─	228 Σ	4
5 ♣	37 %	69 E	101 e	133 à	165 Ñ	197 ┼	229 σ	5
6 ♠	38 &	70 F	102 f	134 å	166 ª	198 ╞	230 µ	6
7	39 '	71 G	103 g	135 ç	167 º	199 ╟	231 τ	7
8	40 (	72 H	104 h	136 ê	168 ¿	200 ╚	232 Φ	8
9	41)	73 I	105 i	137 ë	169 ⌐	201 ╔	233 Θ	9
10	42 *	74 J	106 j	138 è	170 ¬	202 ╩	234 Ω	A
11	43 +	75 K	107 k	139 ï	171 ½	203 ╦	235 δ	B
12	44 ,	76 L	108 l	140 î	172 ¼	204 ╠	236 ∞	C
13	45 -	77 M	109 m	141 ì	173 ¡	205 ═	237 ø	D
14	46 .	78 N	110 n	142 Ä	174 «	206 ╬	238 ε	E
15	47 /	79 O	111 o	143 Å	175 »	207 ╧	239 ∩	F

0	30	50	70	90	B0	D0	F0	Hex
16	48 0	80 P	112 p	144 É	176 ░	208 ╨	240 ≡	0
17	49 1	81 Q	113 q	145 æ	177 ▒	209 ╤	241 ±	1
18	50 2	82 R	114 r	146 Æ	178 ▓	210 ╥	242 ≥	2
19	51 3	83 S	115 s	147 ô	179 │	211 ╙	243 ≤	3
20	52 4	84 T	116 t	148 ö	180 ┤	212 ╘	244 ⌠	4
21 §	53 5	85 U	117 u	149 ò	181 ╡	213 ╒	245 ⌡	5
22	54 6	86 V	118 v	150 û	182 ╢	214 ╓	246 ÷	6
23	55 7	87 W	119 w	151 ù	183 ╖	215 ╫	247 ≈	7
24	56 8	88 X	120 x	152 ÿ	184 ╕	216 ╪	248 °	8
25	57 9	89 Y	121 y	153 Ö	185 ╣	217 ┘	249 ·	9
26	58 :	90 Z	122 z	154 Ü	186 ║	218 ┌	250 ·	A
27	59 ;	91 [	123 {	155 ¢	187 ╗	219 █	251 √	B
28	60 <	92 \	124 |	156 £	188 ╝	220 ▄	252 ⁿ	C
29	61 =	93]	125 }	157 ¥	189 ╜	221 ▌	253 ²	D
30	62 >	94 ^	126 ~	158 ₧	190 ╛	222 ▐	254 ■	E
31	63 ?	95 _	127	159 ƒ	191 ┐	223 ▀	255	F

■ *Anmerkung.* Die meisten der Zeichen unter $32 erscheinen in der obigen Tabelle nicht. Dies liegt daran, daß sie sogenannte Druckersteuercodes darstellen, d.h. sie würden den Drucker veranlassen etwas anderes zu tun als die eigentlichen Zeichen zu drucken, z.B. auf Großschrift umzuschalten, eine neue Zeile oder Seite zu beginnen, usw.

Index

Datenbanksoftware für Jedermann

Das universelle Softwarepaket Vieweg DatenbankManager für xBASE-kompatible Datenbanken

von Raymond Hickey

1993. XII, 256 Seiten mit einer HD-Diskette. Gebunden. ISBN 3-528-05273-2

Diese Software ist ein Datenbankverwaltungssystem, das aus 16 Einzelprogrammen besteht. Den Kern der Gruppe bildet der DatenbankManager, der die Möglichkeit bietet, beliebige Datenbanken zu kreieren, zu bearbeiten und als Text auf eine Datei oder den Drucker auszugeben. Beispieldateien und viele Hinweise auf unterschiedliche Einsatzmöglichkeiten, u.a. in den Geistes- oder Sozialwissenschaften sind enthalten.

Das System installiert sich selbst und ein Desktop bietet die problemlose Steuerung aller Programme von einer Oberfläche aus. Die Software zeigt exemplarisch die Erstellung einer Datenbank und eröffnet somit dem Leser die Möglichkeit, seine Literatursammlung ebenso wie z.B. seine Schallplattensammlung oder Lagerhaltung per Datenbank zu verwalten.

Verlag Vieweg · Postfach 58 29 · D-65048 Wiesbaden

Computersicherheit

Eine Einführung

von Rolf Oppliger

1992. IV, 153 Seiten. Kartoniert
ISBN 3-528-05296-1

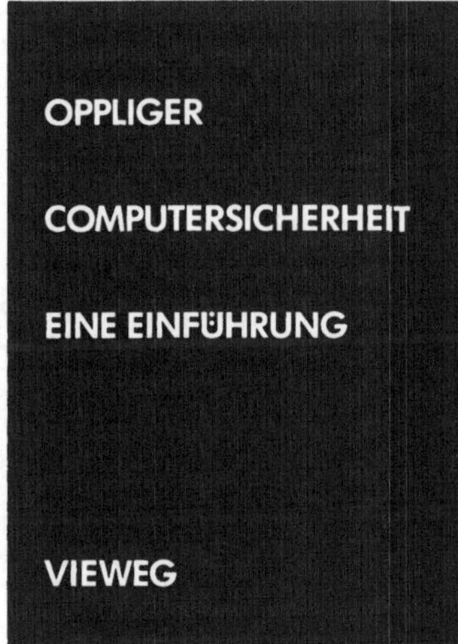

Computer- und Datensicherheit ist ein wesentliches Erfordernis für die Funktionstüchtigkeit einer modernen Gesellschaft. Als einführendes Lehrbuch soll dieser Titel dazu beitragen, daß Industrie und Verwaltung in Zukunft weniger verwundbar sein werden. Insofern richtet sich das Buch nicht nur an Studenten der Informatik, sondern auch an Praktiker, insbesondere Sicherheitsbeauftragte in Unternehmen.

Das erste Kapitel zeigt die Bedrohungen für die Computersicherheit auf und stellt Verfahren des Risikomanagements vor. Die nächsten beiden Kapitel führen in die Grundlagen der Kryptologie ein und erläutern die Anwendung von Kryptosystemen. Nach der Diskussion physikalischer Schutzmaßnahmen und Zugangskontrollen erörtert das Buch die Sicherheitsaspekte von Betriebssystemen – einer der wesentlichen Schwerpunkte des Buches.

Softwareanomalien und -manipulationen, die Sicherheit von PCs in Lokalen Netzen, Sicherheitsaspekte in nach OSI offenen Kommunikationssystemen und öffentlichen Netzen sind weitere Themen des Buches. Daten- und Persönlichkeitsschutz in Zusammenhang mit statistischen Datenbanken steht im Zentrum des neunten und letzten Kapitels, das wie alle anderen Kapitel präzise, leicht verständlich und mit Blick für das Wesentliche den Leser in die Fragen der Computersicherheit einführt.

Verlag Vieweg · Postfach 58 29 · D-65048 Wiesbaden